献给我的儿子

愿你在未来路上，怀抱公义，平安喜乐

经济是什么

规范经济学引论

蒋荣昌 著

图书在版编目（CIP）数据

经济是什么：规范经济学引论 / 蒋荣昌著. — 成都：四川大学出版社，2022.11
ISBN 978-7-5690-5768-3

Ⅰ. ①经… Ⅱ. ①蒋… Ⅲ. ①实证经济学 Ⅳ. ①F019.3

中国版本图书馆 CIP 数据核字（2022）第 202561 号

书　　名：	经济是什么——规范经济学引论
	Jingji shi Shenme——Guifan Jingjixue Yinlun
著　　者：	蒋荣昌

选题策划：	张宇琛
责任编辑：	张宇琛
责任校对：	毛张琳
装帧设计：	墨创文化
责任印制：	王　炜

出版发行：	四川大学出版社有限责任公司
地址：	成都市一环路南一段 24 号（610065）
电话：	（028）85408311（发行部）、85400276（总编室）
电子邮箱：	scupress@vip.163.com
网址：	https://press.scu.edu.cn
印前制作：	四川胜翔数码印务设计有限公司
印刷装订：	四川五洲彩印有限责任公司

成品尺寸：	145 mm×220 mm
印　　张：	20.75
字　　数：	253 千字

版　　次：	2023 年 2 月 第 1 版
印　　次：	2023 年 2 月 第 1 次印刷
定　　价：	68.00 元

本社图书如有印装质量问题，请联系发行部调换

版权所有 ◆ 侵权必究

扫码查看数字版

四川大学出版社
微信公众号

推荐语

现代西方经济学的主流一直是实证经济学。实证或者说是以科学方式求证是实证经济学坚持不懈的立学方向，而规范、制度、价值、观念、行为方式等向来不是实证经济学认为可以纳入实证的领域。

在蒋荣昌教授看来，实证经济学从物的视角来处理经济事务，这既包括"经济物品"，也包括"经济主权人"。与之相反，规范经济学关注的是经济事务中的人，用作者比较严格的表述说来，是要"从'物'处寻找这'物'所映现出来的那个'人'，那个持物者在其持物处的权利状态或其人格形式"。科学总体上是把万物作为对象来进行研究，蒋荣昌的工作有别于这种对象化研究，似乎不妨说成是在哲学层面上或曰在概念层面上的思考。总之，作者从这样一种新视角探讨了经济学的一系列基本概念，以及"三农"、未来城市等"现实问题"。

我不懂经济学，只是作为一个读者，感谢这本书给了我很多教益和启发。我相信，经济学，像在其他社会人文学科那里一样，不能只向专科化方向发展，基本概念层面的思考不仅始终是必需的，而且在今天显得意义格外重大。乐见此书在这个方向上起到引领作用。

——首都师范大学教授　陈嘉映

经济不只是为了"利",经济更需要的是"义"。唯有"大义"才有"大利"。蒋荣昌教授的这本《经济是什么——规范经济学引论》极为深刻地检讨了经济活动所涉及的方方面面,他清澈地指出了"规范"是必须的。去理解经济的趋势,"即势成理",进一步"以理道势",不只是"顺时"而趋,而且要"先时",更重要的是"治时"。这样才能为全人类谋幸福,为世界谋和平。

——台湾清华大学通识教育中心原主任、
山东大学特聘教授 林安梧

每一次平等互利的交换行为,都是对自身和他人之普遍有效的公民身份的一次确认,这是从古到今,一切自由的经济活动中不断上演的最富历史正义的戏剧。此一伟大的真理,时至今日终为蒋荣昌教授一语道破。

——四川大学文学与新闻学院教授 邱晓林

一个哲学教授的经济学思考,既揭橥了经济学的规范内涵,也展示了城乡变迁的共同逻辑——"人"的权利的演化。体大思精,言简意赅。

——清华大学社会科学院政治学系教授 任剑涛

西方主流经济学一般是实证性的,而马克思的政治经济学是批判性的。蒋荣昌教授的《经济是什么——规范经济学引论》则是在用现存的经济学最不熟悉的方式讨论经济学家们最熟悉的那些概念,并因此别开生面,独具一格。

——北京大学哲学系教授 杨学功

简 介

现代西方经济学的主流一直是实证经济学。实证或者说以科学方式求证是实证经济学坚持不懈的立学方向，而规范、制度、价值、观念、行为方式等向来不是实证经济学认为可以纳入实证的领域。

本书所提供的一个有新意的论述是，人文学或者以规范证明为己任的哲学的证明方式与一般科学所膜拜的实证方式并没有根本的不同。实证科学的证明方式仍然是一种追求逻辑自洽的证明，即使是在这种证明可以充分引入经验或可重复实验时也是如此，而规范性论述则是典型的以追求逻辑自洽为目标的论述。

从这里出发，可以看到，实证经济学迄今所完成的全部论述都是站在作为西方体制、规范之历史性成果的"西方人"立场上对"物"及其效用的讨论。

本书试图确立的规范经济学论述将以制度、规范等让"经济主权人"得以成立的条件作为讨论对象，并将以实证经济学的基本概念为据，在实证经济学所看见的"物"处揭露隐藏在这"物"背后或对面那个"人"的状况。

这是一本历经二十七年思考和酝酿的著作，如果本书的论述逻辑是有效的，主流经济学的现有论述模式所依靠的底层逻辑就会面临巨大的挑战——不过，这也是经济学要有效回应实践领域的混乱所带来的问题早已摆在那里的挑战。

前　言

这是一场持续了二十七年的写作。起初是就我的阅读范围和观察所及提出质疑，其后就是持续不断的自我质疑和断断续续的写作，直到下决心把这些写作作为一个整体提交出版。无论如何，用作者的半生或二十七年来挑战一个延续了两百多年的论述传统，至少是对这个传统表达了足够的敬意。

促使我不再延宕的是两件事情。其一是时势的混乱让我痛感中西思想界的应对乏力，其二是周清云先生的大力协助和督促。清云在暑假不归准备博士论文的最忙时节花费大量时间来整理和编排这部书稿，其间所表达的对思想事业的热忱和对我本人的深情厚谊，让人感佩。

本书的前半部分是对亚当·斯密以来从西方扩散到全世界的主流经济学论述的基本逻辑框架的重构与回应，后半部分则是基于规范经济学的理论逻辑针对中国所面临的发展经济学课题提出的解决方案——其中的农村改革方案和未来城市设计方案展示了完整的颠覆性思路。

书中的大部分内容曾作为中国社会科学院哲学研究所的博士后出站报告提交答辩（2009 年），少部分篇幅也曾出现在已经出版或发表的《中国古钱大系》（1997 年）、《消费社会的文学文本》（2004 年）、《中国道路十日谈》（2016 年）等专著、杂志和网络文章。此次新增加的部分让从未正式发表的那部分内容和已经发表的部分之间，逻辑的融贯一致性得到了强化。

在作者看来，在世界范围内被广泛教授并被当作制订社会政策根据的主流经济学论述，其底层逻辑包含致命的错误。这直接导致了西方基于其历史逻辑的制度演化史发生、发展出来的实践性课题与这种经济学回应之间的冲突。同时，也使得援引这些经济学知识来应对发展经济学课题的各非西方国家的政治经济精英难以在第一时间搞清楚自身经济发展面临的根本障碍之所在，浪费了大量的经济机会和社会福利。

但是，这种占据了几乎所有现代大学讲台并成为从业学者共同财富的知识论述体系，具有强大的自我循环辩护机制，而且这种论述体系与经济实践成败之间似是而非的联系也很难被实践性课题直接证伪。

所以，一个也许更好的论述要想成为传统经济学的学术竞争者，并能真实地服务于经济实践，可能会花掉比作者的写作更长的时间。

目 录

第一章 导 论 / 1
  第一节 经济是什么 / 3
  第二节 实证经济学与规范经济学 / 17
  第三节 规范经济学或经济哲学的对象及其学理背景 / 22

第二章 物、经济物品、经济世界 / 27
  第一节 稀缺资源 / 29
  第二节 财富（上）/ 38
  第三节 财富（下）/ 56
  第四节 货币与市场民主制 / 62
  第五节 消费 / 70
  第六节 生产 / 76
  第七节 劳动 / 84
  第八节 分工 / 89
  第九节 交换 / 99
  第十节 市场 / 106
  第十一节 公共物品 / 117
  第十二节 企业与利润最大化的意义 / 118
  第十三节 公平与效率 / 122
  第十四节 金本位？金属本位？足值货币？/ 147
  第十五节 通货膨胀（上）/ 157
  第十六节 通货膨胀（下）/ 170

第三章　规范经济学视域下的发展经济学 / 181

第一节　"三农"问题的核心困结及其解决之道（上）/ 183

第二节　"三农"问题的核心困结及其解决之道（下）/ 203

第三节　中国经济的结构性困境及出路 / 217

第四节　土地流转评论之一 / 228

第五节　土地流转评论之二 / 231

第六节　金融危机评论之一 / 236

第七节　金融危机评论之二 / 240

第四章　案例Ⅰ：中国农村改革方案对话 / 245

第一节　引子 / 247

第二节　中国经济的核心困结 / 249

第三节　中国农村改革方案 / 257

第四节　中国经济前景展望 / 260

第五节　成都重庆统筹城乡改革试验得失 / 265

第六节　关于农村改革的其他疑问 / 269

第五章　案例Ⅱ：未来城市设计 / 283

第一节　城市文化研究刍议 / 285

第二节　新城市空间置换战略
　　　　——以一次革新废除雾霾、交通拥堵和城市病 / 288

第三节　新新城市主义
　　　　——源自成都的下一代城市构想 / 301

第四节　城市地下交通系统 / 310

后　记 / 317

第一章 导 论

第一节 经济是什么

如果从今天可以读到的文献（例如苏格拉底的《经济论》）算起，围绕物的效用是主观价值还是客观价值的讨论至少已经延续了两千四百年以远。这个时间长度不是现代经济学史乐于承认的，因为主观价值理论在客观价值理论之后崛起并取得某种优势地位，在职业经济学家看来是这两种价值理论分别得到明晰表述的这二百多年间才发生的事情。

其实，在更严格的意义上，我们很难断定主观价值理论在当代经济学论述体系中已经完胜客观价值理论。而当年远未专业化的苏格拉底式讨论反倒可能为我们反思主观价值论和客观价值论在今天的经济学论述中犬牙交错的局面，提供了更有前景的契机。

主观价值理论一百多年来取得某种优势的过程，可以说也是被客观价值理论深度改造的过程。边际效用、基数效用、序数效用、物价指数、购买力平价、通货膨胀……今天支撑经济学专业论述的大多数基础概念和理论，都在第一时间"染"上了试图在"物"那里去确认某种普遍有效的效用这种客观价值病。

财富是什么？从苏格拉底到亚当·斯密，甚至到马歇尔都还在视之为经济学或经济学式论述的核心议题。当代经济学的主流论述却有意无意回避从正面去谈论。这一方面可能是由于有关财富的传统讨论很难避免从有用之物和物之有用开始,最后又很难不在有用之物和物之有用处结束,与现代经济学渐成主流的主观价值理论显然抵牾;另一方面则是由于现代经济学自信自身在何谓资源配置的"效率"之类见解上,已决然超出前人的水平,并且以此避免了主观价值理论在面对财富问题时的种种尴尬。

其实,今天的主流经济学论述正如我们在上文所列举,不过是不再以主观价值和客观价值明晰的对垒来展开,而是基于方便而混用两者的结果。新古典经济学和近年渐有复兴之势的奥派经济学纠结的诸多问题看起来形同水火,但在关于货币、关于政府与市场关系等根本问题的思考上,他们从未越过对方的立场。

金本位是米塞斯等奥派大师对货币购买力神圣来源的信仰,也是他们确信足以对抗政府滥权的法宝。更为主流的新古典经济学论述会坚持政府有制定货币政策、对经济进行某种宏观调控的责任——与米塞斯们不同,他们会关注物价指数和与此挂钩的通货膨胀数字,但不会明确地把金本位当作其货币政策的基石。

如果仔细去看,物价,以物表达的货币单位数量,或者以货币单位数量表达的物的数量,仍然是公开拒绝了物的客观价值理论却未能彻底拒绝货币-物的客观价值论的所有现代西方经济学的共同立场。这就使得任何形式的货币数量论,以及相信货币数量与商品数量的比例决定货币购买力的理论,难以在试图给予物以某种"平均的"客观价值处,挣脱其自以为早以脱身的有关物及其效用的客观价值理论。只要我们在明里(金本位)暗里(物价指数暗示的商品本位)把货币当成众物之中或之上的一物,就还没有摆脱客观价值理论与主观价值理论在最初面临的那些混战。

诚如我们所见，历史上的任何货币都保持了某种物的形态，而且在越早就越是某物，其购买力几乎全部来源于其作为某物被所有信赖这种货币的人所共认的物性。最初的货币共同体成员可能对非货币的日常百物的评价广有分歧，但在货币所在那物的物性或效用上，却必须取得共识——这是那物作为货币持续有效的基础。

但作为实物货币或商品货币，货币被共认的物性（效用）却并非它最初作为一物被人人或取或舍的那个物性，也就是说，只有当山羊不是作为行走的某个重量的羊肉的时候，它才是可获共认的货币。这就意味着，作为活的或者行走的羊肉的山羊，是担保作为货币的山羊是真的货币的一个前提条件，正是前者，使得任何共同体成员要出示一块货币的时候不得不遵守同样的规则——这甚至会让那些哪怕只是想用五十斤山羊肉来冒充一只山羊的企图也难以得逞。从这里可见，与其说货币共同体在这里是对山羊作为羊肉载体的效用达成了共识，还不如说是对基于山羊作为羊肉载体的共识得到确认的山羊币之于全体成员童叟无欺的信用这一"效用"达成了共识。后者在实质上已是对共同体权力的一种授权。

当我们接受一种货币的时候，其实就是接受了一个共同体成员的身份及与之相应的权力体制。我们共同确认了一种普遍有效的身份（货币共同体公民）及基于这个身份的物权，而在何物究竟何用这个领域放手让每个当事人自行决断。因此，财富说到底就是共同体确认的关于物的权力。在作为物权项下的权力这里，它是在共同体内部普遍有效、可获客观确认的权力。而这一点，在作为当今世界主流的西方经济学那里，迄未得到澄清。这是把财富通俗地叫作物质财富的经济观在经济学上的自然反映。这也是为什么我们会看到，近百年来，经济学已经不会去正面讨论"财富"——像亚当·斯密，或者更近的马歇尔当年那样。

经济学家顾左右而言他，讨论"边际效用""效率""需求""供给""生产的可能性曲线"，讨论货币、商品、劳务之间的种种关系，讨论物价、通货膨胀、货币政策、财政政策……其实，从边际分析开始，经济学界已经找到了有效规避主观价值理论和客观价值理论在各自往下推演过程中必撞对方南墙的方法，这就是，把某物对某人的主观效用以在人际可以通约的效用单位客观化。这种可以客观度量的效用单位仍然被假定为是某种抽象之物的效用单位，因此，也就使得原来不可比较的个人的情境化的主观价值决断找到了在人际（自然也包含物际）进行客观排序和权衡轻重的基准。由于这种效用单位既不能以焦耳或者卡路里的方式计量，又不能以多巴胺的分泌量来坐实，边际分析的可计量单位，最后无一例外地变成了货币单位。

而货币看起来天生就是一抽象之物——从可以精确切分和度量的金属到毫厘不爽的数字，不是抽象之物，就是抽象之物的符号。但是货币真的是那种东西吗？真的是物，或者物的代表？——像商品货币、贵金属货币或商品本位货币、金本位货币信奉者所主张的那样（马哈蒂尔博士最近表达的希望在东亚建立以黄金为本位的汇率制度的建议，可以视为这种信仰仍然强大的最新例证）。而质疑货币饥不可食、寒不可衣，并因此否认货币是财富的一派经济学家看起来是在否认货币的物性，实际上是以直认货币只是商品的代表或符号的方式从反面加固了货币的物性。

坚信货币是某种特别的物，或者坚信货币只是物的交换媒介或符号的经济学家其实并无分别。前者可能会认为只有自身是某种特别之物的货币才可能成为可以信赖的众物的交换媒介或代表众物的符号，后者可能会强调只要货币还是大家共认的媒介或符号，即使它从来不是某种商品或某个特别的商品，它就仍然是有效的交易媒介或商品的符号。

这两种不同的货币观只是在以不同的方式把货币物化。正像我们在上文提到的，只要我们开始交易，就已经承认作为交易共同体奠基者的交易人共同身份及其权力——后者是"交易"这种经验现实的逻辑形式或先验形式，或者说，是交易这种经验现实成为可能的逻辑前提。而一当交易共同体确立了共同的货币，不管这种货币是以某种日用商品确切无疑的有用性、在日常生活中没有用的稀缺之物昭然可见的珍稀性，还是政治权威机构的印鉴来担保，一个关涉物的权利共同体就在观念、行为方式和身份权利等"制度"层面成为一种历史现实。

因此，货币只是在作为共同体（常常会比政治共同体的范围更大）内部普遍有效的物权凭证意义上，才是具有客观性的"价值尺度""交换媒介""财富贮藏手段""债务清偿的标准或工具"……文明史上数千年来关于"钱"（货币）的讨论一直试图为钱的"客观"效力（这种效力在经验层面常常被神圣化或神秘化——就像汉语谚语所说"有钱能使鬼推磨"）找到来自物的某种客观性的基础——正如尺子可以衡量长度乃是基于自身的长度，砝码可以衡量重量乃是基于自身的重量。

这种从一开始就找错了方向的讨论注定是一场混战，直到近代主观价值理论与客观价值理论之间看起来已经高度学术化的争论以不了了之的方式握手言和——当主观价值理论最后不得不以自然金属（当然，这也会是可疑的）的单位重量或者货币单位的数字数量，来替作为交换媒介或价值尺度的货币奠定某种基于物的物性的客观价值基础的时候，这种理论实际上已在混淆"物"与"物权"、"物"的"客观价值"及与这"物"相对那"人"之物权作为普遍有效的身份权利及其权力的"客观价值"，这条千百年来的跑道上与自己的理论对手会合。

货币从一开始就是宣告某个物权共同体物权人身份权利的一部"成文"宪法，共同体、物权人物权和货币在逻辑上是三位一体的。货币把物权人按自己得到的授权范围来评价、运用和创作一"物"（例如一场晚会就并非现存的商品或服务，而是在某个授权范围内才会诞生的其品位、形态和利益相关人等都独一无二的一件经济物品）的主权彻底交到了物权人（持币人）手上，这就使关于何种物的效用意味着何种财富、某个人应该拥有多少财富以及在人际比较两个梨子与三个苹果之间的效用替代关系之类问题，在根本上丧失了经济学意义。

主观价值论所设想那种人、物关系是以人与物的单独交往情景来确立其价值评价独特性的，而经济事务的大部分情形却是在人际对话的语境中展开。即便是在看起来只有人、物单独相对的场合，人际对话的进程也会重新定义原有的人、物关系。因此，主观价值理论所描述那种实验室条件下的人-物应答关系在单纯的效用评估层面也不可能成立。某人与某物的遭遇在任何情形下都是历史性的，他与某物的每次相遇都包含了不同的上下文并且就是基于这上下文创立的其有效性仅及于此的一个对话。

没有境遇的人-物关系定义，正像单词的字典意义。而经济事务则是不知在何时何地发生的运用这些单词的对话,这些对话的完整意义离开现场就会一路飘散。即便是某"物"的字典意义,也会在更长时段的语境单元里被刷新或改变。经济事务在其自身定义里面就不是认识论意义上那种人－物关系或人－人关系,在上述两组关系里面,他总是带着他人的,是一种广泛的对话关系中不断演变的对话者。而对话总在移步换景,当事人和所当之事都会因时移世易而人、物皆非。

因此,任何以某种认识论意义上的主、客观假设为前提的主观价值理论和客观价值理论,都会与经济事务在实践层面的真相脱节——后者在根本上就是历史性的,从而与任何超历史的主、客观对待无涉。"经济当事人"就在此处才在此处,其所当之事只在此处才是此事,直白地宣告了任何试图在当事人之外、之上来为当事人安排更优行事方式的企图,都会与经济事务的当事人现实有根本抵触。如果一种在当事人之外、之上试图安排所有当事人事务的体制成为现实,那同时就意味着所有当事人及其所当之事的灭失,也意味着社会将不再会有任何本来意义上的经济事务。

当然,在迄今为止的文明史上,我们很少有机会目击经济事务的"当事人"被彻底消灭的状况,发生在经济事务中的绝大部分"自然灾害"与"物权"和"物",或者说"财富"与"物"的混淆导致的不当制度安排和与此对应的效率损失有关。

例如,迷信金本位货币制度可能让采行此种货币制度的国家没有足够的表达工具来实现充分的信用扩张,从而使大量本来可以得到授权的"当事人"及其所当之事失去"出生"的机会,让所在社会当时的生活方式和技术条件所允许的经济繁荣局面在所有人都不知情的情况下大打折扣。在这种情况下,一个社会的经济规模和生活方式改变的趋势将变得迟钝——如果其固有的生产方式下的生产效率大幅度提升,持币者的交易意愿将下降,资本将变得稀缺,对研发新技术和开创新生活方式的投资也会随之减少(如果我们假设某种生活方式所规划的对苹果、猪肉等"重要经济物品"的生产效率提升十倍,严格的金本位币或比特币是一个不变的数量,我们面对的情形就会是,不会有人有主动的意愿在任何交易时段让出金币——因为任何出让金币的行为按未来的商品定价,都会出现巨亏——资本将变得昂贵,新技术、新商业模式的融资会变得异常困难)。

反观布雷顿森林体系崩溃以来的美元发行体制,由于信用扩张(在本质上就是美元共同体物权的授受过程)不再受制于美国的黄金储备,以黄金为本位的美元转变为以美联储发行体制为本位的美元(当然大部分经济学家会说那是以美债为本位或担保发行的美元),以相对自由的国际贸易为基础的各国经济规模的迅速扩展以及经济生活方式翻天覆地的变化,就已成为最近几十年才在经济实践领域涌现的历史上从未有过的特征。美债(意味着某种抽象的商品要求权)和黄金一样,是整个事情的安慰剂。而真正重要的是,美联储发行美元的体制杜绝了任何从根本上会颠覆货币作为物权共同体"成文法"地位的制度安排。这就使得任何机构和个人取得美元的初始法律条件完全一致,并且公开、透明。美元共同体内的所有成员除了借贷、买卖、继承、接受馈赠和征税等公开、透明的法定条件,没有谁可以得到从别处合法取得美元的特权。美联储的最后贷款人地位,其实是美元共同体不再受制于黄金而仅仅受制于法定条件来为共同体提供信用扩张空间，这一货币自身定义的实现形式。

从货币肇始阶段的史实，到历经各种变故的近代货币体制，我们已可以清晰地得知货币的逻辑形式或先验形式的内涵：共同体物权的成文形式，或物权宪法。从以物易物过渡到确认某物为共同货币，从以相对贵金属（金银铜）为媒到以国王的印鉴来担保成色和重量，从金匠的收据到以金银币担保的银行券，从一国国内的近代法币到国际以黄金为本位的汇兑体系，再到公开宣布与黄金脱钩，仅仅遵守美国国内法治安排的世界性货币（美元）……人类在文明演进史上经历的各种有关货币的探索，直接构成了这些探索所指向的经济实践的背景及其可能性的边界。

近年来热闹非凡且聚讼纷纭的区块链币，如果不能在一个更广阔的法治背景下面完成其法币化进程，成为经济事务内部与大部分买卖相表里的实际支付手段，终将沦为"像货币却不是货币"的数字狂欢。

至于把民间发行区块链币的理由与哈耶克货币非国家化的主张联系起来，还不如把它对稀缺性的数字化复制与用黄金来对抗国家权力的米塞斯的货币理论相联系。哈耶克的主张不过是在重申历史上有过，但在理论和实践领域一团乱麻的故事。区块链币的大部分发行者都在试图以某种对所有人公开的数字黄金来对抗货币领域的国家权力，这就像米塞斯试图用对所有人提供同等待遇的实体黄金来为货币奠定对抗国家权力的终极基础一样，既误会了黄金作为货币或货币本位的意义，也误会了近代法治国家的国家权力与前此种种国家权力之间的区别和在这种区别下国家权力与货币之间的不同关系。

说到底，货币从发轫之初就是某种区块链式表达体系。每个决定交易的当事人都在以改变分账的方式改变总账的现状和演化方向。如今区块链以算法保证的公正无弊的状态，历史上的区块链探索者曾经以商品的童叟无欺的公知特性、贵金属或者某种特别物件不能更改取得条件的特性（比如稀缺性）、法律对所有人一致的约束（而国王往往会在这里寻求例外）……来尝试达成相同的目标。在美元或别的被广泛接受的国际货币基于目前相对成熟的法治安排构建起当代形态的货币体系之前，文明史上的所有货币形态都只是在崩溃和重建的循环中，背离或近似地表达货币的源始定义。

在人类文明史上，贵金属币之所以成为大多数文明的不二之选，乃是因为只有贵金属可以将所有持币人约束在金属的宪法框架之内——而这一切，又只有在经济生活方式和技术本身日复一日地在原地踏步的情况下，才是可以长久维持的局面。一当技术和与之匹配的制度环境发生了革命性转变，金属货币体系或金属本位币体系的崩溃就不可避免。

近代负责制政府的建立和在这种政府形式旁边同样受到严格法律约束的中央银行体制的建立，为能够较为完美地表达货币本来意义的货币形式的出场准备好了必不可少的历史条件。今天我们看到的以美元为代表的现代货币，几乎已给予所有持币人以完全一致的身份权利（力）——除了以全民利益名义实施的货币政策有可能在某处为货币当局保留了一份普通持币人缺少的特权。但货币当局以制定货币政策的方式保留的特权，已不再是传统国王原先保有的那种监守自盗的权力，而是基于对货币意义的系统性误解构建的，有碍于货币以货币所是发挥其全部效能的一副枷锁。

从经验层面来看，货币就是一个在理论上无人可以作弊的记账系统，而货币当局则是不可能通过作弊来把别人的资产记到自己名下的会计公司。因此，所谓的发行货币，不过是在空白栏记下由交易当事人制造的交易记录——从根本上说，央行并非货币创造者，无数持币交易人才是货币的最终创造人。交易当事人在所当之事处以交易决断的结果，既是某个私账节点的改变，同时也是公账的改变。当事人的决定在此就是具有全体效力的决定。

由此可见，在理论上，只有备有无限矿藏的区块链币（而不是炒币人看重的总量有限的区块链币）才可能更完美地表达货币创造与自由的经济增长之间的关系，从而让现行体系退出历史舞台。但在目前经济主权分隔严整的条件下做到这一点的前提却是，其技术的可靠性毋庸置疑，相关区块链币取得法币地位或至少与某种法币（或一揽子法币）直接挂钩，成为真实世界的支付工具。

Facebook 刚刚公布的 Libra 或可成为第一种与真实世界的经济事务互为表里的区块链货币系统。在目前的环境下，如果它不能与某种在产权保护、市场法治水平、经济自由和经济规模方面具有典范性的强势主权货币刚性兑换，其借助现有庞大人流量来构建跨主权、无政府的全球性货币的理想就不可能成功。

当前被广泛接受的国际货币不过是主权定义下相对完备的物权权力向主权边界外部扩张的结果。外部持币人通过这种主权权利的外溢得以构建一个次生的权利共同体。只有当这种次生的权利共同体可以通过技术绕过主权国家的政治控制，建立起资本、商品和服务市场与其区块链支付系统形影相随的联系，同时

"技术宪法"（正如早先的金属宪法）可以确保没有任何机构和个人可以凭藉技术、资本或信息特权取得区块链技术原来想要颠覆而今却可能以更高形式复辟的那种僭法的地位，某种脱离主权法币本位（一如现代美元脱离金本位）的超主权货币才可能取得历史性出场的机会。

Libra 如果能够基于强大的技术基础设施和横跨众国的人流，发掘出只有基于这种基础设施才可以运行的经济事务，这种经济事务在经济生活中的权重足以让 Libra 摆脱"代币"的角色，从而建立起在这个经济领域高度自治的 Libra 共和国，则一种没有央行、没有货币政策，因而避免了任何擅权和僭法，完美表达了货币本身定义的货币就可能横空出世，我们也可能会在真实世界看到众多有央行的主权货币与没有央行的跨主权货币各擅胜场、此消彼长的历史景观。历史或将有机会循此经济主权融合的道路达成世界性的政治主权融合，进而实现人类的永久和平。

在对货币做过上述长篇描述之后，我们已可以切换到经济是什么这个题目。其实，讨论货币与讨论经济不过是在讨论一个事情的两个方面。如果说一个货币体制是在表述一个物权共同体普遍有效的身份权利，持币者持有的货币数量则是基于这种身份权利获得的得到共同体全体成员承认的权力份额——而这种权力份额获取和授予的最终决定程序却是当事人之间的私相授受。不管交易会在何种价码达成，只要交易当事人的主权人身份没有受到损害，其所当之事不是在更广泛的法治要求下面的非法标的，交易之中转移的权力（货币数量），必是共同体全体可以当下确认的权力。

当事人主权作为一种对共同体成员而言普遍有效的身份权

利,在目前条件下,其最基层的基础仍然是国民国家(民族国家)主权定义下的物权。因此,一国以政府为代表的公共权力体制定义的物权身份,如果是自由的(可以确保物权人的主权者地位)、平等的(所有物权人的身份完全一致、普遍有效),也必然是民主的(物权人意愿表达对公共事务演进的影响力真实无蔽)。

一国的基层产权制度、护法体系和能够持续展现所有这些原则特征的法治政府,所能提供的最大公共产品就是市场。因此,没有有效的政府治理,就不会有有效的市场。一个运作顺畅的市场背面就是依法行政的政府,一个失败或僭法的政府背面也必是充斥混乱或欺诈的所谓市场。广义的法治政府(牵涉公共权力的全部行为主体)与市场从不是此消彼长的关系,而在根本上是一件事情的正反两面。凡是我们看到市场运作有重大缺损的地方,在那附近一定可以找到政府失职或缺位的现状。反过来,凡是我们看见政府有僭法或失职之处,就一定可以看见市场活动的萎缩和溃败。

法治政府作为市场这一公共产品的唯一供应商,对市场秩序的动态演化和持续维护负有最大责任。一国内部市场的完全法治状态是该国货币得以以其交易人物权宪法的本来形态运行的基础条件,而基于国际条约及其护法体系的国际贸易体制,同样是搭载国际货币所允诺的交易人物权权利的基础设施。只有在所有这些公共权力体制能够完善地保护货币所允诺的自由物权的情况下,经济才可能在当事人主权所认可的地方运行。这既是经济事务以公平的方式展开的充分条件,也是一个经济共同体得以实现其效率的充分条件——但,这也是迄今为止的国际范围内市场法治远未到达的状态。

回到本节开始时对经济思想史上主观价值论和客观价值论之间论战的检讨，如果货币不再被放在某个"物"的位置，而是被视为如其所是，与"物"相对那个人的"物权"之凭证，则经济事务当事人"物权"项下的物是物非，作为当事人之间在现场才可裁断的事务，离开了当事人及其现场的交易决断，已显然不再是一项经济事务（当然仍然可能是统计事务、社会事务……）。在当事人主权体制下，经济本身运行其自身的方式就是扩张性的。当事人之间基于其所当之事不曾停歇的对话，将会把经济事务中不断涌现的物事推进到前此的任何当事方无力单独想象之地。只要当事人出让其掌握在手的物权和争取对方授权的活动不受货币法治体系之外的事项干扰，货币权力的分时共享就会自动完成经济扩张、货币创造和生活方式的演替。当事人对其不得不一再面临重估的所当之事的意义确认毫无疑问是主观的，而这种主观价值判断甚至对当事人本人而言也同样是"主观的"——因为当事人自身也会因经历这些物事的漂流而自我流放为不同的当事人。但在这些流转不息的物事不停歇的流转处，当事人彼此交易中私下确认的货币物权的权力份额，却是共同体范围内客观并且普遍有效的权力。正是后者的客观性和普遍有效性，为当事人之间以其自由意志来改进生活的奔涌不息的创意构筑了无可动摇的地基。

如果要再次回到经济是什么之问，现在我们也许可以这样回答：与地域性的政治权利共同体以不同的方式诞生以来相伴随的，甚至还要更为重要的事情是，人类将以何种方式来构建一个经济权利共同体——为此，不同的文明史发明了不同的货币形式，它们在出场之初，就是物权共同体的奠基者和这种共同体权力的无冕之王，尽管在现代负责制政府兴起之前，货币权力作为天然的普遍性权力的地位一直在遭遇持冠冕而王侯的政治权力的挑战，但没有一个国王可以在最终的意义上挑战货币。货币从来是一个经济权利共同体以交易的方式合作处理有关物的共同主题所依恃的普遍有效的权力来源。随着现代法治政府所代表的公共权力体制的建立，政治权利共同体的基本权利逻辑与货币本身在数千年前已经昭告的逻辑日益合流，货币终于有可能在今天的法治背景和技术条件下，第一次以其逻辑形式与经验现实自洽的方式现身。而现代经济体系或有待完成的理想的经济体系的逻辑必然是，以经济本来的方式处理经济，这就意味着，面对纷纭物事，货币权力庇护下的当事人主权制度使当事人得以以其自由意志决断物事并授权成立某种公共权力（财富），而后者将以无限多元的方式决定共同体物事的演化方向并主导生活方式的变迁。

第二节 实证经济学与规范经济学

实证经济学或科学经济学即把经济生活当作"事实"或"物"来研究的经济学。实证经济学所关心的问题是：个人、厂商、政府或社会组织怎样选择稀缺资源的配置或利用。按照经济学界广泛接受的观点，这些问题就是：生产什么（产品和产量）？怎样生产？为谁生产？由谁以什么程序来决定生产？

"生产"在此已经是经济学不由自主的中心环节。而生产所需的条件、生产所指向的产品及生产的产品所需要的市场,无不是生产赖以维生的"稀缺资源"(尽管"市场"常常不在经济学明确写出的"稀缺资源"之列)。

"稀缺资源"或"经济物品"的有效利用,是实证经济学贯穿始终的研究对象。微观经济学对产品、劳动和资本市场——厂商、家庭和个人在这些"市场"上的作为的关注,宏观经济学对失业、通货膨胀、经济增长、国际收支状况的关注,无不可以还原为对"稀缺资源"及其配置状况的关注。甚至"失业"在实证经济学这里,也主要是一个稀缺资源被浪费和闲置的问题。

自亚当·斯密以来,实证经济学在以"理论"或"模型"描述经济物品世界的变化方面,已经取得了长足的进展。由"看不见的手"所操纵的经济物品的流动和增长也已经取得谁也不能说看不见的巨大成就。然而,"看不见的手"和伸出这只手来的那个"看不见的人",在经济学的视野里仍然隐而未现。

对于西方经济学来说,实证经济学的立学根据,亦即"经济主权人"(一个经济共同体以其有形无形的体制所表述的那个共同体的物权人身份),已经历史地确立。"看不见的人"所把握那只"看不见的手",正好是西方经济学和经济学所见经济生活据以成立的历史前提——"看不见的人"在此正是那个"看者",那个难以被自己的"看"所"看见"的那个"人"。而"看不见的手"则是正在操持经济物品世界的那个"人"的"手"。这个"人"的操纵和操持所及当然只是"物"和这个"物"的世界。

然而,当这个对"经济主权人",对自己的"经济学"之

"看"浑然不知的经济学以其强大的历史传统泛观一切经济形态（例如西方经济学对苏联经济的评论），别样历史样态下的"经济"在此"观"下，便未能逃于沦为"经济物品"不良生产装置的命运。

"经济物品"（"稀缺资源"）的利用效率成为实证经济学裁断全部经济生活样态的根据，即使"经济物品"本身所包含的意义对于不同经济生活样态可能相隔天壤。这种骄妄的经济学观点显然已经把"经济主权人"搁置起来，而不管这个"人"是否有能力把持那只"看不见的手"，只是一味地要求由这只"手"操持出来的那个由"物品"堆积而成的结果。这种对只能由"看不见的手"操持出来的物品世界的要求，显然也是在要求那些青筋暴露的手退隐到"看不见的手"处。但学理上的无知和妄断，却仍然不是这种种聊胜于无的结果所可以辩护的。

实证经济学面对非西方经济形态时所面临的困境，使它在处置西方经济形态的类似问题时可以一笔带过的那些纰漏暴露无遗。

古典政治经济学（甚至康芒斯时代的制度经济学）本来可能发展出与实证经济学不同的经济学路向，但人文学的全面社会科学化似乎已构成那个时代难以逆转的潮流。新制度经济学的经典作家同样未能摆脱实证经济学观点所带来的根深蒂固的影响。"制度"这一更可能引入"经济主权人"的研究视野，也终于只能被当作"经济物品"以"效率"为权衡的一个"生产装置"来加以讨论。

以经济绩效来讨论"制度"对"个人"的影响，实际上也是把"制度"当作制造"效率"的公共装置，把"个人"当作不得不乘坐"制度"这辆"大巴",有可能因为"大巴"跑得更快更慢,而有一个更快、更慢旅程的一个无奈的乘客。"人"和"制度"在这里是相互外在的,而且无论如何也不能不各是一"物",不能不仍然是科学经济学以科学的方式加以讨论的对象。而在"新制度经济学"终于回到"制度"的经济学观点,从而与所谓主流经济学仅仅关注既定制度下的"经济事实"表现出不同旨趣的时候,我们本来可以对当代经济学回归古典经济学早已被抛弃的更为关注"人"的这一趋向,抱有更大的期待。

新制度经济学对于"个人"在"制度"之中受到的激励或阻碍和由此发挥出来的效率状态有相当精彩的分析。但"制度"的合法性被归结为对于"效率"而言的"合理性",而一种"无效率"的"制度"得以保存,仅仅在于制造这个"制度"已经花掉大量成本,如果现在就毁掉这辆跑得慢的"大巴",对于"资源"的利用来说,是没有"效率"的一种选择。

那么,是"谁"在要求这种"效率"?这种"效率"既然只是在从"物品"的方面得到衡量,能够制造更多物品就总是一种对"效率"的追求,因此,对"效率"而言,制造更多物品总是会比制造更少"物品"具有不容置疑的优先性,即使"个人"制造了 100 份最后得到的是 50 份,也总比制造 10 份得到 5 份更有"效率"。而且"理性的人"一定会知道,每个人都以制造 100 份大于制造 10 份的"效率"观去"生产",汇总下来,便没有人不会面临一个在"物品"的生产上更有"效率"的世界。然而,人们为什么会坐看自己的"资源"浪费而不去迎接这种更有"效率"的世界,却在那里无望地等候那种对"个人"加以激励的"制度"所制造出来那个更有"效率"的世界？这对于"理性"地追求"效率"的"经济人"而言，的确不可思议。而对于科学的"制度经济学"而言，则显然不是换一辆"大巴"能够解决的问题。

与主流的实证经济学和已经走到与主流经济学不同方向上的新制度经济学不同，规范经济学或人文经济学所要讨论的不是从"物"的方面，和站在"物"处的"效率"观下得到打量的那个"经济生活"，而是使这种"物"的"科学"流通和增长成为可能，使"效率"本身在"效率"的意义上成为可能的那个"经济主权人"的状况和这种状况下的"经济主权人"所操持的"经济生活"。

也就是说，规范经济学或人文经济学所要究诘的问题是，什么样的"经济主权人"使"经济生活"的"效率"成为可能？对于"经济物品"而言的"效率"，是否同时就是对于"经济主权人"而言的"人格"？这种"人格"如何可能？

如果我们满足于一种不太准确的说法，那么我们也可以说，规范经济学将讨论"公正"对于"效率"的优先性，和"公正"怎样构成"效率"的前提，以及"公正"不可能与"效率"相互置换等问题。而在这样一些讨论之后，我们可能会看到，亚当·斯密"看不见的手"所系那个"看不见的人"将渐渐显豁起来，这也正好就是那些一直"看得见"的"手"和伸出这些"手"来的"人"渐渐消失的过程。我们在这里所看到的，将不会仅仅是一种有"效率"的经济生活对没有"效率"的经济生活的置换，更重要的是，这同时就是一种"人化"的"经济人"对"物化"的"经济人"的置换。

第三节
规范经济学或经济哲学的对象及其学理背景

　　探讨人的主观根据,亦即人生意义之基,一直是哲学的中心任务。通常所谓的哲学、法哲学(法学)、道德哲学(伦理学)、经济哲学、政治哲学(政治学)、宗教哲学、社会哲学,这些一直在以哲学自命的学科,实际上就是人文学各分支学科。以"存在论"或"本体论"为中心话题的哲学,其本来的主题或背后的那个主题即是"正义论"或"人格论"。① 柏拉图以来(《理想国》的副题,即"正义论")的西方哲学(基督教神学是其中至关重要的部分)一直在公开谈论的"存在论"或"本体论"问题,究其根本总不能自外于"正义论"或"人格论"诸问题。东方各文明传统哲学所讨论的中心问题,也无不交汇于此。哲学所讨论的,始终不能不是某种历史生活样态的终极根据,这种终极根据的真与伪真,或即其终极根据的合法性或正当性。历史之生作为形上之生的根基,即是其历史之生赖以成立的人格形式。这种人格形式或主观形式构成了历史之生展开其自身的逻辑前提。因此,人格形式的真伪,亦即历史的主观根据的正

---

　　① 关于这个问题的较为深层的展开,容别处着手。作为一种初步的讨论,可参看蒋荣昌:《历史哲学》,巴蜀书社,1991年。

义与伪正义、合法与伪合法，亦即历史生活的逻辑前提的真与伪真，一直是作为正义论或人格论的哲学立学以来的中心问题。而哲学也只是在探讨作为形上之生（意义之生）的历史之生的形上根据处，才可能回到哲学本来所是，亦即回到形而上学。宗教的真理，或者说神学所讨论的真理，也一直就是形而上学真理（非科学真理）。

沿着这种谈论哲学主题的路径，我们必须面对的就是，不同历史样态的最终根据或逻辑前提的合法性（真或伪真），以及这些真或伪真的逻辑前提历史地展开的种种现象领域。历史，或者说作为历史之生展开其自身的现象领域，是哲学能够面对的唯一对象。哲学的科学化或科学的哲学化，总是代表着某种不知道应该谈论什么的学问方向——而且这的确已长时间沦为"爱智者"们以智自娱的一种谈论。

那么，作为哲学的分支学科，或者说试图人文地解析经济生活这一历史现象领域的经济哲学，它必须面对的对象是什么？在上一节我们已经谈到规范经济学或人文经济学的对象是"人"，实证经济学或科学经济学的对象是"经济物品"。但在这样谈论之后，仍然可能潜伏着许多含混不清的问题。我们很快会看到，"经济物品"恰恰是规范经济学首当面对的"对象"。规范经济学的学科对象在此与实证经济学的界分，并非在偏狭地拒绝讨论"经济物品"处为自己找到了"经济主权人"这一独占的问题领域。

实证经济学甚至在计量经济学这种最具有科学神圣性的分支学科中也从未回避"经济主权人"问题。这是否意味着实证经济学与规范经济学不得不面对同一个"对象"？可以说，规范经济学在以"经济生活"("经济主权人"操持"经济物品"的生活)作为自身所指涉对象的意义上,与实证经济学拥有"同一个对象"。但在我们这样说的时候,显然尚未进入经济学本身的立场。我们只是在作为"旁观者"时才能这样说。对于规范经济学来说,它所能面对的,或者说它的"观点"所及,是作为一个"现象领域"的经济生活,亦即"经济生活"作为"现象"所是。而实证经济学所关心的则是,作为"事实"(这里所使用的是实证经济学自己的说法)的"经济生活",它所要探究的是,作为"事实"的"经济生活"之是。"经济主权人"在这里被摆在与"经济物品"同样的位置,或者说仅仅是某种需要加以区分的经济物品。"人"已经不能比"劳动力""消费者"等更多,而且基本上是一个具备某种"生产能力""消费能力"的装置。

规范经济学则是把"经济生活"视为历史之生的一个现象领域。"经济物品"的各种可能性,在此不是"经济物品"自身的可能性,而是作为"经济主权人"所持"物品"对于"经济主权人"的意义的种种可能性。"物品"在这里始终只是"人"的"物品","劳动力"也仅仅在是"人"的"劳动力"这里,才是作为"物品"的"劳动力"。甚至"物品本身"也只是从"人"的角度,从"人"的"普遍意义"的角度才能得到理解。

经济生活作为历史之生所不能不筹划的基本现象领域,也是具有根本历史性的领域。"经济物品"和以"经济物品"为生的"经济主权人",是以有限时空为自身活动场所的那些历史事件和历史人物。"经济生活"之为"经济生活",就在于对于历史之生而言,它是对于"历史"本身的一种"消费"。时间和空间的界限,是"经济生活"可能性的边界,同时也是使"经济生活"成为可能的边界。时空的界限,是"经济物品"得以成立的前提,亦即其"物性"之根本。

"稀缺资源"和"个人"的"人生"都因为时空的界限而"稀缺"。作为历史之生的一种根本限制条件,"经济生活"无疑已直白地展露了历史生者"人生"意义的"可能性边缘"。

"死"构成了对于历史之生所持"物性"的彻底消费。"经济生活"的可能和不可能同样系于,"物"是一种"消费物品"。然而,即使是作为"经济生活"之"物","物"也是"人生"的一种言说。"人生"一直就是以"物"言说的"人生"。

规范经济学所要追踪的,正是这种言说"人生"的"物"和以"物"言说的"人生"。"经济物品"在此总是某种主观逻辑,或者说某种人格形式和以此为生的"经济主权人"的现象形态,它总是某种人生的意义表象,总是某种以意义为生的人生的内容。

如果说实证经济学把"物"这一语言系统,当作一个语言系统来研究,细致地查考每个发声如何可能,各种音调和语音单元,与语义如何衔接和演变,那么,规范经济学则是把"物"当作一套文献来研究。规范经济学所要谈论的显然就是,这份文献的作者在这份文献里说了什么,他所说,对于文献之说来说,具有什么意义。

这就是说,规范经济学所从事的是文本的研究,而实证经济学所从事的则是语言学的研究。"物"在实证经济学的观点之下,是无所谓作者,因而暂时失去了与"人"的联系的那个"物"。规范经济学一开始关心的就是"持物者"所持那"物",

和"物"对于"持物者"意味着什么。而它最终要关心的则是什么样的"持物者"是按照"持物者"的"持物者"根据("持物者"的源始意义)来说原本和真实的"持物者",以及与此"持物者"相对那"物"以什么方式才可能说出这个"持物者"来。

"人"与"物",在实证经济学那里是"经济物品"。而同样是这"人"与这"物",却是规范经济学必须关注的"经济主权人"。"物品",甚至"人",基于其主权出借的"物性",一直就是经济运作所指涉和唯一指涉的对象,而且也是实证经济学迄今为止唯一指涉和可能指涉的对象。但"物"显然不能逸出"物权"的羁縻,而且总是在"物权"的羁縻之中才得以其"物性"显现出其自身为"物"。持物者,那个可以对之主张"物权"的所有者,作为抽象的所有者("看不见的人"),显然就是抽象的"物"成立为"物"的那个根据。因为正是在这个"持物者"那里,"物"才终于在被持处作为"物"显现出来,而且也正是在这个"持物者"这里,"物"才能够作为"对象",作为经济运作和经济生活的中心环节,成为实证经济学无法放弃的一个话题。

而规范经济学现在却要反过来从"物"处寻找这"物"所映现出来的那个"人",那个持物者在其持物处的权利状态或其人格形式。也就是说,我们将在这里探寻,这个"持物者"现在处在什么样的"人"的位置,他的持物身份意味着怎样的"物权",从而使得他如此持物成为可能。这样,从"物"的不同状态回溯到这种状态由之引申出来的不同被持状态,再回溯到"持物者",我们也许就会看到——这个"持物者"已有所不同。

第二章 物、经济物品、经济世界

第一节 稀缺资源

一、定义

经济学一直在不遗余力地讨论"物"。但经济学所面对那个"物"显然与自然科学所说那个"物"大不一样。"物"在这里是"稀缺资源",而不是一个化学键,一个氨基酸的分子结构,或者有质量并且正在运动的物体。"稀缺资源"不是在"资源""储存量"有限意义上"稀缺"——如我们常常提到的"贫铜",或者"贫铁"之类说法所指。按照实证经济学的严格定义,"稀缺资源"就是对于生产的可能性边缘而言"稀缺"或"有限"的人力资源与非人力资源。这样,即使极其贫弱的铜、铁储量也有绝大可能是相对于这种生产的可能性边缘而言不"稀缺"的资源。因此,"稀缺资源"并非在自然资源限制条件下的"稀缺资源",而恰恰只是某个社会意图动员的"人力资源"和"非人力资源"对于社会认为值得生产的那些产品的某个最大数量而言"稀缺"的资源。把有限储量的铜、铁开采出来,可能根本就不在这种生产的社会安排认为值得考虑的事项之内。

这样看来,被认为有用,并且其自然储量有限(包括人力资源)并不构成"稀缺资源"的充分条件。社会以无数的个人行为达成的有关当前效用的共识体系,才是"稀缺资源"入选和变得"稀缺"的最终限制条件。

铜、铁这些一直有用并且谁都知道数量有限的物品,可能对于某个当下的效用共识体系来说,毫无用途。而在这个时候,铜、铁甚至已不能称为"资源",更不必谈论在"资源"意义上才可能被谈及的"稀缺"。

甚至连黄金的"稀缺性"也在一再经受考验。"金本位"时代无疑是黄金的黄金时代。由强大的传统所构筑的对于黄金的神圣效用的膜拜,显然已使黄金成为可以不惜一切代价追逐的目标。对个人来说,黄金的真正价值就在于它是人人公认的价值。黄金成为这个时代有强烈生产冲动的一个项目,由此调集的资源正如黄金作为资源,肯定持有不容置疑的"稀缺性"。一旦"金本位"本身作为国际货币体系的柱石被更好的柱石所取代,黄金便不再是具有某种神圣效用的物品,对于这种神圣效用而言,黄金已不是"稀缺资源"。

那么,可卡因一定是一种"稀缺的资源"。但可卡因并不提供"公认的效用"。因此不能作为"公认的效用"引入社会生产的种种可能项目,并由此成为"资源"获得"稀缺性"并使与之相关的"资源""稀缺化"。可卡因提供了某种"非法"的"效用",它之所以被承认提供了"效用",就在于有一群人依赖性地需要它。而这些人在此已丧失选择能力。也就是说,可卡因妨碍他们达成某种社会"共识",并且直接消解了他们作为"自由人"表达其自由意志的能力,从而使可卡因依赖者沦为被监护对象。可卡因不具有在"合法"意义上最基本的"公认效用",从而不能在"资源"意义上具有某种"稀缺性",尽管由于法律管制，得到可卡因的机会向来"稀缺"。

另外一些"稀缺资源"的事例可能同样富有挑战性。生物多样性、洁净的空气和无害的阳光，这一切曾经只能以"无限"来加以描绘的领域，对于今天的人们来说，已日益成为"稀缺资源"。甚至一向被叫作"大地"，通常会以"啊"来表示其"无限"不可言说的"地球"，也正在被叫作"唯一的地球"——其"稀缺性"已明朗到不由分说的地步。这些其无限性甚至至今不可测量的"资源"，忽然之间变成了人类以"保护"的名义列入"生产"的一个个项目。其资源的"稀缺性"由此被纳入了某种"生产的可能性边缘"。

显然，我们对"公共物品"已经有了不同于以往的理解，我们甚至已经有可能把"地球"当作与所有生物共有的"公共空间"，并且以这种"公共空间"的概念来约束我们对"公共物品"的生产目标。使"无限"的世界按照我们的理想以它本来的方式存在——在以"环保"为号召的目标中，我们试图为自己"生产"一个干净的世界。而"保持生物多样性"则可能是我们抱有的更为博大的关怀生命的理想——前者所面临的机会正在变得越来越"稀缺"。我们能够生于此种"无限"世界的时间正在一点点过去，而这是我们当今关于我们应该生存于怎样一种世界的"共识"不能失去的目标。

到此为止，我们似乎已经可以站到规范经济学立场上为"稀缺资源"提供一个定义：

稀缺资源即那些对于某个效用共识体系而言稀缺的物品。对于任何稀缺物品来说，"稀缺"始终只是一种可能出现的状况。

二、资源稀缺的条件

我们在上文看到,"稀缺资源"并非作为一"物"按"物"的标准得到定义那种"稀缺资源"。"物"的丰瘠并非此"物"作为资源"稀缺"与否的充分条件,而恰恰只是此"物"作为"资源"在效用评价处显现为何种"资源"的条件。"资源"稀缺性的最终根据在于,定义其"资源性"的效用要求者本身及其效用要求和秉有这一效用的资源都是必定受限于时空的某个历史现象,而且就是有赖其"物性"的有限形式才得以展现出来的历史现象。

例如,钻石是按照矿物的通常储量标准看来,"稀缺"至极的"物品"。钻石的绝伦美丽和其作为"矿物"的稀缺性,使它得以持有某种傲视群物的效用,而作为对某种效用要求而言合适的效用物,钻石由此可能被选列在社会的可能生产事项之内,成为生产的种种可能性安排所要追逐的一种"资源"。到此为止,我们看到的仅仅是一种自然的恰到好处的"稀缺",使我们得到了某种珍贵的"资源"。经济学上的"资源稀缺性"仍在我们的视野之外,正如随处可见的牛奶不能因为"随处可见"显得"太多"就不在经济学上是一种"稀缺资源"。

经济学上的"资源稀缺"来源于我们对效用的选择总是某种受限于具体时空、互不相容的选择,这一经济当事人的根本处境。我们在选择 A 的时候,不能同时在 A 处选择 B,而且 A 君的选择显然不能就是不在 A 处的 B 君的选择。也就是说,我们的经济选择总是寓居于有限时空的选择者对在有限时空中才可能展露出来的"物"的效用的选择。

时空隔断了不同选择同时到场的可能性。我们得到的总是有限数量或有限范围的可能选择。在不同的效用要求者仅仅只是在自己要求所及的范围内提出效用要求这一经济选择的社会格局之中，正是所有这些不同的效用要求构成了社会经济选择的种种可能状态。也只是在这些各不相同并且与时俱移的选择结局之中，种种"资源"作为"资源"的"稀缺性"才最后得到界定。当我们在说某物是一种"资源"的时候，我们实际上是在说，根据它曾经是"资源"的历史，它可能会在某个地方成为"资源"。而当我们在说"资源"的"稀缺性"的时候，即在说，"资源"的时空界限使之具有在某个特别的时空界限内"稀缺"的可能性——这与说它的"过剩性"几乎是同一个意思。

有人可能会反对说，"资源"无论如何总是"稀缺"的，并且从长远来说，一直就不敷使用，"五吨铁"对于制造十辆马车的选择来说也许多了一点，但是我们明年还会选择再造十辆马车，因此，资源永远是"稀缺"的。人们可能不会不同意，我们也有理由对这种"反对"说，"资源"永远是过剩的，如果我们把今年列入计划的事项安排到明年，而明年我们将会有制造百辆马车也用不完的一座铁山。

这样，"生产的可能性边缘"，这种实证经济学划定的使用"稀缺资源"来生产物品的种种可能组合的底线，实际上就是上述那位站在"永远"立场上进行会计学推论的先生所描绘的对于从不"永远"的经济生活来说不可能的组合——在乌有之乡才可能划出的底线。

我们可能仍然只有五吨铁，可以生产两辆汽车，或十辆马车，或一辆汽车加上五辆马车，我们似乎面临要生产一辆汽车就得减少五辆马车的问题。但是，此刻由效用要求者们作出的决定完全可能是：生产五辆带有铜把手的马车。这样，我们"有限的"五吨铁剩下了一半，而在这同时，我们却短缺十公斤黄铜。一种解决方法是，我们干脆制造十辆，以便一劳永逸地在我们的"生产可能性边缘"上等待又一个有关"五辆"的要求。这种严格遵守"生产可能性边缘"的做法可能并不比干脆再制造一个无论什么形状的铁球来得高明，因为下一次人们可能会要求制造一座塑像，而把多余的马车撤散开来铸成塑像也许恰恰比用一团铁球来熔铸塑像路途遥远。

的确只有神才能够做到刚好用尽"资源"，而又在同时使各方彻底满意。我们在任何时候所遭遇的"生产的可能性"选择，无疑总会是一些"资源"过剩，而另一些"资源"稀缺的局面——以"生产的可能性边缘"来界定"效率"甚至会迫使我们把生命的闲暇也定义为"浪费"。而一些"资源"的"过剩"或"浪费"，另一些"资源"的相对"稀缺"，一直就是经济社会得以有"效率"运转的前提。它使得社会可以改变"资源"的用途，通过"价格"或"利润"这种对"效用"的评价，重新确立某些"资源"的"资源性"。

也就是说，并非"资源"作为存量被彻底利用，是"有效率"的社会生产，而恰恰是一些"资源"的闲置或"过剩"，另一些"资源"的"稀缺"，是社会有"效率"生产的基本状态。所谓的"自然失业率"和所谓"必要的""库存"或"个人储蓄"，实际上表明了："有效率的生产"总是一部分资源处于"过剩"状态下的生产。而且这种"过剩"作为社会"储蓄"，正是应付新的"效用要求"和使新的"效用要求"得以实现的前提条件。由于社会"效用"要求的"共识"体系总是"即时"变动的体系,"资源"的"过剩"和"稀缺",就构成了"经济生活"本身的生命运动不可缺少的"空间"。而"经济生活"是只有在"变动"之中才能"存在"的"经济生活"。或者说,以"变动"为"存在",是"经济生活"成其为经济生活的固有特征。

因此,"资源"稀缺的条件,植根于"经济生活"的根本处境,这就是,"经济生活者"本身不可改变地是历史生存者,是以有限时空为界确立其生存的必死者,而且他的生存方式就是对"总是"有限的时空性"活动"的"消费"。每个经济生活者在此是其经济生活的无可逃避的主权人,因为只是他本人,是以他的"人生"为界的"人生"的当事人——只有他,"消费"他自己"有限的时空"。这已使得这个"消费者"提出来的"效用要求"不可能不是以有限时空为界的"效用要求"。用"时空"的观点去看,我们看到的总是千变万化的"效用要求"和"千变万化"的效用表达形式(我们通常称之为产品或服务)。

作为以意义为生,或者说以"物"为"现象"的生存者,经济生活者的"有限时空"是对他的"人生"而言的"有限时空"。也就是说,他只能在他所特有的"有限时空"之中安排或表现他的"人生",而这"有限时空"并不就是他的"人生"。如果有人在说,我们的"有限时空"不会超过"150年"和我们的皮肤,那我们在此谈论的便是"无限"的"时空"。因为这种"时空"的确就是一个标准的"时空单位",它肯定会不断到来,就像"年"从来不会消失。如果夸张点说,这似乎就是试图彻底"计划""经济"的经济学之哲学基础。

但"经济本身"显然另有"基础"。"时空"仅仅是我们的"经济"之生的根本处境,我们不得不使用的"语言",这正如我们"说话"一直就在使用"会消失"的声音。如果我们的"说话"制造了一个"永不消失的声音",那么,"说话"将不再可能。幸运的是,我们一直就是,会在时间之中消失的那个"死者"。

时间之死,使得我们的"人生"终于得以开启。意义就在时间的不断退隐之中绽放。我们要么去喝一杯啤酒,要么去打一场网球,我们不可能像"神"那样在不同的地方同时到场。我们因为有限时空这一根本处境不得不选择,而重要的是,时空仅仅是使我们的选择成为可能,而从来不是我们的选择本身。我们选择了我们自己那个选择。人们因为"人格"而持有某种"人生"的根据,从而使此种"人生"成为可能,而人们也因为持有此种"人生"的种种可能,而选择了自己那个"人生"。

然而,没有人不是因为"出生"而被抛置在某个现存的"人格形式"之中。这个"人格"形式显然有可能涂抹掉我们全部的"有限时空",并最终勾销可以让我们来"选择"的"人生"。当我们说我们要那种"人生"的时候,这种"人格形式"可能会塞给你一个这种"人生"。这个时候,我们实际上已被一个对我们来说"永不消失的声音"所占领,在这个声音里,我们已不可能找回我们自己的声音。这个声音甚至已不可能把你当成一个"死者",把你的"人生"当成你唯一拥有的"人生"!因为你的人生和他的人生都不过是一个"人生",而"我们"从来不缺少"人生"!

"经济"的"人生"是"人生"有限性的直接见证。而

"经济制度"实际上牵涉有关"人生"的全部法权制度。而"制度"在这里所表达的正是我们的"人格形式",我们的某种"人生"得以展开的根据,"人生"意义的开启之基。我们将以怎样一种"人"的样态开始我们的"经济生活",意味着我们将以怎样的方式面对"资源"的"稀缺性"。"人"的样态,或者说"人格形式"的确就是我们经济人生的"可能性边缘"。

既然"经济人生"本身意味着有限性,并且意味着这种以"人生"之有限性为界的展开,必然是以经济生存者本人为主权人的展开。那么,以经济生存者本人为主权人的"人格形式",才是"经济主权人"本来的人格形式,亦即"经济主权人"未曾遭遇"非经济"扭曲的"人格形式"。"资源"只是在这里才会成为某个"有限"选择的符号,一个以"效用"为其根本特性的符号,不管人们是在这里(某个具体的此景此情)要求"一本书""一辆汽车""一个鸡尾酒会",还是"一个历史学教授"。

"资源"的适当"浪费"或"过剩",是大部分"资源"不被"浪费"的一个条件,因此也是"经济"得以有效率地运行的一个条件。它是经济有效率运行的"成本",而不是"稀缺资源"的无谓"浪费"。而在"自然失业率"所表示的"资源过剩"这里,人们甚至是在保留一个可以突出地表现一下"自己"的"自由人"或"主权人"身份的机会——"工作能力"这份"资源"只是在"工作者"自己的意志之下,才会受到"支配"。

"经济人生"的有限性,决定了任何"效用要求"都必是"有限"的"效用要求",而与之相应的"效用"也不能不是

"有限"的"效用"。在"效用供应"的限度超过"效用要求"的地方，我们看到"资源过剩"，而在"效用要求"的限度超过"效用供应"的地方，我们又不能不面对"稀缺"。因此，"稀缺"和"过剩"同时并存的状态乃是经济的常态。

我们只能在统计学的"大尺度"上说"资源""稀缺"或"过剩"，正如我们只能在年终才计划出本年度"生产"的 GNP。对于经济生活来说，到处是具体的"稀缺"和"过剩"。如果不是这样，那就意味着人们在仅仅关于自己的事情上不能由自己来决断，"经济当事人"不是"自由人"，而经济也不是"自由经济"。

第二节
财富（上）

一、苏格拉底的问题

色诺芬的《经济论》记录了苏格拉底和克利托布勒斯"关于财产管理的讨论"。苏格拉底为"财富"下了一个很宽泛的定义："财富是一个人从中得到利益的东西。"[①] 而"东西"因为善用而得益，"如果一个人不懂得怎样用钱，……也不能把它列

---

① 色诺芬：《经济论》，张伯健、陆大丰译，商务印书馆，1981年，第3页。

入财富之内了"①。按照这种标准,"朋友""仇敌"和"牲畜"这些可以在很不相同的意义上带来"好处"的"东西",都是"财富"。

在接下来的讨论中,苏格拉底以"财富"为据区分了"富足"与"贫穷"。最后的结果是:所谓"富足"就是"财产"能够满足对某种个人要求或生活方式的需要,而"贫穷"则是满足某种生活方式需要的匮乏。"富足"者的财产可能只有"贫穷"者的百分之一或者更少,依然是比"贫穷"者"富足"的"富足者"。苏格拉底自己就是他所说那种"富足"者。这是苏格拉底关于"财富"的观点的合乎情理的延伸。既然"财富",就是因善用而得益的东西,那么"富足"肯定也是善用很少的东西来满足所需那种"富足"。再多的钱,对于"不懂得怎样用钱"者也可能不是"财富",那么,拥有巨大的家产,就完全可能一贫如洗。

苏格拉底用"利益"作为标准来规定"财富",紧接着又用满足需要的用途来规定"利益"。这样,"财富"便是对于个人的"需要"而言,合于用途的东西。而个人显然有不同于别人的"需要"。不同的"需要"失去了普遍尺度,因此,我们甚至可以说,没有人会比别人更"富足"或"贫穷"。

苏格拉底也许不需要靠贡献祭品来获取声望,也不必招待众多的外来客人或者宴请市民来搜集追随者,一句话,克利托布勒斯的大部分开销对于苏格拉底来说都是无谓的开销。但是苏格拉底可能不会不需要思考的时间,不会不需要更多的路费好去遍寻

---

① 色诺芬:《经济论》,张伯健、陆大丰译,商务印书馆,1981年,第3页。

世上的智者来辩论。

苏格拉底的结论是,别人拥有的东西,无论多寡,只要不是我所渴求,那就不是我能够承认的"财富"。如果"财富"在这里就是"有用的东西",就是规定私人生活的那些需要和满足需要的物品,我们的确很难反对苏格拉底。然而"财富"并非对"私人"有用的东西。苏格拉底可以不需要高朋满座的景象,而且有能力像克利托布勒斯那样款待满座高朋的人士在一座城市里肯定屈指可数。但克利托布勒斯的"身价"表明,喜欢和希望自己也能这样生活的人恐怕会是本城市的大部分居民——对于人生而言美好的东西,总是会成为许多人梦想的目标,尽管终其一生他们未必能够将这些目标中的大部分纳入自己的人生。

这还只是问题的一面,现在让我们面对苏格拉底可能会有的问题:他总不能说,我根本不需要时间来思考,不需要花钱在路上去找人辩论。如果这样说,苏格拉底就决不会说,"穷叫花子"这个"臭名儿"在他没有找到对自己有利的说辞之前会让他"心灰气馁"(上书,36页)。苏格拉底显然需要不被生计的奔波占满闲暇时间,需要衣服和饮食来思考,甚至也需要不被叫作"穷叫花子"的那种体面生活,尽管他本人从来认为在所有这些事务上花费时间有损于他去拥有更为"健全的精神"这更重要的一面人生。

但是对"人生"的拥有,而且就是对有限"人生"的拥有,才使我们终于有机会以各种可能的方式来表达我们所追求的"意义"或某种"健全的精神"。我们在什么地方去找到一块"人生"的"剩余"或"积蓄"来让我们有可能从容地出入于"人生"之思?苏格拉底的时代,思想仅仅是一个私人的作为,而不像今天可以在一个大学的职位处被正式称为"工作"。这就意味着苏格拉底不得不面临以"谋生"为"工作",而在"工作之余"以完成个人"健全精神"的名义去从事对于我们今天仍然重要的那些人生之思。

苏格拉底的人生困境,似乎已使他无法回避关于"财富"的问题,从而使他不能不在他自己的立场上曲解"财富"。"思想"一旦作为被普遍认可的"工作"意指着一份"财富",那么,这就意味着"思想"满足了某种得到公众认可的"需要"。而作为生产"公共物品"的一个工作领域,"思想"显然应该由公众所委托的那个"公共机构"出面来支付报酬。但是,现在还没有这种把向"思想"支付报酬当作一项任务的"公共机构"。这已注定苏格拉底的"穷叫花子"命运,尽管他可以宣称"在我缺钱的时候,帮助我的人是不会少的"(上书,7页)。苏格拉底因为有人赖账而成为"叫花子",而他没有放弃赖账者应该付酬的那份思想,没有放弃为让我们的公共世界变得晴朗和辽阔不能放弃的那项"工作"。苏格拉底在这里保全了某种"健全的精神",而人们却在这里得到了一份以"苏格拉底"的名义捐赠的慈善事业。

作为一份人格成就,苏格拉底是人们无法忘记的名字。而作为一个"思想家",一个"哲学教授",仅此"一生"的苏格拉底一生都没有得到报酬。在此,我们显然没有理由去责难这个似乎精通一切的人(他本人肯定不会这样说)竟然没有懂得"财富"。

从苏格拉底终生"失业"的事例,我们似乎可以说,"财富"即某种经济生活所公认为有用并且为人持有的东西。苏格拉底在为自己的贫穷辩护的时候提到"尼西阿斯的那匹马"。这匹有"健全精神"的马后面紧跟着一群边走边看边议论的赞美者。显然,这匹"精神健全"的马的"健全精神"面貌已被公认有用并且正在被公众享用。但是,没有人丢下铜板。因为这份免费风景不能被人有效地持有,不会有人要求,也没有人认为应该付费。也就是说,这不是一份"财富"。"持有"仍然是一种"公认",对于"财富"而言甚至是比"公认"有用更为根本的"公认"。在被"公认为有用"(即使是仅有一人认为"有用")这里,人们认可了别人所要求的效用是一种"可以料想"的"效用",即使此情此景并非每个人当下的处景,对此效用的要求并非每个人当下可能提出的要求。在这个意义上,苏格拉底的需要和克科托布勒斯的需要都在可以料想处,成为在逻辑上普遍有效的需要。货币是衡量在逻辑上普遍有效的不同私下处境下的效用的普遍尺度。苏格拉底所要的"闲暇"和克利托布勒斯的酒宴在货币这里成为"普遍的需要"。苏格拉底不能再次说在所有条件相同的情况下,花5元钱才能维持的"闲暇"比花6元钱的"闲暇"更多,或者5元钱买到的他那点很少的"需要"的满足比6元钱买到的带来更大的"富足"(在一般雅典教师收取4、5迈纳学费的时候,苏格拉底向学生收取10迈纳,他显然知道10迈纳是比5迈纳更大的一份财富)。而且他也不能说,克利托布勒斯所持的500元钱不比他的5元钱富足100倍——如果我们把这500元钱派上苏格拉底所需要的那种用途。

每个人都可以保持自己的偏好,直到老死,但无论是谁,都希望有尽量多的机会来表达这些只有通过机会才能表达的偏好,而机会总是意味着别人提供的数量有限的效用或由自己生产的同样也数量有限的效用——这一切就是有价格的一切,亦即在普遍尺度下得到衡量的人所共认的效用份额。

关于效用需要的"共识",是人们能够以某种预先准备好的方式在此等候"顾客"的前提。人们显然不会为制造"无用"的东西工作。而所谓"有用",总是对某种可以料想的情景的效用要求而言,普遍有效的效用。于是,社会的分工体系终于有可能有条不紊地甚至在互不知晓并且不知道买主是"谁"的情况下,提供为千百万人所需要的千百万种不同的效用。效用在逻辑上的普遍有效性正如语词的意义可以普遍传达和预期,是经济生活可能达成和不间断地达成某种效用的公共评价(买卖)的前提。

但仅仅是有关效用的"共识",还不足以为"财富"奠基。"为人持有"是"财富"得以可能的更深刻的根据。当我们说"经济人生"是有限人生的时候,我们是在意指时空强加于我们的界限。而"人生"作为"人生"本身,即受限或受造于某个"人格形式"的历史人生。"为人持有",在此即为某个公知公认的人格形式的领有者所持有。这种"持有"是以所有权为据持有,是作为所有者持有。

这显然不是指持有者在此把持着某个事实。而是指,他的"把持"是公知公认并且公授的,亦即"合法"的"把持"。苏格拉底的思想活动没有被作为"工作"接受,并非他的思想活动没有被"公认为有用",或者不是苏格拉底所能"把持"的思想活动。苏格拉底的人生损失在此是由他的思想活动不能被界定为由他本人"持有"的一种效用——这种所有权的缺失所造成。他的"夸夸其谈"正如在大街上行走的"尼西阿斯"的马匹,是不能由他本人"持有"的效用。同时这种"演播"本身并不代表他的全部工作。苏格拉底所提供的工作是，他的被整个这些公众所需要的"工作"所占满了的生命。但人们并不认为他持有"苏格拉底式的生命"就是合法地持有某种工作成果——因此人们拒绝称他为"教授"或"思想家"，而只记得他是一个"夸夸其谈"者，一个"叫花子"，一个修辞学教师。苏格拉底被剥夺了对其"工作"的所有权，他所持有始终未被公认为一种"持有"。苏格拉底在此甚至不可能要求任何人为他的智者之辩付费，因为没有人会在无主的（未被持有的）物品那里向不存在的主人支付价款。

二、金钱

从苏格拉底的问题，我们得到了一个关于"财富"的见解：财富是某种经济生活方式认为有用并且为人持有的东西。按照这种见解，金钱就是最富有财富性的东西，然而，"金钱"并非仅仅是"公认为"有用的东西，它也是表达"公认"或"公意"的东西。它被公认为有用的那个"用途"就是，它使某种"公认"的表达成为可能。因此，金钱只是在表达"公认"的用途上是一种有用的物品，是"财富"。而它在此表达的"公认"则是"人"对于"物"的合法身份，亦即某个普遍人格形式的展现。

但是，人们显然更容易看到"金钱是一种有用的东西"这一面，这正是他们每天在使用的那个东西。而"持币者"这个依照"金钱"的合法性根据持有"持币者"这一"普遍人格形式"的"人"，却是有权以自己的方式对他所面对的种种事项合法地表达"公认"的那个人。货币在这里要表达的，就是这个"持币者"在合法地表达的一份"公意"，这个"人"在公意表达处显现的普遍人格形式。"金钱"在此反照出来那个"人"，就是作为"持币者"一直浑然不知那个"人"，那个因为"金钱"而获得了历史上第一份普遍权利那个"人"。

东西方历史上所充斥的各种有关"金钱"的故事，大部分是基于视"金钱"为"财富"并且"财富"被当作某种"有用物品"的观点。但关于"金钱"会在什么意义上有用，却一直是各种有关"金钱"的劝世寓言想要追究的问题。著名的米达斯王的"金手指"故事是想推导出"黄金"（一直在铸造金钱那个黄金）实际上是比起水和面包这些最普通的物品来毫无用途的物品这样一个极端的结论。这和历史上久传不衰的所有对拜金狂或守财奴的嘲笑一道，构成了对"金钱"不可思议的力量的一种反抗。

对这个在实际生活中一直困扰着人们的"金钱在什么意义上有用"的问题，我们得到过大量纠缠不清的见解，例如拜金狂的观点和寓言作者的观点——这甚至也会演化为某个经济学派所慎重坚持的学术见解。重商主义经济学与重农派经济学在"财富观"和"金钱观"上的对立，几乎可以说就是拜金狂和寓言作者在"金钱观"上的对立的一种理论版本。重商主义者坚持"财富"就是"金钱"（金、银），因此要增进国家的"财富"，就要不遗余力地制造能够流入金、银的顺差，或者用一切可能的方式得到国内外的金、银矿藏。重农学派则强调只有能够加入人们的日常生活的有用物品，那些与生产和生活有关的由劳动（农业劳动）制造的物品才是财富，而货币或用作货币的金、银却是米达斯王的黄金,并没有什么真实的用途,因此不能算作财富。

货币作为一种有用的物品,仅仅是一种有效的记账凭证,或者说某个得到公认的效用份额的有效记录。它本身只是在是一种有效记账凭证意义上是财富。至于人们选择某种商品作为货币,还是选择其本身不能当作商品使用的任何物品来作为货币,那已经是另外一个问题——即货币材料是否本身是被公认为有用的物品这一问题。这与由货币材料做成的货币,亦即人们当作货币持有那个"钱"是不是"财富"已没有直接关系。

金、银作为物品本身是有重要用途的物品。金、银的稀有、其恒久的光泽和不易作伪等特性,是用于"制造"货币这一有效记账凭证的合适材料,而适于用作货币材料仅仅是金、银远为广阔的用途领域中令人印象深刻的一端——这当然也是金、银是财富的一个曾经最为有力的证明。①

与金、银这种似乎与货币有某种不可分离的内在关系的材料比较起来,雅普人的"斐"币所使用的从 400 英里外运来的大块石灰石,可能更适于说明我们所持有那个"货币"作为一种有用物品的特性。这些大块石灰石在雅普人的生活现实中,除了充作铺路石和建造房屋的材料,似乎已难以找到别的用途。如果

---

① 比特币以人为制造的稀缺性来模仿黄金的稀缺性,将是最没有前途的区块链币。因为稀缺性只是金银作为货币的外部条件,或者说是在技术和社会体制条件不完备的历史情况下保证货币之不可伪造或无人作弊的外部条件,而不是货币之为货币的必要条件或内部条件。货币的有效性说到底就是无人可以作弊这件事情所保证的有效性,而稀缺性只是实现这一有效性的方式之一,同时也是最具历史局限性的方式之一:有限的货币数量终将无法表达不断扩张的经济生活。负责的公共权力是现代社会保证货币有效性的最好方式。

考虑到上述用途上的大块石头可能会有方便得多的来源（不必取自400英里以外），那么，我们就可以说，这些石头对于雅普人的生活而言，是不能被派上任何用场的东西。

但是，现在雅普人为这些大石块找到了一个至关紧要的用途，这就是，用作"斐"币。有了这种用场，到400英里之外去运回这些石块，就成为值得一做的工作，这正如我们今天花大力气探求印钞防伪技术或长久以来仅仅为了找到更多的货币艰辛地开掘金矿，是值得去做的工作。雅普人显然是根据自己的需要，在使用我们看来不可思议的大块石头。他们需要一种公认的，不能以别的方式作伪并且因此而有效的记账凭证。谁都不能涂改这个纪录，除非他从400英里以外重新运回一堆石头。人们也许会大惑不解的是，这些"无用"的，甚至几乎不在交易中搬动的石头为什么会在散布全岛的情况下，仍然会从遥远的地方不断运来，直到有一天人们认为这样做已无利可图？而且每增加一堆无用的石头，族人总会同意搬运者为本岛带来了新的"财富"？但是在提这种问题的时候，我们却从未设想过如果仅能用于记录金融系统信息的计算机系统被发明出来，算不算是为我们这个社会带来了一份新的"财富"，而且我们也从未质疑印钞工作是一种"有用的工作"。

历史上的贵金属货币或者金属铸币一直在用重量和成色来保证"货币"这种制成品的效用，国王的印鉴或神像也在发挥这种作用。货币作为一种有用的物品，必须是不易伪作，并因此而保有信用的物品，这与我们要求盛水器不漏水是同样合乎情理的有关一物效用的要求。为了做到这一点，雅普人运回昂贵的石头，而大部分文明社会则长时期使用甚至还要远为昂贵的金、银。近代以来,我们终于有了更能切合需要并且成本低廉的纸钞,尽管持续了很长一段时间人们才放弃了纸钞仅仅是"黄金的证明"或"白银的证明"这种观点。在电子货币有可能取代纸币的时代,我们甚至可以对像雅普人那样不必由我们自己来掌管交易纪录的货币交易有所期待(雅普人在交易完成之后,常常不会搬走原来属于别人的石头,这块石头可以仍然在山上的某个角落,甚至就在原主人院落的某处,但是岛上人人有数的某块石头,现在经由宣布确立了合法的转移手续。这种看起来粗朴至极的经济交流方式,实际上是与罗马人精致得多的要式交易程序同样有效,并且同样显而易见的"公认"程序)。

与由金、银等本来可以派上种种重要用场的货币材料构建的货币体系比较起来,大石块作为"斐"币体系更直白地表述了货币体系是一种表达"公认"的"持物"结果,从而确保普遍"持物"权利和权利所有人主权人地位的符号体系。制造这一符号体系的成本,可能是对于贵金属的采掘,可能是雅普人那种辛苦的搬运,而某种特定的货币符号体系作为一个"制成品",它的成本就是人们为了达成这一特定符号体系所花费的工作——这甚至就是作为"传统"传递下来,由祖先们付费的"公共工程"。

因此,"货币"并不像人们用小说家笔法所描绘那样,是可以任意启用和消除的一个幻影(实际上寓言作者正是在用这个理由来诽谤黄金)。它肯定不是被某种自然物品的自然特性所规定的不可更改的物品(就像人们长久以来对黄金抱有的期望),但显然同样不是用随便什么东西就可以冒充的一个傀儡。人们不可能像制造唾沫那样来制造货币,正如人们不能说地球人类所使用的成千上万种语言是随便什么人随便制造的一堆空洞的声音。

货币体系的制造者显然都是在自己的特殊处境之中找寻适于制造货币体系的材料，这种处境可能让他们找到制作"斐"的石头，也可能让他们找到制造银币的银矿，而在囚犯群体这一不可能找到更多适于表达所有人意愿的东西的独特社会之中，我们总是会看到他们把香烟"制造"成为"货币"。所有这一切，与我们看到某种文明在高岭土环境用这些土烧制陶制食器，而另一个文明用周围的铜、锡矿石制造青铜食具并无实质差别。一旦成器，这一"器物"就是一份"有用的物品"，一份"财富"，而不再是某种与人无关或者可以随便（不遵守制器规则）与人牵连的"东西"。正如语言不是随便制造的一个声音或书写符码，而且不能仅仅用"声音"或"形迹"的观点来看待，货币也不是其材料本身。"人"及其意向，使语言的声音和书写符码，货币的种种媒介体系，成为"意向"所成，并使所有这一切成为合于"意向"之"用"的"有用物品"。

语言和货币作为"公共物品"，一直就是"天下之公器"。而"财富"则历来被视为适于"私占"并且一直被"私占"着的"物品"。在以黄金等"贵重物品"作为货币的强大文明传统之中，金、银似乎已脱离公意的约定程序而能够自动成为货币。黄金在许多重要场合表现出来的不容取代的效用，使它始终持有某种在"公认"处显而易见的效用，而这种"公认"的效用最终成为黄金货币特性（表达公意的天作之选）的方便证明。

黄金通过自己已获"公认"的效用特性，为自己找到了能够"天然"地表达"公认"的不证自明的优先地位。因此，在由黄金或类似于黄金的贵金属（银、铜等）充任货币的地方，货币体系便表现出似乎不必经过任何"公认"程序即自动有效的状况。实际上,"公认"已在先经由对货币材料有用性的历史性确认来完成。而黄金作为货币在与整个效用物体系的相互校核历程之中,其数量对比关系仍然在以"公意"为转轴来达成。因此,币值总是在由从不间断的"公认"程序不断确认。如果采得黄金的困难程度不与通过交换得到黄金的程度相等,那么,一定会有人放弃寻找金矿或有太多的人成为专业淘金者。人们要得到由黄金出示的证明,要么遵循采得黄金的道路以黄金本来的方式持有黄金,要么遵循黄金的币值按照市价用价值相当的物品购进黄金。这都是以得到"公认"的方式合法地持有某种数量的物品,或合法地得到已出让或贡献等额物品的记账凭证。

作伪却是以不贡献由"公认"所确认那种物品的方式得到由"公认"所颁发的记账凭证。伪造货币者(所有以作伪的方式持有货币者)所作的关于自身"持有"的伪真的证明,和偷窃者以非法的方式享用似乎是由他本人合法持有的物品毫无二致。

关于"财富"的传统观点,常常只看到"财富"是"物品"这一面,而"财富"作为"有用"的"物品",是以某种在普遍效用意向中得到确定的以效用为根据的"效用物",这一面却常常被人忽略。而此种得到"公认"的效用物与彼种得到"公认"的效用物之间的换算比例,或者说在某种普遍效用共识体系的尺度上各自表现出来的份额的相对比例,则是提供或生产了某个确定数量的此种效用物的持有人或彼种效用物持有人,得到由货币所表示的"公认"财富份额的依据。而"确认的数量"和"份额"无疑也是"公认"表达其"公认"的确定不移的形式。因此，通过货币达成的交换，从来就不仅仅是交换当事人在此填补彼此剩余和稀缺的效用物品，或者说仅仅是在此寻求某种私人需要和满足，交换者在此同时是在寻求以支付或"购得"为名义的"公认"，并且在寻获"公认"的程序之中见证自己作为合法的"持币者"的"持币者公民"身份。

因此，"持有"财富在此并非拿走本来可以被别人分享的东西。"持有"是以所有权这一普遍权利为据持有。而按照"货币"的合法程序得到"公认"的财富份额，本身即"持有者"由社会分得的东西。货币的"持有者"并没有持有某个因为他的持有而被独占的物品，他仅仅是持有由货币的"公认"程序所确认的应得份额。而且他持有这些社会份额，不仅是由于他本人获得了由货币表达的合法程序的确认（或者说经由社会授予），而且也因为这些合法程序对任何持有者所持财富份额的个别确认，同时也是对不持有这些份额的每个他人"以此"持有的确认。试图以独占物品的方式持有财富，或者把黄金埋藏起来，这种守财奴持有财富的方式，即是试图使某个由语言记载的孤本不再流传——这实际上已经从根本上取消了财富。持有者在把持有物看作"他的物品"的时候，已经犯下错误，因为不管是他的物品还是市场上的物品，都只是在被"公认有用"处才是财富，而且也只是在"他的持有"被"公认"为"他的持有"处，这持有才得以成立。

因此，个人以货币的法定程序为据持有的财富，即是由公众授权成立的财富。他既不可能通过独占的方式持有，也不可能因其合法的持有构成某种独占。他的富足的生活方式，是一个公民所持有的生活方式，如果他不是把这份财富用于照管他的私人生

第二章　物、经济物品、经济世界

活,而是把其中的很大部分用于生产某种财富从而试图以获取利润的方式得到更大的承认,那么,作为企业家,他实际上就是勇于承担责任(也许会轻描淡写地表现为账面上的盈亏)的经济领导人。

而竞争,不外乎是另一场竞选。他的"私人财富"(人们总是这样称呼个人财富)的盈亏状况,或者可能遭遇的破产,并非人们常常设想那样,仅仅是一个富翁的好运或霉运,而是公众在此决定收回或增加多少授权。富豪们尽可以一掷千金,尽可以以"私人财富"绝对主权者的姿态对自己名下的财富胡作非为,但这样做的时候,他不过是在向公众表明他本人已不是这份由公众授权成立的"财富"的合法执掌人(以货币所要求的合法性为据)——这正如一个政治领导人可以制造一个丑闻来让公众撤回对他的支持。

穷愁潦倒或者破产,的确不是一个富足者私人所可以主宰的一个事件,甚至他把财富仅仅用在自己身上也不是一个"私人"能够选择的结局。这仅仅是因为,社会早已承认了这样一个前提,一个公民以公民的方式获得的满足,是社会经济生活的唯一目的。作为一个富足者,一个把自己料理得很好的人,他一直就是一个公民。他以公民的名义为社会解决了一个以他自己为界的问题——而这正是社会发誓要解决的众多社会问题之中,那个核心问题。

三、收入

又一个与"财富"联系得很紧密的概念是"收入"。实证经济学有时把"财富"视为货币存量,而"收入"则是货币流量。

流量实际上是指作为个人收入的货币流入量和作为国民收入的货币流通量——货币流通量不是在投入流通的货币量意义上的流通量，它的较为精确的说法是 GDP（国内生产总值），国内生产总值即一国的总产出以货币衡量的总计所得。

收入概念已经较为明晰地揭示了财富是以货币衡量的财富这层含义。但"收入"本身在强调所谓货币流量的时候，实际上仍然是在以存量的观点看待问题。在名义 GDP 与实际 GDP 的区分之中，已暗含着一个前提，即国内总产出可以不以货币的方式而以"物"（物品和劳务）的方式而且最终要以"物"的方式来确定。以"物"的方式，亦即以"物"的计量方式来衡量的国内产出（以名义 GDP 除以价格指数），按照实际 GDP 的观点，即是得到了最后校准的国内产出。

这种混乱的计算方法所暴露出来的问题，实际上就是人们将以什么标准来看待"财富"的问题。在现代经济已进入不得不以"货币"为最终尺度来看待"财富"的时代，经济学却在以"物"的观点来看待财富，尽管这样做使经济学常常陷入自相矛盾的尴尬境地。在这种经济学观点不能最终依赖"物"的地方，它不得不同时又引入与"物"相对的货币。这样，所谓"物"不过是某个时点上按货币观点所见那个"物"，这时，这个试图以"物"的方式得到计算的有关"财富"的系数，被叫作"价格指数"。

这的确是一个奇怪的逻辑。这种逻辑试图告诉我们，在某个时点上依据货币观点得出的财富总量是可以信赖的总量，而在后来同样是依据货币观点得出的财富总量则一定是有某种误差的无法信赖的计算结果。也就是说，更早的表决是有效的，依据同一规则作出的稍晚一些的表决结果是自有效的那次表决以来其有效性正在消失（离基准越来越远）的一个表决。那么，我们在什么地方去找到那个最早的表决？不然，越到后来误差越大的表决总会有一天会把我们引向错误的深渊。

只要我们承认货币的表决是"公意"作出的表决，同时我们又可以确认，经济秩序是按照货币的合法性要求设立的经济秩序，那么，在这种谁也不能够伪造货币的表决结果，亦即没有人持有非法货币所得的情况下，我们根据什么可以裁定以货币计量的 GDP 只是名义 GDP？只能依据某个特定的效用共识体系作出 GDP 的货币表决结果那个"基准年"，其实仅仅是对它自身有效的"基准年"。甚至在更严格的意义上说，它只是其自身在统计学上有效的"基准"。

货币在流动中对财富的表述，是与无时无刻不在产生和消失的效用要求和与之对待的效用物同在的记录。因此，即使是对"基准年"本身，我们也不可能依据其"物价指数"来得到对其经济生活状况的理解。因此，由货币计量的收入（国内产出和个人收入），始终是由某个特定的效用评价的共识体系以货币作出的表决结果。对每一个表决结果而言，只要据以表决的效用要求和效用物是在货币的合法性根据上真实的效用要求和效用物（这里已经排除了作伪的因素），由此得出的一切表决结果就是同样有效的"实际收入"。

所谓"名义 GDP"中需要扣除的水分，并非按照基准年的物价指数来校核的按照"物"的计量加以排除的那部分货币数值。

理由已如上述。说得更清楚一点就是，我们认为是同一些

"物"的那一篮子用来校核的"基准物",在不同年代可能意味着相当不同的效用,因为这一篮子"物品"对于不同时代的效用要求者,其效用意义是根据"篮子"之外在不断增加或减少的别的效用物和与之对应的效用要求来确定的。它们可能已经不那么重要,或者变得更加重要。

如果再加上"篮子内的物品"在不同时代功能设计、外观及内在品质等方面的演变,我们甚至仅仅根据"物"的观点也不再可能找到"同一篮子物品"。哪怕是仅仅一个新的效用物加入了我们既有的经济体系(更不要说效用要求者作为"有限生者"一直在不断转移的经济生活处境),原有的效用要求体系和这种体系所可能达成的"共识"也会产生微妙的改变。在现代经济所处的每隔十年甚至更短的时间就会猛然发现已进入另一个"经济时代"的疾速变化时期,我们可以更清楚地看到,以"一篮子物品"来校验我们的经济成果会面临多么大的危险——"十年之后",我们甚至会看不到现在放在"篮子"里面的任何一件"物品",在那里等待我们的将只有"一只经济学家的篮子"。

但"名义GDP"中的确有东西需要扣除——这就是所有的非法所得。非法所得在广义上就是"伪造货币"或"伪造记账凭证"所得。财政部门以滥发钞票的方式支撑财政开支,政商勾结和不健全的金融体系让一部分人不公正地得到稀缺的贷款,应该破产清算的企业由于官方的支持而在继续维持的经营活动,赃物没有被查禁的偷窃所得,经贩毒集团清洗干净后重返社会的毒品"美元",用非法钞版印刷并投入流通的纸币,受贿者积攒的家产……这一切为我们的GDP制造了大量用以证明"已经交货"的有效凭证。这些对经济生活的贡献为零（没有提供公认有用的物品），并且常常制造负值的非法活动却在自己的账目上记下了巨大的数字——那些我们现在还无法消除或者未能证明其为伪作的数字。这些数字将以按照比例平摊到有效社会财富份额上的方式，为每个诚实劳作者应得的份额制造一些不为人知的泡沫。

当收入以货币流量来计算，被当作"存量"来理解的"财富"也不可避免地卷入了流量之中。"存量"在此充其量只是不同于新增效用物的那些积存下来的效用物或这种积存物的有效凭证（货币存量）。但一切"存量"都不会拥有一个固定不变的份额，都只是在它被打量为"存量"的那一刻的流量中才得到确定。因此，财富，无论是在以"存量"来规定的"财富"那里，还是在以流量来衡量的"收入"那里，始终是以"货币"的方式得到记录或表达的那些公知公认的效用所确认的权力份额。

第三节
财富（下）[①]

消费社会给人的最初印象总是惊人的"丰盛"。而经济学界关于消费社会的描绘也与"丰盛"有关，这就是，这是一种过

---

① 本节曾以"财富世界"为题发表于《消费社会的文学文本——广义大众传媒时代的文学文本形态》，四川大学出版社，2004年。

剩的经济,是与前此的短缺经济相反的一种经济状态。鲍德里亚的观点可能会比经济学的观点质朴和深刻一些:"实际上,'物质丰盛的社会'与'物质匮乏的社会'并不存在,也从来没有出现过。因为不管是哪种社会,不管它生产的财富与可支配的财富是多少,都既确立在结构性过剩也确立在结构性匮乏的基础上。"也就是说,在鲍德里亚看来,过剩和匮缺是每种经济状态的两面。我们的"经济"按今天的观点来看与"短缺"的别样"经济"之间的区别,不是"短缺经济"与"过剩经济"之间的区别,而是各自具有不同的"短缺"和"过剩"的两种经济之间的区别。

这实际上已经引出了一个问题,这就是,没有一个社会的"物质"及其"需要"是与另一个社会相同的,我们面对的始终是不同的有关"物质需要"或"吃""穿""住""用"的社会表达体系。也就是说,我们从未在人和物之间建立起某种固定的关系——"人""物"关系中的"人"与"物"一直就在某种"流程"之中。即使是在所谓"使用价值"层面,"物"也是某种变化中的"人""物"关系的产物。说到底,"物"始终是在某种意义场域之中才显现出其本来所是。阿多尔诺所观察到的商品的"使用价值"和"交换价值"的分歧,实际上是假定了"物"在"使用价值"层面具有某种统一或不变的特性,而只是在不同的交换场合才表现为不同的"交换价值"。而真正的问题是,我们从未看到某个不变的"物"出现在某个不变的交换场合。不同的"交换价值"反倒是有关各不相同的"使用价值"的不那么变动不居的象征性的表现形式。

"物"在一个社会系统里总是一种语言或制度,每个在此系统中的用"物"者也总是在他个人的意义上以"物""言语"。鲍德里亚以及许多西方评论家（如盖格拉斯和伊舍伍德，1980）在讨论消费社会的"物"（商品）时，强调了商品的占有和使用与社会区分逻辑的关系。但这只是在说"物"的"话语"层面的区分。商品的"物质消费"或"使用价值"等没有受到充分关注的那种区分，亦即"物"在语言层面的区分，对于理解"物"作为"财富"可能处在更为关键的部位（实际上，文化人类学家一直在以"文化"和"生活方式"的名义关注和描述此种层面上的区分）。

"物"的社会区分或者说"物"作为社会区分的某种符号体系并非消费社会独有的情况，毋宁说"物"从来就是一个标示社会区分的符号系统。因此，"物"以其几何形状被看见和在一个符号系统之中被看作何种东西之间，有很大的不同。这种不同会让我们认识到"物质财富"这一高度常识化的描述可能包含着某种根本的错误。

人们并不直接在"物"的物质形式那里得到"财富"，而是在一个符号系统之中通过交换或潜在的交换——意义交流的过程——来让具有某种物质形式的"物"成为"财富"。当我们说某"物"具有某种"使用价值""效用"或"功能"的时候，实际上也就是在某个更基层的意义系统之中为某"物"找到一个位置。而一个得到了这样一个"位置"的"物"在某项"文化"或"生活方式"的意义系统之中将会是何种意义上的"财富"，却不是这个位置本身所能够确定的。

我们会看到，某"物"在"功能""效用""使用价值"层面的位置正如声音在音位学上的位置，只不过是标明了它与别的

"物"所占据的位置之间的差异。而"物"与"物"在物质形态上的差异作为"能指",其"所指"寄于一个不在"能指"本身之中的社会约定程序。"物"作为"能指"和"所指"的结合体才是"财富"。因此,当随口说出"物质财富"并以为在此一"说出"中被说出的就是作为"符号"的"物质财富"之"能指"的"物"时,我们已经混淆了一些东西,正如我们通常会把"符号"混同于符号的"能指"层面。

"财富"作为"权力"是社会约定的结果。我们需要关注的不仅仅是这种"权力"作为一种社会控制力量是否真实或在某种社会控制过程中"谁"在施控和受控(这是关于消费社会批判或广义的资本主义批判理论中重点关注的事情),更重要的关注点恐怕恰恰应该是"约定"权力的程序。

"物""财富""利润""资本""金钱"在有关消费社会、消费主义或广义的资本主义批判理论中一直是一些具有某种负面色彩的词汇,并由此成为种种"批判"的对象。而如此种种批判理论所针对的又往往不是某种历史形态的"物""财富""利润""资本""金钱"作为能指其"所指"的社会约定程序的不公,而是直接以某种不公正的社会约定程序所牵涉的"物""财富""资本""金钱"等能指物的历史形态作为罪恶和不公正的符号。

权力分配是财富问题的核心。而前消费社会财富权力的分配并不是在广泛的社会协商过程中实施分配和再分配的。西方的阶级身份制度或东方的专制主义体制作为前消费社会的社会结构形式,否定了普遍有效的社会身份——公民身份。后者是广泛的社会对话所必需的基础,或者说,是"财富话语"有效性的"语言"基础。

东方专制主义体制作为"东方的普遍奴隶制"（马克思）把专门从事"财富"交谈的"商人"放在皇权身份等级的最末端。"商人"没有一个在法权上坚不可摧的"身份"，由这个没有"身份"的群体来表征的有关"财富"的社会对话或授权过程，在皇权的根本秩序里没有合法性（例如中国历史上的"重农抑商"）。以交换来对"财富"作出评价，是"财富"经社会授权得以成立的本来形式。但是，在《卖炭翁》里我们看到了一种叫作"宫市"的交换，亦即以"交换"的名义不交换。在"宫市"的设计思想里，皇权对"交换"本身，或者说对以"交换"来评价"财富"本身表示了某种象征性的敬意，也就是说，在有关"财富"的这一权力领域内，皇权需要以某种"交换"的"仪式"来获取一种象征性授权。"宫市"表达了对这一"仪式"的需要，但"卖炭翁"显然不具有真实的交易人身份。因为交易对方的身份在交易的本质里即意指"同一个身份"。"卖炭翁"所有可能的人间身份，亦即作为臣民可能的种种身份，都来自至高无上的皇权。这一点从根本上取消了"卖炭翁"在"宫市"上进行一次合法（合乎其身份）交易的可能性。"半匹红绡一丈绫，系向牛头充炭直"——在这场没有"炭值"出场的交易终结处，我们看到了一个表达了某种伪的授权的能指，这就是"充炭值"的"半匹红绡一丈绫"。东方专制主义体制在其体制的结构逻辑上已取消了一切交易的终极合法性，亦即取消了"交易"据以成立的普遍有效的"交易人身份"。民间仍在不断进行的名目繁多的交易，对于此种社会体制而言，不过是一种"交易"的仪式，一种见证此一体制中的"财富"已获得合法性授权的"仪式"。

与此不同,在西方的贵族阶级体制之中,政治贵族(古雅典或古罗马的"公民"即是政治贵族)拥有在其"阶级"范围内普遍有效的身份,从而也就为阶级内部真正的"交易"奠定了基础。这种体制的问题是,在漫长的历史时期中,它在事实上阻止了"自由交易"的发生。欧洲中世纪贵族间的封建契约——即封君、封臣之间固定的交易关系——正是作为"自由交易"的对照形式的"非自由交易"的典范。在一个社会共同体内部其成员因为"阶级"区分而持有不同"身份"的情况下,"自由交易"这种要求每个人都只有一个身份,即普遍有效的"交易人"身份的交易方式,肯定只能被作为一种社会秩序的有选择的交易方式所取代——即使我们看到不同阶级的社会成员间一直在"交易"种种"交易物品",作为社会"财富"分配秩序存在的总体的"交易",亦即"财富"分配的合法化秩序,却并不在交易"交易物品"的现场。

资产阶级的崛起,是推动不自由的"交易"秩序向自由的交易秩序转变的决定性力量。"财富"的授权程序从此开始转向"财富"本身所要求的程序——自由交易的市场体制。但早期的资产阶级仍然是以贵族的方式崛起的贵族体制的异己力量。在破落贵族被迫向新贵交出权力的过程中,资产阶级站在新秩序中的最初时刻,必然以为自己所掌握的是一种贵族式权力。马克思和以马克思为代表的思想界的批判,让所有人看到了这种贵族化的资产阶级权力的合法性危机。阶级斗争推动了古典形态的贵族资产阶级的资本主义程序向后现代的无阶级的公民社会的资本主义秩序转变。随着普遍有效的公民身份,亦即统一的无阶级区分的公民身份在法律体制和生活方式层面的确立,自由交易成为"财富世界"财富权力唯一的合法性来源。① 直到此时,"财富"作为权力、作为文本、作为广泛的社会对话的一个记录和"公意"授权的结果,才成为"消费社会"最基本的权力秩序的表现形式。

第四节
货币与市场民主制②

对作为一种权力秩序的"财富世界"而言,货币体系是其不可或缺的基础。对货币的本质及其社会功能的误解根深蒂固。

---

① 贫富差距一直以来都是一个值得关注的话题。这也难怪,均贫富已是吾国吾民数千年来的梦想。值得我们深思的反倒是,何以数千年来均贫富始终只能悬挂在梦想旁边,而不能在现实生活中落地生根?如果我们细想一下什么是财富,就不难想见均贫富实际上就是要消灭财富,消灭用货币投票选举的经济领导者掌握在手的权力,消灭每个人通过市场无所不在的无声的选择所决出的各有差别的"物权"——而这是社会得以以最有效的方式来完成"物"的配置,满足万万千千种个人需要所不可或缺的条件。如果我们懂得以均贫富的理由杀死一个叫作"张三"的富人就是在杀死叫作"富人"的那个社会角色,我们就会懂得数千年来均贫富的梦想实际上已谋杀了我国人民成为"富人"的前途。贫富差距大是财富被确立为一种社会权力的必然结果,否则我们就不会面临财富权利这样一件事情。如果我们允许以非市场的方式重新分配财富,实际上就是允许在市场的民主选举决出结果之后由第三只手来任意歪曲公众的决定。如果我们看清了事情的真相,我想我们应该提的问题是——我们应该完善何种制度建设,来确保现实社会的贫富差距成为市场民主选举的公正记录。

② 本节曾以"近代货币与市场民主制"为题发表于《消费社会的文学文本——广义大众传媒时代的文学文本形态》,四川大学出版社,2004年。

"唯利是图"或"拜金主义"没有在任何地方得到正面的道德评价。这种误解正如对"财富"的误解，也是由于我们通常会把某种历史形态的货币看作货币的本来形式。与对"物质财富"的看法相似，不管是在理论上还是在实际生活中，我们都直观地把"货币"当作一种特殊商品——贵金属或者其效用被普遍需要的物品，如游牧民族的牛、羊以及在近代中国大陆长期作为货币来使用的"谷子""纱锭"。与此相应，我们把近代纸币称作"信用货币"。"信用货币"从"金匠的收据"演化而来，也就是说，它是黄金的凭证或票据。它担保在它的背后始终有相应数量的黄金待在可以兑现的某处——这个地方已经从金匠的金店转变为发行纸币的近代国家的中央银行。因此，我们在习惯上，总是将近代纸币视为"金本位币""银本位币"或"金、银本位币"。即便在今天，在像美元这样的世界主要货币早已退出与黄金直接挂钩的制度安排之后，仍然没有一家中央银行不储备大量黄金并以此储备来证明自身的纸币发行人资格。

在把货币体系当成一个记账系统来看待的货币理论这里，货币似乎离货币本身更近了，也就是说，在这种理论里我们看到了货币作为符号系统的一面，而暂时忘记了它是一种有特殊效用的物品。那么，为什么我们总是会使用某些特殊商品（物品）来作为记账的符码？为什么直到今天我们仍然坚信黄金是最可信赖的记账系统？为什么历史上的大规模货币体系绝大部分是贵金属货币体系而且实际上在近代国家形成以前没有一个纸币体系曾经运作成功？

贵金属的便于计量、分割、携带肯定是其作为大规模货币或其基础的重要依据，这肯定是比"多少担谷子""多少支纱

"多少只羊"更便于远途传播的货币形式。问题是,贵金属仍然是与"谷子"和"羊"一样的"实物",而且由于其"实物性",其珍贵的不同寻常的"效用",而被长期视为"财富"的象征。作为一个记账的符号系统,大规模的货币体系一定是方便传播的符码系统,不能够满足此一要求的符码系统便不适于用作需要进行大范围交流的货币体系。有日常效用的"实物"或有稀缺"效用"的"实物"的"实物性"作为"货币"的基础(亦即首先是商品,然后才得以充当一般等价物),其关键环节并不发生在以物易物这种"效用"与"效用"的直接交易处。以一种有用的东西交换另一种有用的东西,是人们理解"实物货币"或实物性货币所习于采取的观点。这种观点的问题是把货币这一符号(系统)的能指等同于"货币"这一符号(能指与所指的统一体)。能指在这里是一种符合货币的实用要求的任意选择,即谷子、牛、羊、金、银、铜等不同的实物媒介,数量单位作为一种更基础的约定构成了符合货币这一符号系统对其能指的"实用要求"的"差异"序列——而后者正是意义得以传达的基础。与语言等符号系统不同的是,货币是一个高度形式化的符号系统。"差异"在这里并不说出任何内容或实质的差异,它就只是标记出"差异"本身。一元钱和五元钱的差别,就是由"一"和"五"所标示出来的差别。在任何情况下,这种差异都不是内容的差异,或者说这种形式的差异本身即内容的差异。这种其所指高度形式化的货币符号体系,其自身又构成了"人格形式"或"持币者公民身份"这一最终所指的能指。

回到货币这一符号体系的能指层面,所谓符合该能指的实用性要求即指其可以辨认的差异特征必须符合"约定"的"约定性",亦即这一能指的可辨认特征必须是能够确保其约定性的特征。作为能指的符码本身总是有其作为某种特别类型的能指所必需的实用性,因此,索绪尔所谓"能指"的任意性,在某种特定符号系统对其能指的实用性要求这里并非一种任意的选择,只是在某种先天的"约定"或规定之后,"任意"才会发生。也就是说,只是在满足了书写的实用性要求之后,文字才被"任意"地制作出来,只是在满足了听、说的实用性要求之后,语音才被"任意"制作出来。而"制作"本身也并非"任意"的制作。"制作"能指本身即约定能指的特征和所指的特指,亦即"任意"的制作即由"任意"开始的"约定"。因此,"语言符号的基本材料是任意的",或者说"符号和所表现的概念之间的连接是完全任意的"恐怕不能被"任意"地"确定为显而易见的真理"。只是在一个"约定"的共同体与另一个"约定"的共同体之间,这种"任意"才会表现出来。任何个人的随意涂鸦的书写,像仓颉或者伏羲在造字之初的书写,在没有被一个约定共同体约定为"能指"之前,只能说是"任意"制造的一堆"痕迹"。而这堆"痕迹"被制作成为"能指",却绝不是任何"任意"行为的结果。作为"能指",语言和文字的符码形态只能是"约定"的产物。反倒是"所指"的"约定性"在"约定"作为一种社会行为意义上大可质疑。"所指"作为"约定"的结果也许在乔姆斯基所谓人类心灵的"深层结构"上是某种先验形式的一种经验表达。这种经验表达的表现形式即某种语言共同体的社会约定行为。

货币能指在其实用性上的要求即确保这一"能指物"在其作为"物"的稀缺性上是对该特定约定共同体中的每个成员而

言同样的稀缺性。也就是说,"能指物"必须始终能够担保其为一"约定"符码,而不是某种"任意"的物品。在这一点上,贵金属货币与实物货币的"效用"及其"物质"特征在历史上一直是可以信赖的语言材料。也就是说,任何人要单方面改变"实物货币"对于社会共同体而言的稀缺性或"任意"改变其作为规范的能指符码在其系统内的可辨认特征或差异,在"约定"所限定的范围内已很难奏效。

伪造一克"黄金"或伪造"一担谷子"的条件,在这儿与正式取得或按约定取得后者的条件相对等,是实物货币确保其作为符号系统"约定"品质的关键所在。这样,任何人试图伪造符码的行为,亦即试图单方面改变"约定"符号在其本来意义上不能单方面改变的"约定性"的行为,其非法性将会昭然若揭。因此,黄金作为货币的能指物或符码之广受信赖,乃是因为黄金的"物质"特性使之特别适于充当规范的货币符码,亦即一经"约定"其规范特征难以在"约定"之外另行改变的符码。对每个人来说同样的稀缺性或同样"难得"的条件,是一克非黄金的东西被伪造为一克作为货币符号能指符码的黄金所面临的自然障碍。而这一点正是黄金作为货币符号之能指符码始终得以保持其"约定性"而不被任何单方面意志所歪曲的一种自然特征。马克思所谓"黄金天然是货币",就是在说黄金是因其"天然"的特性而能够持守货币作为符号的信用(守约)的一种能指物。或者说,黄金的天然属性是极好地满足了货币作为符号对其能指物所提出来的"实用性"要求的一种语言材料,正如由人的发音器官所制作的"声音"比较起人的肢体所制作的"声音"来是极好的能够满足"语言"对其能指物的实用性要求的"语言材料"。

但是,"黄金"只是担保了货币符号在其"约定"内部依约行事的规范性,而且也只是在此一范围内担保货币成为一种规范的"语言"或"符号系统"。这不能排除在货币符号系统之外的某些更为基础的支配性体制可能取消或严重歪曲作为一个系统的货币符号依其"约定"授权成立的合法文本的传播范围和效力。在成熟的消费社会形成以前的各种社会形态内占据支配地位的权力体制,例如人们常常会谈到的"东方专制主义体制"和西方的"阶级私有制",便是长期在"财富"的社会分配范围内取消或歪曲货币符号系统的合法化运作的种种支配性权力体制。

西方近代国家之得以以民族国家的名义发行所谓"信用纸币",是公共权力体制在确立"公民社会"的历史运动中取得了长足进展的一个结果。在社会中居于支配地位的权力体制,即所谓政治的、经济的、法律的权力体制现在比历史上的任何时候更像是一个公共权力体制。"公民社会"的一些基本原则,已成为这种近代体制自身的目标。也就是说,这种体制与历史上曾经有过的任何体制比较起来,都更像是一个"公民社会"体制。自由、民主、平等、人权、私有财产权这种及于社会共同体中的每个人,而不再只是某个"贵族阶级"专有的法权,是现代西方权力体制所要表述的核心价值。"普遍有效的身份"在不同层面权力体制的表述中日益强劲地浮出了水面。近代信用纸币的出现,正是近代资本主义体制建立和表述其"普遍有效身份"这一历史运动的一个组成部分。

信用货币,亦即其信用由一个公共权力体制而不是由贵金属来担保的货币体系,直白地揭露了货币的符号本质。此一符号体系作为一部表达物权人普遍有效身份的"物权宪法",直到市场体制高度成熟的时期,才具备了一个较为完善的形态。布罗代尔深为欣赏的卡尔·布林克曼的观点——经济史就是一部从头至尾的市场经济史——只是西方文明的历史现实。而且即使在西方,布氏所区分的高、低两种形态的市场经济:"低者是集市、店铺和商贩;高者是交易会和交易所",也并非其"市场经济"的核心。作为西方形态的"市场经济"核心的是其财产私有制度。

在当代形态的消费社会形成以前,这种财产私有制度总是某种意义上的贵族阶级私有制度。政治贵族(古希腊、罗马的"市民""公民",中世纪封建贵族,普选权和社会福利体制建立之前的资产阶级)的私有财产制度是西方形态的"市场经济"——而不是中国形态或印度形态的"市场经济"——得以发展出近代资本主义的决定性的历史动力。有关西方形态的阶级私有制的经典纪录,即我们在今天仍然叹为观止的罗马法的民法体系。

阶级斗争以"市场经济"本身的内在动力推动着阶级私有制向公民私有制转变,这个历史进程以"资本主义"的名义走过了曼德尔和詹姆逊所谓的"三个阶段"。而第三阶段的"晚期资本主义",在外延上表现为"跨国"或多国的"资本主义",在内涵方面的变化则是标志着阶级私有制彻底解体后的"公民社会"和完成形态的"资本主义"的建立。不管我们把此一阶段原生的或移植的资本主义社会形态叫作"后工业社会",还是"消费社会",这一社会形态的"资产阶级"全民化特征或"资产者公民社会"特征,都是前此的资本主义各阶段从未具备的特征。"个人财产权"作为一种普遍有效的"私权"在公共权力体制的方方面面得到有效表达，为近代信用货币体系以信用货币体系自身具有的内在合法性所固有的方式发挥作用奠定了基础。

财富的社会分配方式更多或者说更根本地受制于政治身份及其特权的时代结束了。由于法律体制现在给予每个人以一个统一的普遍有效的"公民"身份（普选权和让每个人得以在任何情况下保持其"公民身份"的社会救济体制的建立是"无产者"争取到"公民"身份的若干历史进展中的标志性事件）。"无产者"从生产者转变为消费者表征了资本主义权力体制内部所发生的深刻转变。

只是到了消费社会（在自二战以后的美国开始大规模出现）时期，资本主义的市场经济才走到了完全成熟的阶段。由于"生产者"与"消费者"合而为一，由于"消费者"公民社会的建立，货币体制以其在历史上第一次取得的具有完全内在合法性的形式成为市场经济及对财富进行社会分配的唯一合法性来源。现在，"物"、"商品"、一个人的"所作所为"在什么意义上是"财富"，财富权力应该如何在每个人（或社会单位）之间分配，再也不是一个由某种政治特权身份可以决定或可以给予重大影响的一件事情。所有这些东西由"消费者"投票决定。而消费社会的货币体制说到底即由消费者投票决定一切经济事务的体制。这也是一个自由、民主、平等等基本人权或基本价值在其中融贯一体的体制。

以信用货币体制作为其基石的消费社会市场经济体制，作为一种民主的、自由的、平等的经济体制，其内在的合法性被大多数消费社会理论家忽略了。而有关消费社会的理论著作之所以是一边倒的"消费主义意识形态"批判，其根本的原因恐怕也是大多数理论家未能从消费社会的体制结构内部找到有关消费社会的坚实有据的合法性证明。而后者是与西方理论界有关民主、自由、平等等基本价值的论述传统紧密相关的一个事件。由于西方思想界对其文明体制的深层逻辑未能作出有效的反思性清理，其理论解释和批评便不可避免地流于对种种表述传统的历史流传物表示引申或反叛的种种论述姿态。因此，要回应消费主义意识形态批判的种种问题，不得不回应的首先是西方思想界有关自由、民主、平等等西方文明的基本价值的一以贯之的论述传统。①

第五节
消　费

一、满足需要

经济生活中的个人被称为消费者。而之所以是消费者，则是因为他们"需要"。正是因为对"物品"的"需要"，因为种种效用要求，人们被称为消费者。那么，"消费"，是否就是满足需要的过程？满足需要显而易见是消费常常可以确定的目标。

那么，需要是什么呢？当我们说需要爱情，需要鼓励，或者需要安慰，需要亲情，需要家庭的时候，我们是否也是在提出对

---

① 对自由、民主、平等的反思性清理，可参阅蒋荣昌：《消费社会的文学文本——广义大众传媒时代的文学文本形态》，四川大学出版社，2004年，74～100页。

某种效用物的要求呢？这的确是一个复杂的问题。但是，我们仍然能够清楚地知道，家庭、亲情、爱情和友情，一直是我们需要的东西，而且一直不是我们能够"消费"的东西。在家庭、朋友或爱人那里，我们是那样独特，我们是永远占据着那个位置，不能被任何人或物取代的"那个人"，我们也一直是在作为"那个人"，需要对我们来说同样独特和不可取代的"那个家庭""那个朋友""那个爱人"。在所有这些"需要"里，我们的个人特性或者说我们的活生生的仅此一处的人生，以我们自己的方式展露出来。爱、对正义的热忱、事业上的抱负，我们以所有这些方式需要和寻找的东西，都意味着我们的某种人生之境。朋友、亲人在此是不可取代的"人"，而不是可以被"我"支配的"物品"。"需要"在此所面对的，是与朋友、亲人融汇在一起的某个不能重写的"人生"。

那么，对"物品"的"需要"会有什么不同？例如，对于在所有场合我们都可能会提出的对由别人所提供的服务的需要？我们在"使用"饭店服务员或航空乘务员的时候，是否在把这些"人"当成"物品"？在奴隶制已经死亡的时代，我们已不可能在对别人的服务提出要求时，面对一件"物品"——我们会同时面对一个人。我们在此需要的是以这个人自己作为主人在此出让的那个"物品"——他的端茶送水的工作，甚至还有他的微笑。"人"在这里把自己对人有用的一段时间，当作"物品"出让，接受这种出让的"人"也在此出让了自己的另一段时间——以所付价款记录的一段时间。因此，需要服务的人在此是"顾客"或消费者，而提供服务者则是"服务员"或供应商，这仍然是两个人并且是毫无差别的两个人之间的交道。我们在这里可以找到不同的服务，但永远不会找出不同的"人"来。如果我们在相同的服务这里找出不同的"人"，那就意味着这种寻找已经逸出了"经济"的观点，我们不仅需要"服务"，同时也需要某个"人"。

在购买某特定品牌的洗衣机的时候，我们买到了完全相同的"物品"，甚至这个"物品"满足我们需要的过程也毫无差别——当然，对这一点显然存有争议。但是，买一本书，一张音乐会的门票，一条旅游线路的全程服务，是否意味着我们买到了完全相同的"物品"？这些物品在什么意义上满足我们的需要？从所有这些事例我们已经看出，我们所买到的"物品"无论如何是其效用已公共化了的"物品"。一本书，一场音乐会的门票，一杯茶，在此仅仅提供普遍有效的效用及其效用份额。在对"物品"的需要这里，每个消费者可能会有完全不同的心情，并且对这份"物品"安排了与别人完全不同的用途。但是"经济生活"并不区分一杯谈恋爱的茶和一杯谈哲学的茶是否意味着不同的需要，或是否是对"一杯茶"的不同消费。

消费者的"需要"在此仅仅意味着对"物品"的需要。这个"物品"一直就是某种抽象的"物品"。"一场音乐会"作为"物品"意味着某个特定的音乐演奏场所在某个特定时间上演某些特定的音乐家所演奏的曲目。"门票"在此只过问一件事情，即所有这些将会因为"占用"而消失的场景作为一个"物品"，将以什么价格出让给消费者。在一个个不同的消费者支付价款的时候，买卖双方都在事前已知道这个满足"需要"的"物品"是怎样一个"物品"，而且也都假定买方的消费在此就是满足对这一"物品"的"需要"。

现在让我们来看一看这场音乐会将会有一些什么样的倾听者：A 和 B 入场是因为他们初次约会，需要一个有雅调的场合来找到一个代表品位的话题；C 是一个专业音乐家，他在这里是来表示对远道而来的朋友的尊敬，并且要在这里以沉浸的方式重温那些神圣的曲调；D 是一个音乐爱好者，一个崇拜大师的人物，他到这里来是为了一睹卡拉扬或伯恩斯坦的大师风采，这场音乐会对他来说就是开始又一个人生洗礼……而这些纷纷到场的消费者最后听到的东西，一定不会比他们来这儿时各自提出来的理由有一个更少的数目。在音乐会这个的确只是"这个"的空间里盛下了如此不同的 A、B、C、D 们如此不同的人生意义，但是，对"经济观点"而言，这没有什么不同——同样的门票在这里通向同一个"物品"，而这个"物品"就是每个消费者同样需要的那个"物品"。对于消费，消费者总是意味着普遍有效的某个身份。他总是某个效用物的消费者。在出示了有效的记账凭证并且举行过某种同意转让的仪式之后，消费者拿走了"物品"，并且由此满足了他对这个"物品"的需求。至于他意图用这个"物品"表达什么，或者在此情此景这个"物品"满足了他的什么"需要"，已不是把消费者仅仅当作"消费者"的"物品"供应商、统计人员或经济学家想要关心的事情。这的确就是消费者自己的事情、他的私人生活，不容局外人染指的一份人生。作为消费者，经济世界的一个"公民"，在他拿出一块钱来的时候，谁也不能把他所要的那个一块钱的"物品"克扣掉 50%，不管他此时此刻是国王，还是乞丐。在一旦出示了法偿货币就会被当作消费者的经济秩序之中，我们在交换货币的时候，就是在宣布我们需要对方的"公民"身份，并且愿意在至高无上的物权宪法之下接受每个人为普遍有效的物主,接受每个物主所提出的普遍有效的对效用的要求,接受在此出示的普遍有效的效用凭证物(那个具体的钞票)和普遍有效的效用"物品"。消费者在这里是一个"消费者公民",是被当作"消费者公民"的那个"消费者"。消费者的身份在此是普遍有效的身份,消费者对效用物品的需要是普遍有效的需要,消费者所需要的某种效用物的效用特性和效用份额,是普遍有效的效用和份额,最后,消费者出示的效用凭证物是普遍有效的效用凭证物。

因此,消费者所要满足的需要,总是对某个效用物的需要。而消费作为满足需要的过程,仅仅是满足对某个"物品"的需要所必须"经历"的那个过程。各个消费者用这个"物品"去满足了哪种"需要",则不是经济学所指"消费"所要关心和能够关心的消费者本人的私人生活。这就摆明了,经济生活在此提供的,实际上始终是某种公共的效用物品,某种对公共的效用物品提出来的公共的需要,和为这种公共需要所准备的公共的满足方式。

当我们习惯于说消费就是满足需要的时候,我们也基本上已习惯于相信消费者的一切需要已尽在我们掌握之中,我们已"基本上"(这肯定代表了某种谦虚的态度)为消费者准备了他所需要的一切。但我们显然不能为他预备一个人生。我们始终仅仅是在把他当作一个"公民"对待,而不可能把他当作一个"私人"——即使再多有关"人情味"服务的讲究,也不可能改变这个结局。

二、经济生活方式

在像上文那样说的时候，我们实际上已在说，消费不是一个行为，而是一种"经济生活方式"。当我们以"消费"的目光看待世人的时候，实际上已没有什么东西比我们的这种目光更加抽象。这看起来的确是一个耸人听闻的说法。因为"消费"毫无疑问是我们每天举手投足所不可能避免的事情。这个驱之不去的"消费"，这个不需要把握也可以把握到的"消费"，已然弥漫我们的整个生命。"消费"的确就是我们的生命借以展开的整个过程。我们的人生展开为"人生"的前提，即我们是一个"消费者"。我们本身的"物"性，我们终将作为历史消失，乃至于正是在消失的历史之中我们才得以生存，沿着这段死去的时间我们才流淌过来……这意指我们对"物品"的消费，就是对作为消费者在场的我们的人生的消费。

我们在说，"我看过"，"我吃过"，"我想过"，"我做过"的时候，不外乎在说那些已经退隐的"消费"。这样说并非我们有意要统计我们曾经消费的"物品"，或者说要累计我们出生以来的时间。我们是在说，在这些"物品"和"时间"之中，我们寻获了多少我们自己想要那个"人生"或"人生"的意义。我们始终是在以"现在完成时"来谈论。这意味着在这段死掉的消费里，我们至今没有弄丢我们的"人生"，那份意义甚至只能以那个消费（必然的消费）来不断说出。

经济生活方式——消费——是"死者"们无法摆脱的人生的根本限制。但这也是人生得以确定不移地找到某种意义或说出某个意义的根本前提。不死的人生将是使消费不可能的人生。这显然会使得我们"什么都没有……过"。

因此,在我们消费"物品"的时候,我们就是在说出"什么"的途中,而且这个"物品"就是我们找到的我们借以说出的那个"句子"。我们在说"人生如梦""世事如棋"之类空话的时候,实际上是想说,我们暂时还没有找到合适的消费物品或者说没有找到一个好的结局,这段可供消费的人生已在由不得我们的情况下被我们消费殆尽。但是,消费和消费物仍然是最抽象的东西,它们始终是字典里的一个个词码,至于对每个使用这些文字的人来说,究竟意指什么,显然得由这个"人"自己来决定。一个手边有一本字典的富翁,也可能到最后却发现自己的人生才刚刚写完第一个章节,而且已被一些胡乱的消费涂写得一塌糊涂。

第六节 生　产

一、制造

制造可能是最原始的有关生产的概念。用土地生产作物,用泥土生产陶器,用金属生产工具,用木石生产房屋无不牵涉制造。打猎和种植一直被看作借助于自然力量得到产品,因此在漫长的生产史上,未被列入像手工业那样以"制造"作为其显赫特征的生产领域。"制造"的一个没有明言的前提是,它是人类凭"空",也就是仅仅依靠自己的"技艺"所从事的那种"巧夺天工"的工作。"制造"在最早被用来指称手工业的生产并且在今天自然被用于作为手工业行业继承者的"制造业",的确是因为我们认为"制造"代表了人类能够凭"空"生产出物品的那种能力。

农业、畜牧业、渔业,一直就不是人们意指的那种"制造业"。而信息产业不被叫作"制造业",则是因为这个行业似乎是在制造让人疯狂的思想并且正在剥夺人类自己的"制造"能力,而不再是在"制造"用手工业的"制造"概念可以把握那种其自身没有"制造能力"的"物品"。信息产业和计算机工业显然正在"制造"出一些强加给我们的"结果"。作为人类"制造"品的计算机现在正在全面统治我们的"制造能力"。甚至在对创造力要求较高的工作领域(例如时装的个性化设计),我们也只有依赖计算机才可能找到在那里等着我们的"创见"。国际象棋大师代表"人类"一方在"深蓝"面前的溃败,进一步证实了科幻作家们一直在坚持的那些忧虑。现在,由计算机所发现的颜色已有上千个品类,其中有不少在计算机那里已经"命名"的颜色,人类至今没有为之找到恰当的名字。也就是说,当我们要向别人述说这些颜色的时候,甚至只能说"看看计算机怎么说"。

不仅仅是在计算机领域,"制造"面临着一个很大的玩笑,农业这个自苏格拉底时代以来就一直"为神所掌握",人根本无力"制造"的生产领域,现在却"制造"了大量的转基因作物。在"多利"被"制造"出来并且顺利地以"自然"的方式产下后代之后,基因工程师成功地证明了自己拥有与"自然"一样的"制造"能力。在计算机的"制造"、人的"制造"和自然的"制造"之间,我们将无法看到像原来那样明晰的界限。原来根据亚里士多德的"四因说"就可以断定的"制造"与"非制造"的区分,正在消失得无影无踪。

这些界限的消失,从两个方面表明,人类以"制造"为名所从事的对于"物"的生产,归根结底是"物"自身对其自身的生产。"自然"的神奇力量正在消失,而在这同时,"人"自身有关"物"的日见深奥的知识和技能的神秘也在一切不可思议的事情落入意料之中后,铅华褪尽。计算机"制造"了大量让人抚案长叹的事迹,但这一切不过是向我们古老的智力展示了一个又一个"困难的"俗套。这的确已是一个不能引起惊诧的时代,尽管高空跳伞和洞穴探险仍然可以凭借把我们的生死置于真实的危险境地来制造某种惊心动魄的情绪——但谁都知道那是摄像机在场的一场"运动"。

这显然是思想家出场来评估技术文明给我们带来了什么的最佳时机——技术文明已不能幸免于喋喋不休的诅咒。思想界提供的最强硬的证词是,技术文明使我们日益深重地沦陷于"物"的统治之下。如果"生产"只是"制造"出"物品",思想界目前所提供的敦促技术文明退场的理由看起来就不容质疑。但"生产"真就是"制造"出"物品"?如果说我们所要求和一直在从事的"生产",仅仅是对"物品"的生产,那么,在医学界制造出人造心脏和可以把一个人的一部分搬运到另一个人那里去早已成为事实,而且更恐怖的事情——例如克隆人——还将不断发生这样一个技术文明似乎充当了唯一发言人的时代,还有什么能够站在我们的"生产"将会无所作为的领域之外?

但是,"生产""制造"出来的产品,从计算机、血液制品、骨骼、用作透析装置的猪肾，从别人那里取来的器官，针对我们本人一无所知的某个基因的缺陷展开的手术……所有这些不断在贬低我们的智力和身体的"物品"，始终只是"效用物品"。也就是说，它们之中没有一个不是某种效用要求的对应物。这正如我们在使用骆驼的时候，早就发现我们技不如驼，在使用耕牛的时候甚至还有点崇拜耕牛。而在我们第一次面对机床，发现有一种动力机械比我们强壮得多的时候，我们显然是心安理得的。核装置让我们首次吓出了一身冷汗，这并非因为我们没有能力控制核聚变，而是因为有一场核聚变会在我们疏于控制的某个场合到来，并且在这个地方我们没有给自己留下改正错误的机会。"深蓝"之类的计算机明显对我们的"智力"——这个看起来一直在充当指挥者的我们最为珍视的能力——提出了挑战，但在此被支配的仍然只是"物品"。智力、行动、身体被智力地支配、行为地支配和身体地支配，对于人类来说，不是什么陌生的事件。在所谓"自然"的制造和人为的"制造"已能够相互替换的时代，我们凭什么谴责计算机盗窃了我们的秘密？

关键之处在于，迄今为止的一切生产，仅仅是在"制造"效用物品，被智力地支配的智力，被行动地支配的行动，被身体地支配的身体，总是某个效用要求者按自己的要求所要求的那种智力、行为和身体的特定状况。在所有这些有关我们自己的秘密被当作"制造"我们自己需要的某种"物品"的诀窍的时候，这种被公开了的诀窍就自然是"我们的秘密"。移植器官是我们在某个时候愿意选择的有关我们自身身体的一个决定，这个结果是我们肯定会认真考虑的一个"效用物品"。而盗窃别人的器官用于医学移植之所以是我们要坚决反对的罪行，是因为我们一直就不是一个身体,一个"物品",而是一个效用要求者,一个人。

最强大的技术进步和最强大的"生产",最后都不可能为自己生产出一个效用要求者。在漫长的催产术式的农业耕作和手工制造业的历史上,在机器工业的大部分岁月,对这一点我们从未怀疑。而当我们的身体被当作"物品"制造,或者计算机被当作我们的"智力"分解出去,并在我们一直引以为豪的那些领域做得比我们自己好得多的时候,我们已在怀疑这样的"生产"制造出来的"物品"是否就是"我们",或者"我们的主人"。

这种幽深的疑虑,实际上来源于把我们的"生产能力"当作我们据以成立的核心根据,把"生产能力""制造"出来的产品当作独立自足的"物品"这一历史悠久的见解。在土地尽可能多地生产意味着对农产品的从未改变过的要求,和尽量多地"制造"物品就是在尽量多地增进"财富"的时代,"生产"所及的"物品"不容置疑地持有效用。"物品"的效用特性,几乎就是它的"自然特性"。"物品"在这里是独立于"生产者"和购买者,自动有效的"物品"。人们根据"自然"和"自然的秘密"制造出来的"物品",就是"人的""物品"。而"制造"这种由"人"单独发展出来的"生产能力",作为"制造物品"的"能力",则是"人"在此区别于"物"的一个标志。因此,"制造"能力,体力和智力,这些是可以支配"物"的力量,也是"人"自立为"人"的一个根据。因为可以"生产",可以"劳动",具有"制造"物品的能力,同时所"制造"的"物品"却无力"制造",人由此成为与"物"相对那个"人"。这样,让我们能够"生产"或"制造"的"智力""身体",在此成为关乎根本的安身立命之据。但是,技术文明现在却在"制造""智力"和"身体",而且我们现有的"智力"和"身体"说不定就在什么时候面临重新制造。这不正是"人"正在被"生产"出来和"人"正在沦为"物"的一个鲜明证据?

如果我们所说的"人"就是那个持有"智力""体力"等"生产能力"的"人",这个"人"显然面临某种被"生产"出来的危险。但这个"人"恰恰不是所谓技术文明正在威胁那个"人",而是"技术文明"本身的一个核心构成环节。"技术文明"已经不可能在这个"人"外面对这个"人"发出威胁。没有"这个人",那么,也没有所谓的"技术文明"。这些由"体力""智力"和由此握有的"技术组织"组建起来的"人",就是执掌"技术文明"的那些可怕的"人",那些"生产能力"以及让"技术文明"的雪球越滚越大的那个"核心"。我们在谈论"人力"和"人力资源"的时候,甚至在谈论最后的"投入"和"产出"的时候,我们在谈论的正是"这个人"。

我们相信,一旦掌握了制造某个"物品"的工程技术诀窍,在按照这个"物品"诀窍制造出这个"物品"之后,我们就"生产"出了"一个有用的物品"。几千年见于记载的"生产",的确就面对着这样的黄金岁月。有关"生产"的一切焦虑,都集中在怎样掌握"制造"之道这一有关制物诀窍和制造效率的问题之上。似乎人们在此要求的"物品",一直就是自动有效的"物品"。在"制造效率"相对于人口的数量一直未能有效增长的前工业时代,人们显然忘记了是"谁"最初提出要"制造"这样一个"物品"。而在"制造"需要制造的现存物品尚未取得长足进展的情况下,"别的什么物品"已很难纳入视野。

"技术文明"的空前成功使我们有机会面临"产品剩余",

并且使我们不断遭遇从未听说过的产品。"物品"自动有效的观点显然没有回应不断涌现的挑战。"生产"现在面临的重要任务不再是"制造"出最多的"物品",而是以效用要求者的观点按最有效的方式来"生产"。对"制造物品"本身的技术要求仅仅是满足各种效用要求的一个必要手段。"物品"的"制造"在此并不自动就是"产品""制造"。效用物品在此将会按照什么方式被当作"物品"制造出来,仅仅是与"生产"有关的一个工程技术问题。"生产"首先关切的是"市场需求",亦即被工程技术地"制造"出来的物品,会在什么意义上成为被人接受的"效用物品"。一个在工程技术上无可挑剔的"制造"品,完全可能在刚一制造出来时就被当作垃圾。即使是按照"制造"物品的观点最有效率,或者掌握着某种至关重要的有关"物品"的诀窍的"生产"所"制造"出来的"物品",也可能是对于"生产"的目的(制造效用物品)而言无效的"物品"。

因此,仅仅从"物"的方面来理解的效用物品已经消失。效用要求者在此始终处于提出要求的位置,而这正好就是"人"的位置。一如我们不再把"生产"视为"制造物品",而仅仅把"生产"视为对"财富"的创造,亦即按照普遍效用要求者的要求来创造,所谓技术文明对"人"的统治,便不再是我们在当代单独面临的问题。技术文明的统治,一直就是"生产"所制造出来的"生产能力"对"生产能力"和"物品"的统治。这在依赖狗的判断力来控制雪橇的爱斯基摩人那里和依赖电脑来控制飞机起降的现代化机场那里,并没有根本的不同。

"生产"在"制造"那里,只能"制造"物品,而"生产"作为被效用要求者接受的"生产",则是回应效用要求者所提出的普遍有效的效用要求的创造"财富"的活动。在以创造"财富"为目的的"生产"这里，提出普遍有效的效用要求的那个要求者，正是对技术文明的进展提出"人"的要求那个"人"。

二、供给

供给和需求可能是现代经济学使用得最频繁的两个单词。当被视为"供给"的时候，"生产"似乎就从"古典"的视野走了出来。现代经济学一直在强调"价格"与"供给"之间的联系。如果我们从"生产"即"供给"的观点来审视这种联系，就会看到，"价格"在这里实际上是效用要求者签署的"财富"认定书。生产商（商品、劳务、信息、环境等效用物的生产者）所提供的"产品"一旦面临亏损，就意味着生产者可能是在以花费10美元来生产9美元的方式提供"产品"。他可能"制造"出一大堆"物品"（马铃薯、牛肉、旅游服务设施、行为得体的服务员一直在场……），并且有人买了其中一些，但是"价格"和这一"价格"的最终落点"利润"，仍然有可能对他的"生产"和"生产"所得不予承认。

"供给"与"价格"的紧密联系，揭示了"生产"是被"需求"选择的"生产"这一"生产"所面临的根本限制。也许有人会说，不管怎么说，"生产"出马铃薯总是为社会或"生产者"增添了一份"财富"，并且一些人买走了马铃薯已表明这份"财富"得到了"需求"的承认。马铃薯"供给"的一部分被人买走或者有人愿意以"生产者"不愿意接受的价格（比如买方的出价是某个可能导致亏损的价格）买走全部马铃薯，最后的结果都可能是生产者蒙受损失。

在蒙受损失的生产者的"生产"这里，可能有多种多样的问题，例如，他没有能够有效地提高产量，从而降低单位成本，或者他没有能够很好地把握出售时机，或者他不该出售生土豆而应该把它们加工成炸土豆片……其中的每一个可能仍然可以被理解为更多的可能，但不管怎么说，最后的结果是，他的生产方式和这种"生产"所得，没有能够被公众确认为是创造了"财富"。他花掉了 10 美元，最后换回 9 美元。这意味着，他的"生产"为公认的财富份额制造了 1 美元的损失。而这种生产性的消费显然不是生产者和其他人愿意选择的那种"消费"。

因此，"生产"一旦被确定为，在某种由市场决定的"价格"条件下的有效"供给"，当然同时就是创造财富的工作。"生产"可以确定的是，它总是在"制造"某种"产品"，而"生产"不能确定的是，它是否是在"创造"财富，或它本身是否是公众千变万化的效用要求所构建的效用共识体系认为值得保留的一项"工作"。

第七节 劳　动

一、价值的源泉和尺度

自威廉·配第以来，"劳动"作为"财富"的来源，成为古典经济学确定不移的结论。洛克甚至于把"劳动"视为"财产权"的起源。"劳动"的神圣地位在整个现代经济学以前，一直是被热烈讨论的课题。

亚当·斯密在其名著《国民财富的性质和原因的研究》开篇就写道："一国国民每年的劳动，本来就是供给他们每年消费的一切生活必需品和便利品的源泉。""劳动"自始至终在斯密的著作里占据着重要地位。劳动是国民财富的源泉和唯一尺度。斯密提出商品的货币价格和劳动价格分别是商品的真实价格和名义价格，同时认定"只有劳动才是价值的普遍尺度和正确尺度，换言之，只有用劳动作标准，才能在一切时代和一切地方比较各种商品的价值"。[①] 那么，"劳动"本身以什么作为标准才能使其自身得到普遍有效的衡量呢？

斯密已经发现了这个困难，并且说过时间和劳动的精粗及难易程度未必是等量劳动进行比较的准确尺度。最后，在相隔一个世纪之远的长时段比较之中，斯密引入了"等量谷物"作为"等量劳动"的比较基准。个体直接消耗的谷物，即使在千年之外加以比较，也不可能显现出重大的差别。这使得斯密有理由相信，在等量的劳动之间，存在一个不变的基准。

在后来论及所谓"生产性劳动"与"非生产性劳动"的章节，斯密把投入通常所谓"商品"生产的劳动叫作"生产性劳动"，认为这种劳动提供了新增"价值"，而消耗在"服务"行业的劳动则是"非生产性劳动"，亦即"随生随灭"的劳动，即使创造了"价值"，这部分"价值"也不能贮存起来。按照斯密的

---

① 亚当·斯密：《国民财富的性质和原因的研究》，郭大力、王亚南译，商务印书馆，1972年，第32页。

观点,"除了土地上天然生产的物品,一切年产物都是生产性劳动的结果"①。这几乎就是在断言"非生产性劳动"不能创造财富。重农学派关于"劳动"的狭隘见解,仍然隐藏在斯密关于"劳动"的观点深处。

当代经济学几乎不再正面讨论"劳动""财富"等过时的话题,但这些话题传统无疑已浸透当代经济学的学科前提。斯密关于"等量劳动"和生产"商品"的"生产性劳动"的见解,实际上仍在为当代经济学提供某种衡量经济数值的"物品"标准。名义 GDP 和实际 GDP 的概念也几乎就是斯密的"名义价格"和"真实价格"的最新说法。有关物价上涨指数和通货膨胀的理论,有关效率和公平的理论,有关货币的理论,实际上自 1776 年斯密的名著问世以来,没有发生过实质性的改变。

以斯密为代表的那个时代有关"劳动"的观点,一直牢固地支撑着现代经济学的"学科"体系。我们在上文有关"稀缺资源""财富""消费"和"生产"的讨论中,实际上已经初步摆明了关于"劳动"的观点。"劳动"在按照其传统意义被理解为一个"生产要素"(人力资源),或者被理解为一个"产品"的地方的确是"物品"成其为"物品"的一个根本性的转化力量。

"等量的劳动"意味着"等量的财富"只有在"生产"已经被某个效用共识体系选择的情况下,在被认定为有用物品的"产品"的所有其他因素不变的情况下,某种性质完全一样的

---

① 亚当·斯密:《国民财富的性质和原因的研究》,郭大力、王亚南译,商务印书馆,1972 年,第 305 页。

"等量劳动"意味着"等量财富","不等量的劳动"意味着相互"不等量财富"的推论才可能变得有效。不同性质的"劳动"之间的"等量"比较,正如一杯水和一杯酒的比较,是不可能有结果的。我们充其量可以在统计学上说,我们总共使用过多少个小时的劳动。而在这样说过之后,关于"劳动"对"财富"的贡献我们仍然一无所知。经济生活需要什么样的"劳动",我们将以什么方式找到和鼓励这些"劳动",我们怎样为不同"劳动者"提供的"等量劳动"作出评估……这一切仍然是悬而未决的问题。

而且正像我们在上文反复说过的那样,"经济人生"本身的有限性将使每一个人不得不独自作出自己的选择,而他所面临的各种可能选择,一定是别人在此时此刻不可能面临的那些选择。"劳动量"作为选择的尺度,在所有有关"等量"的资料没有到达之前,肯定不可能是一个现存的尺度。

"劳动"作为财富的源泉和尺度只是在"劳动"是构成"财富"的一个必不可少的"要素"意义上,和"制造"物品总是意味着要耗费某种"工作量"意义上,是正确或普遍有效的。如果把"劳动"视为"财富"不言而喻的源泉,或以为一旦出示"劳动",即等于出示"财富",把"劳动量"等同于"物品"的生产量,进而等同于"财富"量,则可能使我们面临无法自解的困难:所有有劳动能力的个人都在要求兑现自己的财富,而在几乎所有这些时候,我们都会对一部分人说,你的劳动现在还不是"财富",你得等待一个出场的机会。

二、时间

时间是"劳动"据以衡量其自身的一个普遍尺度。在时间的尺度上,"劳动"显然是一个"物品"。几个小时的"木工活",几个小时的"农活",就是在说几个小时的某种"劳动"。在一个特定的劳动领域,按时间的单元划分和叠加的"劳动",肯定意味着相应的可以叠加的"劳动成果"。在这个确定的范围内,我们有充分的理由接受"劳动是财富(如果劳动成果也被公认为'财富')的源泉和尺度"这种说法。谁也不能否认更大的"劳动"量在此直接构成了更大产品数量的源泉,也不能否认产品数量和劳动数量(按时间计算)之间确定不移的对应关系。但"劳动"和以"劳动时间"来计算的"劳动量",在此只是"制造"物品(商品、劳务等)和物品数量的力量,一种把一"物"转变为他"物"的力量,一种其本身即一"物"并因此可以建构"物品"的一个"要素物"。

时间为"劳动"的"物"性和以"劳动"为动源的"产品",提供了一个从"物"的观点得以衡量的普遍尺度。我们据此可以说,修建一所 50 平方米的住房,一共需要多少个工时的"木工""石工""泥瓦工",制造一辆汽车需要多少个"工时"。但在这样说过之后,我们却无从得知这些"工时"创造了多少"财富",或者,它们最终会得到怎样一个"货币价格"。

三、效率

效率是一个与"劳动时间"联系紧密的概念。单独的"效率"概念意指单位"劳动时间"内得到的某种"劳动"制造出来的产品数量（当然是合乎某种"物品"质量要求的数量）的多寡。这就是我们以"物品"的观点来计量的那个"劳动生产率"。"劳动生产率"在以"产品数量"来计量和以"产值"来计量之间，显然存在至关重要的区别。"产品数量"所指"效率"，是单位"劳动时间"内所能生产出来的"物品"的数量。"产值"所指"效率"则不是由"物品"数量来衡量那个"效率"，它意味着按照某种效用共识体系的观点，"单位劳动时间"在此创造了何种数值的"财富"份额。

第八节 分 工

一、两种形式

高度专业化的分工是现代经济高效率和繁荣的基础。我们所需要的一个小商品，可能也是内部分工极为复杂的专业公司唯一能做的产品。专业分工使在没有分工的情况下无法设想的产品和产品的完美形态成为可能。在现代经济之中，一个人所拥有的技能甚至只能被极少数的圈内人士所了解。每天都在不停地生产的成千上万种产品绝大多数是对于每个人来说从不知晓也无从知晓的产品。

专业技能和专业知识的高度分化，已成为思想家们深感忧虑的景象。哈耶克认为"知识分工"是现代社会所特有的问题。①由每个专业人员自己掌握的知识,其重要性如何被其余社会成员知道,在谁也不拥有"整体的知识"这一情况下如何可能,显然是一个问题。但这是自"分工"的历史开始以来,一直存在的问题。

在经济意义上的专业分工,其专业知识的相对重要性,一直就是由货币所表示的"公意"在决出。"整体的知识"对于专业的知识而言并不具有评判的优先地位。没有人有"整体的知识",这并不是现代社会所独有的问题,甚至也不是现代社会的问题。百科全书可以记载所有的专业知识,计算机也可以轻而易举地比任何人知道得更多,但这至多为我们提供了某种在统计学上有意义的"整体的知识"。

而且,以"整体的知识"为业的任何人,绝不会有权衡各专业知识轻重的特别能力。因为所有的专业知识都不能不是某种专业处境下的知识,得以置身于某个专业处境的人士,正好就是那些在本专业工作的专业人员。专业之外的别人,如果是与该专业无关的"公众",那么,他们将是通过漫长的迂回才可能与此专业相关的人。

我们在上文已经谈到,每个人的个人经验总是对于别人而言的"逻辑经验"。本专业同仁,无疑是断定专业人士水准或专业境界的适当的评议人,而置身于该专业的专业成就之下,以该专业的成果作为自身专业的工作得以进展的工作条件之一的那些紧

---

① 参见哈耶克:《个人主义与经济秩序》,贾湛等译,北京经济学院出版社,1991年。

邻的工作领域的专业人士,无疑也是有能力判断有关专业的相对重要性和有关人士专业工作成就或重要性的那部分"公众"。

所有在经济意义上的相对重要性,也就是说每个专业领域的工作成果和个别工作作为"效用物"的相对重要性,唯一可以持为证据或普遍尺度的东西,就是它们赢得的货币数值。每个专业人士都处在专业之外的其他人无法占据的那个位置,这实际上正是我们的经济人生不得不面对的处境。每个人都在自己的位置上,而且这个位置肯定不是"别人"的位置。"整体知识"的持有者,永远不可能是与别人相对的那个专业人士,因此也不可能是"相对重要性"的当事人。

"相对重要性"只是当事人与当事人所当之事的"相对重要性",这始终只可能由当事者来作出决定。而当事者的处境总是别人可以料想并且在"逻辑上"普遍有效的处境。当事双方在此对对方工作或专业知识的"相对重要性"的评价,在达成交易处,即"普遍有效的评价"。

在达成交易处,出让其专业工作或专业成就的一方在此得到了一个有关出让物"相对重要性"的评价,付款方作出了这一评价,并且得到出让方确认。这种由当事者双方"公意"决出的对所当之事"相对重要性"的评价,作为一个在某个逻辑处境下由持有某种逻辑经验的当事人作出的评价,即在逻辑上普遍有效的"公认"。这是当事人"代表"不可能当其事的所有人作出的普遍有效的确认。这种以货币作出的表决,即当事人援引人人持以为据的"物权宪法"作出的表决。

专业分工所造成的知识或技能的分化,使分工各方因为分工的日益细化而面临日益深刻的相互依赖。这种在生活事务或经济生活中体现出来的相互依赖——如对交换的不可或缺的需要——仅仅是经济当事人之间的相互依赖。这种依赖的显而易见的原因，是每个人都只掌握了有关经济生活的很少一点诀窍，生活的其他大部分诀窍掌握在作为交换对方出现的别人手中。我们因为知识技能和物品的缺乏而需要交换，而交换对方也因为同样的理由需要我们。

通过交换，我们得到了原来没有的东西。也是通过交换，我们知道自己拥有别人没有并且希望拥有的东西。而显然，我们在取得这些东西的时候处在比别人更有利的位置，正如别人在得到拿来交换的东西上处在较为有利的位置。于是，我们承认了这个大家都承认的事实。根据这个事实，我们同意在一个更大范围的社会，从事最能够胜任的那份工作，并且以交换的方式与别人密切合作。

分工使每个人都找到了或者一定会有机会找到自己最擅长的工作。这使得整个社会找到了自己最擅长的工作方式。每一个人都得到一份由分工带来的盈余，而且每种专业工作都在可能的地方获得了新的进展。自从分工和以自然分工为前提的交换发明以来，人类社会似乎正是在以这种方式踏上进化之途。

因为资源、技能或物品相对匮乏和相对富足而导致的分工，可以在历史上找到毫不含糊的证据。每当找到某种文明早期历史上的这种证据，我们总会说我们找到了在某个文明史上分工的历史起源。那么，这种历史的起源仅仅是由于不同的个人或者集团之间资源、技能或物品的相对匮乏和相对富足而使各方愿意选择自己的长处吗？如果有人不把别人的长处视为由别人持有的长处，而试图把别人的长处置于自己的控制之下，并且让这些在自己控制之下的各种人仍然各展所长，是否也是一种分工的形式？

实际上，人类历史上可以看到的，至少有两种不同的分工形式。这两种在历史上可以明确地找到其历史起源的分工形式，也是起源于不同历史逻辑的分工形式。

男、女、老、少依据不同的身体条件而在家庭、家族内部形成的分工，是可以设想的最早的专业分工。男人狩猎、女人采集和照料小孩，老人向下一代传授代代相传的经验，的确是依据自然的优点可以发现的分工形式。分工在这里仍然带来了效率。但这显然不是以交换为纽带连接起来的由不同的专业工作创造的社会。家庭内部没有交换和相互承认所有权的所有者。

只有由不同家庭（家族）从事的专业工作，才可能形成以交换为起点的分工。但即使是在这里，以"交换"作为起点的分工仍然可能不是一个普遍有效的形式。如果某个社会共同体总是有一个更高的所有者，而这个所有者有权征用一切，那么，分工便只能在最终的意义上是家庭内部那种自然分工的一种延伸，尽管在更高的所有者下面，每个专业工作之间保持了某种交换关系。

另外一种分工形式是对每个人普遍有效的分工形式。交换在这里成为不同专业工作持有人之间普遍遵守的交往原则。每个人都是所有者，每个专业工作者的专业工作都是以他本人为主权人持有的可用于交换的"物品"。交换和以交换来确认的分工形式，即以普遍人格为前提的分工形式。

物物交换可能会使交换本身变得缺乏效率。不是每个需要交换的人都能在恰当的时间和场合找到交换对方。然而，这仅仅是人们需要货币的一个极其表面的理由。物物交换表达的一直就是对某个特定物品的需要。货币则是已承认每个人持有普遍有效的人格形式的一个直白的证明。

物物交换是在此有效的交换。由它所联结起来的分工仍然只是一种自然的分工。因为资源、物品和技能的偶然区分，人们成为相互需要调剂匮乏和充裕的分工者。但这还不是由"公众"认可的普遍有效的分工。持有野猪的人，只是在正在寻找野猪肉的人那里是一个专业人士，也许下一次他必须宣布自己持有土豆，才会被承认从事了一项有效的专业工作。

物物交换的确不是一种能够面对"社会"或"公众"确认"分工"的交换。货币交换的出现终于使"分工"在社会分工的意义上成为可能。"持币者公众"的出现，第一次在由"公众"组成的社会共同体之中，确认了分工在社会分工尺度上的普遍有效性。货币的出现，是自然的分工演进到社会分工的一个标志，每个专业工作领域从此成为社会公众认可的公共工作领域。没有人在为自己工作的时候，不同时就是在为"公众"工作，而且也没有人能够不遵循公众的需要来推进自己的专业工作——即使他这样做在表面上看起来仅仅是为了满足自己的需要。

专业工作者，在以持有某种数额的货币作为持有公众对其工作（或知识领域）相对"重要性"的认可的时代，其本身已不能不是一个"公民专业工作者"。因此，在他把自己的个人成就看作他应该努力追求的人生境地之际，在他以他本人的"个人利益"为工作的最终目的和不竭动力之际，他就是在以已获公众授权的方式增进公众的利益。而在这样做的时候，只要他始终坚持自己是一个"公民专业工作者"，而不是一个随时准备损人利己逾越自己的"公民"身份，以诈骗或窃夺的方式占有别人工作成果的"私人"，他就是一个"公务人员"。以货币本身的合法性根据为据持有货币，就是在以公众认可的方式从事专业工作，而这种一直有人或新近才有人从事的专业分工，就是为公众所需要，并且由此持有存在合法性的分工。

"整体的知识"是家长制或计划经济下的分工所必须假定的前提条件。"整体知识"或根据"整体知识"所作出的论断，是计划经济所设想的可以据以认定各专业分工部门"相对重要性"的唯一根据。

由"计划"来确定何种专业领域是社会应予优先关注的领域，即由假定的"整体知识"的掌握者来决定专业分工的合法性。专业分工的各工作领域，在此沦为仅仅为了满足"整体知识"的评价而展开其工作的一个个部门。在这种情况下，货币无疑已成为一种以"整体知识"为根据，因而不可能具有根本合法性的伪造的货币，或者是在大部分场合不能到场的被"闲置"了的"货币"。我们在历史上屡屡看到的金属权力与王权的对抗，即是货币的权力与自以为不经货币确认即可自行确认一切的王权的对抗。

在以"整体知识"为背景的专业分工格局之下，分工仅仅是在作为"整体社会"的一个职能部门意义下的分工。分工的合法性和分工各部门之间的"相对重要性"，已不能由公众的公意决出。实际上，经济意义上的社会分工已不再可能。经济人生的有限性被取消，因而经济当事人已沦为"整体经济"的一个物化对象，沦为被决断者，而不能是其有限人生的主权人。分工和分工之间交往只能由当事人在以事相对的情况下才可能展现的"相对重要性"，现在在取消"相对者"的情况下，由一个绝对主使者以安排"相对物"的方式来作出安排。

这种"整体经济"以"整体知识"为假定前提作出的有关分工的规划,并非在"社会"分工意义上由"社会"授权的规划。与"自然分工"依据资源、技能、身体条件、性别等"物"的因素形成的专业分工一脉相承,"分工"在此即专业知识或技能的分工。分工意味着不同的生产领域,不同的有关于"物品"的"制造"技能和知识。专业从业人员,在此即"工程师""技术工人""专家""学者"和"服务员",也就是说,他们只是相对于不同的"物"的领域得到规定的一个持有"专业知识"和"专业技能"的"劳动者",而不是一个被"选举"出来的"社会工作者"。只有在相对于所对之"物"处,专业人士才是决断者,才是可以作出选择的"人"。而在决定何种有关"物"的领域应该放弃或坚持,在决断"劳动力"的去留、"劳动力"的增加或减少处,却没有一个专业人士可以依据自己的"专业知识"和对其自身"劳动力"的所有权来作出决断。

货币和以货币本身的合法性要求为据作出决断,即在援引由"公认"所确认的宪法来代表公众作出决断。这正如法官的单独决断,是援引法律和以法律的名义作出决断。货币持有者和依照货币的合法性要求以货币决断者,即持有"物权"的所有者。由所有者作出的对专业分工的选择,即由公众在所当之事处所作出的普遍有效的有关分工的决断。这当然就是有关"社会分工"的决断。

以"整体知识"为根据作出的有关专业分工领域的决断,则是无视专业从业者决断者身份,拒绝专业决断者作为其所当之事主权人的决断,亦即仅仅把专业分工视为某种"物理"分工界域的决断。这种由"整体经济"所作出的分工,和对各分工领域"相对重要性"的认定,显然是与"经济"本身的要求背道而驰的非经济的分工和非经济的认定,同样是在"社会"的本来意义上非社会的分工和非社会的认定。这种一直有人在坚持的伪真的"社会"分工,显然只是依据"物理"知识和仅对于"物"的有效性而言有效的"自然分工"。

二、公共空间

作为家庭分工向社会分工演进的发生学前提,家庭或家族内部的分工大多是基于身体能力上诸差别的自然分工。老、壮、幼和男、女的自然能力的差异,是自然分工的基础。这种以自然差异为基础的分工,最后形成了某种因为分工而积累下来的专业知识传统。后者显然强化了自然能力的差异,进而使这种自然的分工显得像是某种历史传统的产物。人类学家已经收集了不少证据,可以证明男人并不总是承担最繁重体力劳动的分工角色。男人在这里逃避了依据其自然能力更适宜于担任的工作。最适于做某种工作的自然能力,在这里没有以合乎情理的方式在分工之中得到利用。但大部分自然的分工显然采取了能够充分利用自然能力的分工形式。

对家庭或家族内部的分工来说,在身体能力上自然的和不自然的分工,无疑始终只是一种自然的分工。这意味着,不管分工是否是一种合乎自然能力要求,并且对于"生产"而言有效率的分工形式,它都仅仅是在"生产"上有意义的分工。家庭或家族这种自然的生活共同体,始终是这种分工得以成立的依据,分工所划分的工作,无一不是以家庭或家族为自然持有者的家庭的工作或家族的工作。分工的从业者,是家族或家庭这一自然集体的劳动力,并且仅仅是从自然能力方面得到理解的劳动力。分工从业者,是"能够生产什么"和"能够生产多少什么"那个"人",除此之外,他不再在"分工"处,意指更多的东西。"分工"无疑是对于生产"物品"这种自然的要求来说,具有"效率"的工作方式。甚至直到今天,家庭内部所存留的分工形式,仍然只是这种自然的分工形式——没有交换的分工形式。

由交换确定的公共空间,使社会成为不同家庭或家族日益依赖直至赖以为生的公共家园。以家庭为主权单位,以家长为主权人的分工,终于成为由主权人共同体通过交换这一"公认"仪式确认的"社会分工"。从此,分工已不再只是一个"生产什么"和"生产多少"的概念,甚至也不是在自然分工时期被抹去了"为谁生产"这一问题,现今才得以把"为谁生产"悬为一个问题的那个概念。以所有权为潜在前提,以交换为指向的分工,即把家庭置于所有可能相互交换的家庭共享的公共空间之中。文明社会而不是原来那种家庭财产共同体,由此进入历史。分工的专业从业者,现在已不再只是一个在自然能力或技能方面适于从事某种生产的自然劳动力,他现在首先是一个社会工作者,一个被交换对方承认长于从事某项社会工作的专业人士。

作为一个专业人士,分工从业者是一个"公民"。为家庭,为自己和所爱者工作的那个"私人",现在是在为一个"公民家庭"工作,而且这项工作现在再也不能是一项"私人"的工作。他得以继续以原来的方式工作,或者他的工作得到了足以让他感到"富足"的报酬,仅仅是因为,他是一个"公民",一个普遍人格形式的持有者,依照对一个"公民"的要求,社会或代表社会与之交换的交换对方,认为他是从事那项社会工作的合适人选，而且他的工作所做出的贡献，正好是交换所得作为报酬记录下来的那份贡献。

作为一个成功的专业人士，一个富足者，在"公民"身份作为文明社会的根据从未丢失的情况下，在公共空间是个人的生存赖以立足的唯一空间的情况下，他的成功和富足就是社会授予的成功和富足。而如果有一天，某个专业从业者不再能够依赖自己原有的分工角色维持富足，甚至原来那个分工角色正在把他推向破产的边缘，那么，让他换一个工作或者改进原来的工作方式，便是社会公开作出的一个决定。

专业人士或由无数专业人士组成的某个专业的去留，显然不能由本专业一直能够制造出某种"物品"来作为最终的理由。制造出"物品"（或"服务"）仅仅意味着某种自然的生产能力，而专业人士和专业能否继续从业和以怎样的方式从业，则决定于该专业所意指的自然生产能力在何种程度上继续为公众所需要或是否已不再为公众所需要。

第九节 交　换

一、以物易物

最早的交换形式是以物易物。以物易物与所谓易货贸易的区别在于，前者是不以货币为参照的易货贸易，后者则是以货币为交换根据的货币交换形式。

以物易物意味着交换对方之间尚处在某种外在的交换关系之中。交换对方在此寻求的不是所生产物品的社会承认，或所生产物品在"财富"意义上得到的确认。在以物易物的交换形式之中，交换对方的基本意向所涉总是某种"私人"的需要。交换者所寻求的交换物品在此是对于他的私下处境而言必要的物品，尽管交换本身自始就是摆脱私下处境的一种最直接的方式。

以物易物对于文明社会的意义在于，"物品所有者"已作为一种普遍人格形式映照于持有物品和获得物品的公认仪式。以不交换的方式获得别人持有的物品，即不承认别人的持有物是其所有物，不承认别人是"所有者"。以不交换的方式获得别人持有的物品，只有两种可能的方式，其一是以暴力劫持和诈骗的方式取得，其一是以获得施舍的方式取得。这也是暴君的方式和奴隶的方式。

以物易物确定了社会的交换方式，但这显然还不是社会所确定的交往方式。交换者只是在交换发生的当下，是一个交换者，是持有所有物的所有者。一当交换结束或交换尚未发生，他就是一个私人，一个只为他自己的需要生产和按照自己的需要消费的私人。交换在此指向交换对方的当下需要，实际上就是指向他在交换之外的私人身份，因为在交换行为之外，在相互表示需要对方的这个仪式之外，他们本是相互外在的陌路人。

二、交换本身成为目的

以物易物的交换方式是以物为目的的交换。分工和以分工的方式生产在交换者之间尚没有实际的意义。生产不外是直接生存需要的一种延伸，生产物品用于交换仅仅是为了调剂相互之间短缺和过剩的物品。没有人能够把自己的工作视为（同时也被他人视为）"社会"所需要的一份"工作"。

直到实物货币诞生（通常就是商品货币），交换本身才成为交换的目的。以羊、牛、猪，甚至猪獠牙和石头作为货币，对我们今天来说，的确不能算是一种"发明"。但这只是从"物品"的方面看待这些"货币"时可能得出的印象。从"人"的方面来看待这些"货币"，我们所应该表达的敬意，甚至会超过对今天无时无刻不在面对的精美和高技术的种种货币时所怀有的敬意。

这些随时可能降落成为消费物品的货币，在其发明之初，显然已经被超拔到作为消费物品无法企及的高处。猪和羊显然不再是一堆猪肉和羊肉，正像牺牲不再是一个"死人的事件"。猪羊在此是雕凿维纳斯的那块大理石，是确认对物品效用之公认的一个被公认为有效的记账凭证。人们收集猪、羊已不是在收集与猪、羊肉的直接消费需要对应的消费物品。现在猪、羊是得到公众对某种工作成效承认的一个最终的凭证。

当交换以作为货币的猪、羊为目标，而不再是以猪、羊肉为目标的时候，交换本身已成为交换的目的。这已是所有者之间的交换，是在社会之中的交换。交换者现在是"持币者公民"，是所有者，而不再是在交换之外的陌路人。交换由此成为对共同体诞生的一个宣告。

交换本身成为交换的目的意味着，交换人所持交换物品在此寻求公众所认可的认证。以交换为指向的生产，由此成为社会分工意义上的专业生产，生产物品由此成为以交换为背景，以获取公众授权的认证为目的才得以生产出来的社会化产品。因此，以实物货币为据进行的交换，是使生产者和交换者成为生产者公民、交换者公民和消费者公民，从而使经济生活社会化，经济主权人普遍人格历史化的一个历史性事件。

三、以货币的合法性根据为据交换

实物货币向专职货币的转换，意味着交换从此明确地超脱种种私人处境，获得了某种普遍形式。但是，与专职货币几乎同时产生的"国王"的铸币发行权，常常成为一种专制权力。交换本身按照货币的合法性要求所达成的公意，常常由于货币所遭遇的来自某种专制政治权力的扭曲而不能获得完美的表达。

君主让金属货币或纸币以失去信用的方式贬值发行，其效力等同于不经国人同意随意征调和没收财产。"官方"的所有这些以损坏货币的货币地位的方式强制实施的"物品"转移，实际上都是在货币的合法性根据上非法的物品转移。

而货币又常常在物品的非法转移处被用作"合法"的证据。也就是说，货币本身作为"持物"的普遍人格形式，一直就是有关物权的意志（公意）表达的成文形式。"持物"的合法性作为"公意"所认，显然需要一个"公意"的成文形式。而这个明白无误的形式，一直就是货币。

这样，通过无偿征调和罚没、铸币减重和降低成色、滥发纸币，窃夺和诈骗等非法手段获得的"物品"，尚不能仅仅凭借这些"物品"的"物性"，便自动成为对公众而言有效的"财富"。这种对"物品"的事实占有，仍然需要一个合法性证明。因此，上述在文明史上从未根绝，而且正好相反，从来十分兴旺发达的占夺"物品"的种种发明，一直就在努力寻求"货币表达"。窃夺和诈骗所得，在以货币的方式出示之际，总是表现为持有合法性"证据"（货币）而使其伪合法性不能被拒绝的状况。

　　康芒斯谈到过"法律家费了整个十七世纪的时间才完全发现债务的流通性"，而作为"债权"的"货币"的"流通性"表现在，窃贼通过窃得"货币"而"取得了惊人的法律上的权力"，以至于他可以有效地持有根本不属于他的东西。[①] 金、银块或任何别的商品在被窃贼卖掉之后，"合法所有人"仍然有向任何买主追索的权利，而唯有收取"货币"这一"赃物"的买主是安全的买主，"全世界都不能干涉他"。[②]

　　"赃款"的受让者在此显然不是在接受其合法性尚需别的证明的某种物品，而是在接受一个有关合法性自身的证明。"公意"的成文形式作为"公意"的成文形式本身即意指任何人没有仅凭私意加以拒绝的可能性。因此，按照"货币"的合法性要求收下哪怕是作为"赃物"的货币，也是一个交换者履行其法定义务的一个无可非议的行为。

　　在交换之中易手的货币作为持有某种份额"物权"的法律证明文书，是在交易之先已先行获得"公认"（合法性证明）的法律文书。而交换不过是依据货币本身的合法性要求对不得以私意歪曲的正在易手的那些货币进行确认，并在这同时，以货币认证交易物的合法性。货币的"流通性"，根源于其以"交换"这

---

① 康芒斯：《制度经济学》，丁树生译，商务印书馆，1962年，第9~10页。
② 康芒斯：《制度经济学》，丁树生译，商务印书馆，1962年，第106页。

—货币的法定易手程序转移即货币持有其货币性的直接证明这一货币的自身定义。

货币作为"公意"的成文形式,无疑只能以"公认"的方式"成文",才可能是"公意"的成文形式。货币体系作为一个表达系统被创造和接受,即意指以持币者为"持币者公民",以货币为普遍接受的"公意"的成文形式。在交易之中出场的货币,即对各个特殊交易处境下某个持物状况所达成的公意的成文表达。这是货币作为"公意"的成文形式在被普遍接受处先已设定,亦即货币作为货币已自行设定的货币的本质。交换是所持物易手和以"公认"为据"持物"的原始形式。交换当事人以交换的方式达成交易,即以交换双方的"公意"认可所持物易手和承认对方以"公认"为据持有在场物品。

因此,以排除"公意"的方式从他人处获得物品或货币,即在货币的合法性根据上非法持有物品和货币。文明史上的非交换经济秩序,奴隶制、贡赋、献纳、不经纳税人以某种"同意"方式确认的税收、以政治权力为转轴获得财产或随意占取他人的财产,官方逾越约定标准的货币贬值(官方伪造货币),和民间制造伪币的行为……归根结底,总是伪制货币的种种经济制度和经济行为。

以货币的合法性根据为据交换包纳了两个不能分离的层面。

第一,作为货币体系或货币的体制性创设系统在货币的合法性根据上是否具有足可自洽的合法性,也就是说,货币体系作为表达持币者公民的普遍人格形式及其普遍物权的宪法体制,有没有在其物权宪法的原初设定处有违其自身的逻辑形式。

如果有人仅凭其私人意志改变现存货币必经公意设定的表达

系统，那么，这种被随意更改的货币体系已不再是货币体系在其逻辑形式意义上原本的货币体系。这种被篡改了的货币体系之得以继续流传，显然只能依凭某种伪合法的权力。历史上不断有减低重量和成色的金属铸币流布于世，实际上就是一次又一次由铸币者主持的掠夺。这种公然的掠夺以铸币减量的隐晦方式实施，正好是因为货币本身至高无上的权力甚至是任何伪制者无力超越而不得不投靠的一种普遍权力。

减量和降低成色是伪制权力体系的主事者乐于采用的掠夺方式，因为这无疑就是最便于接受的伪制权力的形式。以货币的合法性根据为据交换的首要要求即用作交换根据的货币是合于货币的合法性要求的货币。易言之，货币体系的创始者（体制性机构及其主事者）只能是公意约定的代理表达者，而不能是可以以其私意僭充公意的伪币制造者。

其次，在社会获得了合法的交换根据，亦即获得不可能以任何方式伪制的货币体系这一前提下，货币在流通之中的易手和由货币的易手所确认的"物品"的效用份额，仅当其是在交换的意义上易手和以此易手确认"物品"的转移，才是以货币确认或表达的物品转移。交换，这种以"合意"或交换双方"公意"为据实施的"物品"转让以货币来表达，从货币的方面看，实际上就是货币对其自身的表达。在此出场的货币，才是合乎货币本身的逻辑形式那个原本的货币。不是在"合意"或"公意"的意义上达成"交换"的物品转让或货币转让，总是意味着某种非法的对物支配权力，而这种非法的对物支配权力的成文形式或货币形式，总是在"交换"（或交换的衍生形式，如遗产继承、馈赠、法定赋税等）这一以"公意"创设"货币"的种种成文形式的合法程序之外，以某种方式伪制的货币。

在此，有一个问题可能会被提出，这就是以献纳或贿赂的方式得到好处是否也是"交换双方"合意的交换方式？自古及今由双方"合意"并且以货币传达的"好处"转移，触目皆是。但这里所谓"好处"显然不是"公认为有用，并且可用于交换的物品"。不能被"公认"确认为可用于交换的"物品"，即不能由"公意"授权进入买卖域中的非卖"物品"。官职、入学资格、荣誉、技术职称、诗人或哲学家的称号、法庭的证词和判决书显然不是文明社会"公认"的买卖物品，买卖双方在非卖品上以货币表达其"合意"，显然只是在表达以其"私意"为背景的"合意"，而不是在货币的授权范围内以"公意"（普遍意志）为据达成的某个具体的"合意"或"公意"形式。在此出场的货币，已不可能不是逸出了货币的逻辑规范的伪制货币。

第十节
市　场

一、地方

白居易的《卖炭翁》讲述了"伐薪烧炭"的"卖炭翁""一车炭，三百斤"被宫里的差役们用"半匹红绡一丈绫""买去"的故事。向苍天叩问"一车炭""何所值"的"卖炭翁"终于没有能够在市场上直接问得"一车炭"何所值的答案。

在这种"随便给钱"的市场上"伐薪烧炭"的"卖炭翁",其身份已岌岌可危。在从宫里出来的"买主"那里,他仅仅是一个"烧炭翁"。与"烧炭翁"相对,宫里来的差役也不是"买主",而是到市场上取炭的管家。对宫里来说,市场不外是不必用围墙围住的后院。

"市场"作为交易货物的地方,的确不是由一个特别的空间特征定义的一个"地方"。作为"市场",它是达成协议的场所,一个签约处。向来不必与人签约的专制者出现在"市场"上,并非到"签约处"来签约,而只是来到一个"货物集中的地方"。

然而,经济史的作者在谈到"市场"的时候,常常就是在谈论历史上的"货物集散地"。在"货物集散地",来到"市场"上的人们在此得到了什么,是马匹、盐巴、茶叶、丝绸、铁器或瓷器,可能一直是历史学家关注的要点,至于人们以什么方式得到自己想得到的东西,则不是这种"市场观"所关心的问题。我们考证了"丝绸之路",甚至也考证过"南方丝绸之路",但这些路一直只是被看作中外交通的货物通道。交通的负荷者自身是否得以以对外交通的方式确立其内部的交通秩序,一直是我们的古老历史和以此为据的历史学提问所不曾理会的问题。

"宫市"的确是一种对于"市场"的创造性见解。在"货物集散地",在这个被叫作"市场"的"货物集散地",以"买"的方式获得物品肯定是一个获得"公认"权力的好方式。象征性支付的必要性在于,这是劫夺转换为"购买"的关键步骤,也是赤裸裸的"市场"非法行为获得某种伪合法性的关键步骤。

在"市场"这一买卖物品的地方,"宫市"明确地告知了"买"的形式,在此也明确地对"买卖物品"的"市场"据以确立的根本原则表示了敬意——尽管以不卖者的货物为所买对象的"买"已从根本上抽空了"买"的本意。但这种"宫市"性伪"市场"行为对"市场"的"市场性"的归附,无疑揭开了"宫市"主事人这一僭冒者无以自持的内在处境——"宫市"必得以"市场"为自持之据,因为以伪为真者得以以伪为真的前提即这"伪"本不在其中的真。

当法王路易十一试图在战争之后重建市场时,作为"地方"的"市场"显然从未解体。路易不是在以修建交易场所的方式重建市场——如果这有必要,那也是商人们自己的事情——他为此发布了各种文告。这些特许权明确承诺给予来到国王治下的若干集市所在地的商人们以各种豁免权和特许权。也就是说,路易十一同意"市场"本身所意指的法律是至高无上的法律,他放弃以市场之外的方式来伸张其在"市场"上的权力。

因为他即使试图以市场之外的方式伸张其对于市场的权力,也已找不到这样一个叫作"市场"的"地方"。里昂仍然是里昂,但它再也没有兴旺的集市。战争作为国王在"市场"上的"市场之外"的权力已经摧毁了里昂和别的法国城市原来的市场。"日内瓦"成了法国商人的圣地,成为法国商人乐于使用法国货币的地方。如果路易决心看到法国货币不再涌向以这些货币投票支持的日内瓦市场,他的正当选择似乎就只能是以发布国王文告的形式授予原来的"市场"所在地以"市场"本来所意指的诸项权利。这种由国王赐予的特许权,初看起来当然像是来自国王的特许状。实际上,这是国王再也无法抗拒的"特许状",

是"市场"本身高于国王法律效力的更高权力。路易只不过是不得不以"市场"所要求的方式说出"特许状",由此宣布服从市场的交换原则的那个法国国王。

由此看来,交换货物的地方,并不就是交换货物那个"地方"。里昂和日内瓦仅仅是"市场"所在的"地方",它们并不在里昂或日内瓦这样的"地方"处成为"市场"——即使作为水陆通衢,这显然是更便于货物集散的一个"地方"。

二、一种秩序

市场在交换商品或劳务的市场意义上并不能由特定场所来规定。在上文这样叙述的时候已经摆明,市场是一种秩序。"交换商品或劳务的场所"仅仅是表达市场秩序的一个"场所",是市场秩序表达其自身的媒介物。这个"场所"可以是古老的水陆枢纽地,可以是装备齐全的专用建筑物,也可以是因特网或任何可以交流买卖信息的渠道。以"场地"或"建筑物"标示的"市场",引人注目的自然是这个"场地"或"建筑物"不能被随便抹去的物质特征。即使在所有交易撤走之后,人们依然可以说,那里是一个"市场",而且人们这样说的时候,肯定不是在说那里是一种圆形(或别的什么形状)的建筑物。这是在指一种交易的境况,正如人们在说这是诺曼底登陆的战场的时候,不是在指某个形态特殊的海滩。

网上交易使人们直截了当地看见,并没有一个叫作"市场"的"场所"摆在那里,这个"场所"让人坚实地相信,不管你抱着什么主意,闯进去,所需要的物品和卖主便会自动涌现。网上交易第一次使交易者不必身临由物品构筑的"场所"。它明确地指引着一个只有在"加入"之际才会呈现的"市场",而且"加入"不外是通过某种方式表明"加入"一种秩序,一种人际交通规则。

"秩序"或"规则"在通常意义上,首先会被描述为某种"规定"或"约定"的结果。而"规定"常常不过意指某个"在上者"或权力机构的指令。"约定"似乎是"民主"的方式,它排除了"在上者",而指向因相约而对待的平列者。但"约定"本身并非已经绝对排除了"专制意图"来达成某种"规则"或"秩序"的方式。反之,"在上者"或权威机构的指令也可能在根本上就是由民意决定的"约定"。

"随意"的"约定"有时甚至比"规定"的极端形式还要专制。上文所述路易十一的"规定",显然意味着一种由"公意"授权其发布的"约定"。即使是像路易十一这样的专制君主,只要其"专制"必然会遭遇某种由"公意"构筑的界限,也甚至可能以"特许状"这种带有某种极端专制色彩的方式(赐授)承认某个权利领域不在其专制权力可及的范围之内。这种解放性的"规定"实际上就是在以"规定"的方式宣布在根本上不能由"规定者"单方面作出的"约定"。

倒是"约定"所潜藏的危险因为"约定"本身的形式保证而可能泛滥成灾。由"多数"达成的"约定",如果仅仅是来自"多数"的处境所引导的意向,而不是遵循某个普遍人格形式并以此普遍根据为据达成的"约定",则完全可能是暴民的统治形式。这甚至是比显而易见的单方面"规定"更为致命的专制形式。以"约定"的名义实施的"规定"所剥夺的是人们赖以抵抗的理由。因此,"随意"的"约定",实际上已是一种伪真的

"约定"方式,它与因"公意"而"约定"的本真的"约定"方式之间的界限,当然是有待论定的一个重大问题。

"随意"的"约定",即以不同人格状态为立约对方达成的"约定"。这通常也是"强势者"和"弱势者"之间的"约定"。立法者依据其私下处境"同意"的"约定",即"随意"的"约定"。而把立约处境当作抽象处境,亦即当作在逻辑上普遍必然的处境来看待的立约各方,对某种处境所作出的约定,才是依据"公意"作出的"约定"。立约者在此总是一个抽象的立约者,对所待之事而言,立约对方作为当事人仅仅是一个当事人,除此之外的有关其私下处境的一切计较因素,一概不在所当事内考虑之列。立约者在此抽象处境之中作出的"约定",才是作为立约者依据"公意"达成的"约定"。如果在此等事内,因立约对方的私人因素不同而有不同的立约结论,则此种以私下处境为转移的"约定",显然已是"随意"的"约定"。这实际上就是在所当事内,以其可以专断此事的机会,对不得不当其事者实施专制。

"市场"本身所意指的秩序,已从其内部排除"随意约定"的种种可能性。市场秩序即自由交易的秩序。买者和卖者在市场秩序中,是抽象的交换双方。交换双方以其对所当之事的"同意"为据达成的"约定",总是一种抽象的"约定",因而也总是由"公意"得出的"约定"。

当罗马皇帝戴克里先试图规定各种商品的价格时,他实际上就是在试图取得高踞于买者和卖者之上的主权人身份。而当事人的主权身份,显然只能在"市场"之外丢失,只要"市场"尚在,只要买者和卖者还在作为当事人出示各自的货品和金币,他

第二章 物、经济物品、经济世界

们就一定会拒绝按照别人的指令来作出有关其当下买卖的决断。戴克里先的失败显然是因为他错误地估计了自己的权力，同时也错误地领会了"市场"本身所代表的东西意在何处。

市场作为一种秩序一直就是民间主使其权利的秩序，因为它的根本法则即以当事人为所当之事主权人的法则。一切有关市场经济是"法治经济"的见解，如果远离了"公意所是"为"约定"这一市场经济的内在法则，其"法治"的合法性就可能大有疑问。"法治经济"可以在以法治理（by law）的意义上远远偏离市场经济的内在法则。如果"法"仅仅是权威机构的"规定"，或者也是民意代表机构通过合法的立法程序创制的法律，而不同时是在其法理上切合"公意约定"的根本原则，从而确保持有"普遍人格"的"公民"的主权人地位的法律，那么，在这种法治下的经济也未必不会是有违市场经济内在法则的"经济"。

市场秩序在根本上是一种法治秩序。市场经济的内在法则并不会在外在的法治保证下生长出来。"法治经济"只有在以市场的内在法则为法治根据处，才可能是市场经济意义上的法治经济。而市场的内在法则即以"公意约定"为最终"约定"的法则。而这是与"随意"的"约定"或专断的"规定"等可能以"法律"的名义实施的经济秩序不能相容的市场本身的秩序。

三、货币是选票

市场的交换行为虽然只能是止于交换当事人的行为，但这一除交换当事人外，别人一无所知的事件，其效力显然并未止于当事人双方或其所当之事。交换行为的结果，总得以一方持有货币，另一方持有物品（或持有某种服务的伴随状态）的方式牵涉没有参与此一交换的所有"他人"。在通常情况下，没有人会出面干涉交换者拿走其交换所得的货币和物品，也没有人可以否认交换双方所持"物品"和"货币"如此持有的有效性。交换结果作为对公众公开的一个事件，历来就是获得了"公认"的一个事件。

然而，交换者个人的个人行为，或者说仅仅发生在当事人之间的"公认"，怎么可能成为对公众而言有效，亦即由公众认可的"公认"？在此，我们立刻会发现，"货币"是在交换现象当场的唯一一个表明交换行为及其结果已获公众授权的证据。市场秩序当然是由"公意"来裁断的秩序。而由日复一日成千上万的交换所构建的经济格局要确保其来自"公意"，唯一可能的方式就是确保每一个交换当事人都是"公意"的代表者，由此使每一个交换人对于其所当之事的裁断成为由"公意"授权的裁断。易言之，交易人在当事处即为法官，他对所当之事的论断，即在已获得"公意"授权意义上普遍有效的论断（合法的裁定）。

货币的确是对每个个别的交换事件而言，唯一由公众授权的凭证。交换者首先是持币者。每个个别的交换事件在以"公意约定"的方式发生之际，货币总是就在此处的普遍有效的凭证，正像用汉语交谈的每个人总可以在不同的语境下出示同样有效的句子。个别交换事件是对于交换当事人而言的历史性事件，而对于不当其事的公众或他人而言，这显然只是在逻辑上，亦即在抽象的当事者处境上，普遍有效的事件。以货币确认某一交换事件的有效性，即此一交换事件在逻辑上的有效性。因此，市场只有在以货币来衡量的情况下，才是在其内在原则上、在逻辑上得以自洽的一种秩序。

持币者在此显然已不能不以持币的方式作为，亦即他显然不能不以持币者公民的方式作为。无论他以怎样的方式在市场上付出货币，他都是在付出由公意印制的选票。产品、劳务，一切稀缺的经济机会都得在以货币为选票的市场上参与竞争。与政治竞选不同，市场上的竞选是持币公民不可能作弊的竞选。与投票所支持的对方一样，投票者自身也是一个竞选者，他不可能在自己并不合意的地方付出他本人也愿意得到的选票。在市场上流动不息的货币选票，一刻也不停息地以"公认"的方式确认作为公众效用物品的产品和劳务。

产品、劳务和企业以种种方式和机会来获取选票。所获选票正在流失的产品、劳务和企业将逐渐退出公众经济生活的视野，成为过时或不符合要求的产品、过剩的劳务形式，亏损直至破产的企业。每一种产品都需要在市场上得到确认其为社会财富的足够数量的货币选票的支持，才能继续维持其公众产品的地位；每一个企业都需要获得让其经济规模得以持存和扩张并让股东满意的货币选票的支持，才会继续运转和继续作为公众认可的生产机构履行其由公众授权的职责，亏损和破产是企业现有的生产经营方式不受公众欢迎的明白无误的信号；每一个从业者都得以自己获得的货币选票来证明自己所取得的经济成就或其在经济生活中受公众欢迎的程度，而企业家得以支配的货币选票已表明他在多大范围内得到公众支持以及这种由公众授予的经济权力的界限……

市场上的竞选，是以所有持币者公民为候选者的竞选。这里的所有"公职"对所有人开放。而货币选票作为人人持有的选票,也是人人必得以之确定其"公职"身份的直接凭证。

四、达成公意或实现均衡

按照实证经济学的观点,市场的"均衡价格"产生于供给和需求相等的那个价格和数量水平。均衡价格所在的位置正好是供给与需求的相交点。

对于客观的市场均衡,甚至一般均衡,这一描述无疑有助于揭示市场怎样对产品的数量、种类和价格作出决定。

但是,谁在这里作出了决定?是供给,还是需求?实证经济学的"均衡"只是在消费者"愿意继续购买"和生产者"愿意继续出售"时才有"意义"。而统计学家所看到的在任何时候买到的数量与卖出的数量总是相等的那种"均衡"被排除在外。

由此我们看到,既非消费者单方面的"愿意",也非生产者单方面的"愿意",在此作出决定。消费者的"愿意"和生产者的"愿意"交汇处,亦即生产者和消费者的"公意"才是消费行为和生产行为得以发生和继续发生的前提。

问题在于,实际情况可能常常是,"均衡"仅仅是作为"描述工具"才是真实的,受实时、实地所限的市场行为常常面临"愿意"的"供给"和"需求"无法遭遇的情形,也就是说,"愿意继续出售"的一方和"愿意继续购买"的一方永远只是在"等待"和"挫折"的"成本"之中才有机会达成以"愿意"为前提的交易行为。而"均衡"则是这些交易行为不断揭示的一个过程。

因此,供给与需求的相交点,并非指一个相交平台或一个确定的时点,真实的市场运作并不依赖这样一个平台或时点,而且这个"平台"或"时点"在真实的市场上无法求得。

正是基于相互牵连的不均衡格局,买方和卖方寻求"均衡"的行为才会不间断地发生,而以"公意"(交易双方已在其中的"自由")为前提的交易行为才得以展现供给和需求生生不息的演进历程。

供需曲线意义上的平衡假设了一个社会最大利益的裁断者,这个裁断者可以基于一个可以打包汇总的社会总福利来判断,某处是达成了均衡还是在均衡标准线下的失衡路上。

所有福利都是在供需方在场的情况下才会生效,也就是说,福利总是当事人主权下的福利,因此假设一个总的需求方和总的供给方,然后基于它们之间的均衡条件来求出社会总福利的"满月"状态,在其出发点上就已失败——因为这在逻辑上就是,先得让福利或效用失效,然后再汇总这些"福利"。

供需均衡总是主权人物权范围内的均衡,总是在主权人可支配并且愿意达成交易的范围内的均衡,即双方交易意向的重叠共识。市场出清总是在主权人物权范围内的出清,并且在此范围内每时每刻都已是主权人意愿的完美表达。任何均衡和出清都是主权人交易意愿的共识之总和。即使是在市场不出清的传统意义上,只要市场是充分竞争的,或者说,没有任何市场主体的交易人身份权(自由)受到破坏,交易当事人的私意表示一直在基于其身份权利(公意)得到除此之外再无限制的表现,"均衡"和"出清"这些通常与所谓"帕累托最优"相关的状态,就是市场本身的常态。

第十一节 公共物品

一、市场本身作为公共物品

我们已经谈到过市场主要是一种秩序。在这种秩序里，每个走进秩序的交易者的身份都是确定的。人们在此以买方、卖方的抽象身份遭遇。

市场秩序是由一整套法律、公共权力机构和市场行动者构建而成。它不是纸面的规章，而是活生生的表达体系。市场要么是历史遗产，要么是由公共权力机构授权创制。但不管现存的市场来自哪里，它总是经济生活所涉及的最基本的公共物品。人们依据市场来划分地位和确定福利。没有市场这一"公共物品"，私人物品或市场交易物品的"公共福利化"或货币化将不再可能。

二、教育体系

雅典城邦时期，教育已成为获取公民资格的前提。而在市场高度发展的时代，一个人已不可能作为一个生理上的成年人，直接成为有市场行为能力的"市场公民"。完善的现代义务教育体系作为培训合格市场公民的"公共物品"，与生产可供出售的高级教育产品的教育企业（收费学校）比较起来，显然保有截然不同的职能。

雅典时代的公民所需要掌握的与其公民身份有关的知识显然不能与高度进化的现代社会同日而语。人与人照面的场景千变万化，凭以应对种种场景并确保在种种场景照面的当事人以与其公民"身份一致"的方式到场，需要动用的知识已千百倍于雅典时代。义务教育体系在各文明国家的确立，在提供"公共物品"意义上，也只是完成了最基层的任务。

第十二节
企业与利润最大化的意义

企业得以出现的理由被科斯归结为企业的交易费用低于市场的交易费用。科斯反驳了企业起源于劳动分工的观点，并且认为不确定性并不必然导致企业的出现。

张五常不同意科斯企业与市场以不同的方法来组织劳动分工的观点，认为企业是以劳务市场替代中间产品市场，因此，中间产品的交易费用高于用来生产此种中间产品的劳务交易费用时，企业就会出现。

企业不在市场之外，而是与产品市场不同的市场，而且企业作为组织分工的方式无疑是一种有效的方式。但是，生产组织内部的分工与成为市场组织起来的社会分工仍然存在重大分别。中国古代官办工业的内部分工和生产组织机构的行政管理也高度发达，而这种有分工并且也以购买劳力来替代购买中间产品的生产组织并非科斯或张五常所意指那种不言而喻的"企业"。

亚当·斯密已经清楚地论述过分工对提升生产效率的巨大作用。而分工既可以在专业分工的意义上确定（如亚当·斯密所述生产回形针那种分工），也可以是社会分工意义上的分工。专业化分工所带来的所谓专业技能和技术的进步是提高生产效率的有效途径。但社会分工亦即资本市场组织起来的分工形式，其意义却不会局限在技术和职能的专门化所带来的那种生产效率的提高。

社会分工更内在的意义在于，它使得生产按照消费者公众的意愿组织和运行成为可能。也就是说，它不仅仅使得以某种既定意愿（例如生产尽量多某种样式和质地的鞋）为根据的生产持有表达该项意愿的更高生产能力，而且它也决定什么样的公众意愿是可以成立的生产意愿，决定何种生产方式（生产组织及其生产效率）是公众信赖和支持的生产方式。

社会分工的后一种意义，亦即由公众来决定生产意愿和生产方式，常常被人忽略。科斯把市场和企业视为组织劳动分工的两种方式，正是基于对"分工"的后一种意义的忽视。科斯在讨论"企业"和"市场"组织分工的差别时，阐述了企业产生的理由，这就是企业的交易费用低于市场交易费用。"交易费用"在此暗中包含了作为"会计单位"的意义。在生产"扣针"意义上更有效率的分工，是此处"交易费用"更低的暗含前提，这一前提在科斯把企业视为在"市场"之外比"市场"更有效的劳动组织形式处实际上已经相当明确。科斯论证的步骤是，改进"劳动分工"是改进生产（广义的"生产"）效率（降低"交易费用"）的条件，市场是组织劳动分工的一种形式，而一当市场组织"劳动分工"的效率低于"企业"的效率时，"企业"便以更有效地组织分工，因而更有效地增进生产效率（减低"更多费用"）的理由出场。

张五常看到了"交易费用"在科斯所说的"市场"和"企业"那里，同样是"市场"的"交易费用"。"企业"并不在"市场"之外，"交易费用"总是"市场"的"交易费用"。

然而，"交易费用"仍然含义不明。作为"财富"或"效用"会计单位的"交易费用"并非仅仅是"会计单位"。它内在地包含着由"谁"来决定"交易费用"这一问题。"市场"没有决定"交易费用"的权威机构，也没有"交易费用"的发号施令者。"交易费用"在此不是某种"实物"的"会计单位"，而是由"公众"授权成立的"物权份额"。以"货币"表达的"交易费用"在健全的"市场"之内一直就是公众授权的固有形式。

公众总在选择交易费用低的生产组织和生产方式。以某种生产组织和生产方式成功降低了交易费用的生产者，也成功地表达了公众的意愿。企业得以产生有赖于更低的交易费用，而个别企业的生存和扩展也有赖于相对于别的企业而言，更低的交易费用。

但是，更低的内部交易费用并不总是意味着更丰厚的利润。对企业来说，某种公众认可的既有事项的更低交易费用肯定是与企业的更大利润目标有关的事情，而后者才是对公众而言与"降低交易费用"直接相关的事情。发现和表达公众消费意愿是企业得以出生的理由，而能够以实现利润目标来证明自身降低了交易费用，则是企业以企业的方式出生的理由。

市场通过企业找到了降低交易费用的生产组织形式，也是在企业这里,市场找到了发现和表达公民消费意愿的更强有力的形式。在质量和消费项目既定的情况下提供交易费用更低的产品和服务,是企业在市场上出现的理由。而作为持有专业知识的世代传承体系,企业能够更有效地发现不同专业领域内对于消费者公众而言,更好的产品形式和服务形式——可能是企业得以存在的更为重要的理由。按照"交易费用"的观点,企业对更好的产品和服务的"发现",亦即以更好的方式表达公众的消费意愿,这一攸关公众消费或经济生活形式"创新"的事项,显然持有比之市场的其他现存交易形式更低的交易费用,而利润则是企业在由经济公众的消费意愿认可的"降低交易费用"的领域取得成功的直接证据,尽管在此"更好"地表达公众的消费意愿未必就是以更低的价格来达成前此的交易事项。

无论在何种意义上"更低的"交易费用,总是意味着对消费公众而言"更好"的经济生活形态。企业作为此一生活样态的创造者,向公众提供了交易费用更低的产品和服务形式,从而为公众消费意愿的充分表达和经济生活方式的不断扩展提供了条件。消费公众选择"交易费用"更低的企业为市场提供产品和服务所采取的方式就是,让该企业在竞争市场上赚取利润。企业降低交易费用并非通常意义上的降低"资源耗费"或降低竞争性事项的价格。企业在社会的意义上降低交易费用意味着,为消费公众提供的达成其种种消费意愿的产品和服务,是更好的产品和服务,而企业在竞争市场上取得利润的多寡,正是它降低这一交易费用如何成功的证明。企业"生产资源耗费"意义上的交易费用降低在此仅仅是达成对社会而言有效的"费用降低"的一个手段——不受欢迎的产品和服务,即使找到了降低资源消耗的最优路径，也已毫无用途。

　　因此，所谓"交易费用"，始终是市场公意所确定的"交易费用"。降低"交易费用"不同于企业"降低生产成本"，正在于，后者仅仅是在市场公意决定了什么事项的"成本"值得降低的情况下，才是"降低交易费用"。而不再受到公众消费意愿支持的生产事项，无论在多么微小的"成本"下产出，也是在增大"交易费用"。

第十三节
公平与效率[①]

　　"公平"与"效率"的关系问题一直是当代政治哲学、道德哲学和经济学所关注的基本问题的交汇点。把"公平"与"效率"作为相互外在的原则，从而在两者之间寻求某种替换关系，或以划定"公平"与"效率"原则何者优先的方式，来解决"公平"与"效率"的冲突，是当代思想界所遵循的一贯思路。而这一思路的背景则是西方"实证经济学"的基本概念体系。"帕累托最优"这一有关"效率"的当代定义，在实证经济学概念体系的推演和引申之中所包纳的意义，实际上从未摆脱"效率"借以界定的基础概念（"效用""好"）混杂不清的歧义的

---

　　① 本节曾以"论效率无以自外于公平"为题发表于《西南民族大学学报》1999年第2期。

困扰。而有关"公平"这一向来与"平等"互为表里的概念的歧义,也为思想界制造了相同的困难。本书试图从剖析上述概念的歧义入手,证明"公平"是"人"的方面对"普遍人格"或"个人普遍权利"的要求,而"效率"则是以此为据才得以确立的资源"效用"的最优配置,或者说,公平的"人"在"人""物"关系尺度上必然与之相对的"物"的状况。以传统方式提问必然面临的"公平"与"效率"的冲突,由此展现为某种伪真的"公平"原则与可获明证的持有普遍必然性的"公平"原则之间的冲突(亦即可获明证的持有普遍必然性的"效率"原则与某种总有误失或在逻辑上不能自洽的伪真的"效率"原则之间的冲突)。本书试图以不同的方式来面对汉语思想界正面遭遇的问题,也希望以此回应西方思想界围绕这一问题展开的种种讨论。

一、"效率"?"效用"?"好"?

在"效率"与"公平"被理解为可以在某个范围内相互替代而在此范围之外各自独立发挥作用的"公平""效率"观下,"效率"原则与"公平"原则的冲突实际上已不可避免。从"社会关系"或者"人与人的关系"来界定"公平"已被国内学人广泛接受,这也是前一段"公平"与"效率"讨论所积累下来的成果(尽管这一"界定"的有效性仍然大可商榷)。但"效率"仅仅在"人物关系"的层面上受到打量则是国内哲学界、经济学界与西方思想界共守的一个视界。

"帕累托有效"(即"帕累托最优")是现代经济学对亚当·斯密以来的古典经济学有所发展的少数几个重要的领域之

一。市场的"效率"由此第一次可以在"准确"的意义上得到确定。关于帕累托有效的条件，现代经济学已明确界定为：生产的效率——生产处于生产可能性边缘；交换的效率——每个人选择的产品组合其边际替代率等于相对价格；产品组合的效率——生产可能性曲线的斜率等于边际转换率。

但是，"帕累托有效"在当代经济学这里仍然只是在日常所谓"效率"的意义上，亦即在有关"物"的尺度上标出了"效率"的意义。"公平"与"效率"的替代仍然是当代政治哲学、道德哲学和经济学聚讼纷纭的问题。如果我们离开"帕累托有效"仅从"物"的方面或"人""物"关系方面打量"效率"的观点，将会看到，"效率"在"人"的方面所展露的正好就是"公平"。

"帕累托有效"的经典说法是，如果一个人不可能在不使任何他人境况变坏的条件下使自己的境况变好，这时的资源配置就是"帕累托有效"的配置或"帕累托最优配置"。自1906年帕累托提出这一"效率"的"准确"概念以来，经济学界的大部分工作，从未摆脱在"物"的层面或"人物关系"的层面上对"帕累托效率"概念加以展开的境况。"资源"不被浪费或"资源"在不被"浪费"的情况下配置于能够提出有效效用要求的消费者之间，是当代经济学在对"帕累托效率"进行引申的过程中，从未动摇的见解。这样，"效率"在"生产"上被理解为"生产"运行于"生产可能性边缘"，在"交换"上被理解为一切自由的有利可图的交换业已发生，在"产品组合"上被理解为所有的"产品组合"正好是切合消费者偏好的产品组合，便成为在此种"效率"视野下难以更改的结论。在这种把"效率"

界定为"有限资源"条件下的"最大产出",和"有限产出"条件下的"最大效用"这一前提下,"效率"无疑已不可能不是在"物"的尺度上和"人""物"关系的尺度上得以展现的一个概念。

然而,"帕累托标准"并非当代经济学反复强调的那个作为"物"的"资源"配置的标准。"资源"在"帕累托标准"下,无疑总是以"资源""主权人"先已在场的方式被引入的一个概念。因此,"资源""效用""福利""境况"这些在经济学里常常被当作"物"和"物的效用"来理解和处理的概念,实际上先已包含了作为"主权人"的"人"这一与之相对的概念。"产品"的特性和消费者的"偏好"以及通过这些"偏好"得以表现的"效用满足"和"福利",在当代经济学的视野里,一直就是在表达"物"的特性及其与作为带有"偏好"的"消费者"的"人"之间的关系。然而,"经济人"并不就是"消费人",并且"经济人"也并不仅仅是在立足于"消费"的立场来安排自己的活动。对"资源""产品""效用""福利"等"消费物"的追求,被当作"经济人"经济行为的前提这一假设,甚至在最简单的经济现实里也不是一个站得住脚的假设。市场通过充分竞争的"生产"和"交换"所带来的成果,并非只是每个参与竞争者拿到了与自己的"偏好"合拍的"商品"及其"效用",或者说在持有这些"商品"及其"效用"之际,享有一份让人满意的"福利"或一个"好的"(或不得不接受的)"境况"。每一个人都是"消费者",并且都尽其所能地在"市场"的海洋里找到了自己的"偏好""物"——这的确就是充分竞争的市场所要带来的一个范围广泛的结果。

但在"消费者"角色之外,"经济人"显然持有另外一些意义可能还要更为重大的成果——一些人获得"经济公众"授权主持某个经济生活(当然包含消费生活)部门的运行和革新,另一些人决定把自己的资金、时间、技术或知识资本投放到他认为最合适的地方,所有人都在依照被人接受的方式来安排自己认为在现有境况下最好的生活方式(用工作、消费或其他方式来使用自己可以动用的时间和其他资源)。市场所处置的"资源"显然不是无主之"物",不是一吨钢生产多少辆汽车那种问题处境中隐去了"谁"是"这一吨钢"的主权人这一意义下的"资源"。"资源"被"市场"以"最优"方式配置,因此并非在满足最大"效用"要求的情况下,"一定数量的资源"被没有"浪费"地利用起来。也就是说,"资源"的最优配置,并非在限定资源条件下满足一万个喜欢"香草冰淇淋"的人尽可能多的需要的同时,也满足对"蛋卷冰淇淋""牛仔裤""滑雪板"等商品有"偏好"群体尽可能多的需要的那种,最大产出切合最大效用要求的情况。

市场上(尤其是在充分竞争的市场上)一直在发生的事情恰恰是,一个(一万个也一样)喜欢香草冰淇淋的人可能根本就付不起买走半根香草冰淇淋的钱,而一个他本人可以设想的消费需求此生已不虞支付的人却在继续以支配巨量"资源"的方式挣得滚滚钱财。前一种情况表明,这个市场不是(其至不可能是)在按照消费需求的最大满足点来安排产品或资源以使之发挥出最大"效用"(市场没有"按需分配"物品);后一种情况表明,"经济人"利用"资源"的经济行为从不以自身的消费需要作为充分条件或必要条件。

"帕累托效率"概念所称一个人不能在不使他人境况变得更差的情况下改善自身的境况，其表面意义似乎只是指人际间的"闲置资源"已被充分利用。但如果我们要深究什么是"更好"或"更差"的境况，那么，我们将会看到，"更好"或"更差"的"境况"就是当事人在可以自由选择的现有条件下，更愿意接受和更不愿意接受的境况。作为"资源"的所有人，如果每个人都按照在自身当下的时空处境下所可能选择的方式中最让自己满意的方式处置现有"资源"，那么，经济社会的现有资源（当然是有限资源），便在以让所有人认为"最好"的方式发挥"效用"。而一个人的"可供选择的处置现有资源的方式"的"可能性边缘"，正好就是与这些"可供选择的方式"有关的他人愿意接受或满意的种种方式。

　　因此，"一般均衡"和"帕累托最优"的条件，不可能在某个经济共同体求出有多少总效用需求单位和有多少总资源可能发挥多少总商品效用单位的"均衡"条件下求出（边沁所谓"最大多数人的最大幸福"和瓦尔拉斯一般均衡模型的四组方程都是基于这一前提，亦即社会共同体或经济共同体有一个可以总计的福利总量和用以满足这些福利要求的同样可以总计的资源总量）。如此求出的"均衡"条件或"效率"状态，即仅仅着眼于"人""物"关系，亦即消费者和消费物关系推导出来的条件或状态。在这种条件或状态下，总的消费需求和总的商品供给之间在现有资源和技术条件下得以切合的最佳状态（有消费需求即有与之对应的商品供给），即资源已被充分利用，试图重新配置资源改进某人的效用必然会损害他人现有效用的状态。这种讨论的基本限制条件即社会经济产出在现有资源、技术条件下最大限度地满足了社会现有的消费需求。

但当代经济学所描绘的效用可能性边缘（资源配置或分配的效率状态）对"效用"和"个人状况"好、坏标准的使用并未严格遵守不变的意义，从而使"最大限度地满足现有消费需求"的经济后果在"效率"处隐含了随时可能引申出来的歧义。"个人状况"的"更好"既可能是在作为一个有偏好的消费者在对消费物的需求上其消费偏好得到更大满足意义上"更好"；也可以是在作为一个"经济公民"，在他得到授权的范围内，也就是在他的收入范围内，他能够支配的消费物（当代经济学意义上的消费物）和非消费物的各种可能选择得到了"更好"的安排（当然也包含了作为消费者的他的消费偏好在此一可能方式下的最大满足）这一意义上"更好"。

前一种意义上的"更好"是仅仅在"人""物"关系着眼处的"更好"，即作为消费者的"人"在所偏好的"物"处得到了更大满足。后一种意义上的"更好"则可以区分出两种不同的含义，其一是指一个"消费者"以得到"公众"认可的方式，亦即以一个"经济公民"的方式"更好"地获得了对其偏好的满足——这通常是指这个人有更丰厚的收入来保证对消费物的支付；其二是指，一个"经济公民"以"公众"认可的方式获得了更大范围内的经济授权，他由此拥有更大的支配经济"资源"，主持和革新"经济公众"现实经济生活的权力。

这里，实际上有两种"效用"在被不加区分地使用。在作为"消费者"的"人"与作为消费物的效用物品之间，得到衡量的"效用"，可以界定为对抱有效用要求偏好的某个"私人"而言有效的"效用"。在此，我们可以说，某个人有一天吃十只香草冰淇淋的消费需要，而这十只香草冰淇淋为他提供了足够充分的"效用"。当某人试图把每天吃十只香草冰淇淋的私人需要转变成为有效的需要或合法的需要之际，他必须证明自己的需要是"公众"认可的需要，或者说，他在此不是在作为一个"消费者私人"表达自己的愿望，而是作为一个"消费者公民"，作为一个隐去了一切私人特征，仅仅以货币这一公意认可的方式表达其愿望的消费者在表达其对所要求的效用物的需要。在此，他说出其"需要"的方式不是"我要十只香草冰淇淋"（"人"对"物"的需要），而是"我买十只香草冰淇淋"（作为"买者"和"卖者"相对的人与人的关系在此成为"人""物"关系得以发生的前提，亦即"我买十只香草冰淇淋"是"我"得到"十只香草冰淇淋"所带来的"效用"的前提）。此处的"效用"是经"人"确认，或经"公众"公认，得以有效表达，亦即得以经济化的"效用"。在市场经济秩序里，按照这一秩序本身的要求得以表达的"效用"，无疑总是以自由交换的方式，亦即以"经济公民"的"抽象个人"身份表达的"效用"。

自由交换这一在经济学观点下似乎只是让"商品"和"资源"能够通过流通发挥最大（可以总计的最大，当然是以"私人效用"及其效用对应"物"为基准才得以总计）"效用"的方式，同时原本就是作为"自由人"的"经济公民"先已在场并以"经济公民"的方式主张权利或交流权利归属物的方式。以自由交换为首要组织原则的市场所要追求的目标就是，让每个"经济人"以"经济公民"的方式表达自身的需要。因此，以掠夺或欺诈来满足自己对"香草冰淇淋"的"私人"需求，在市场秩序里一直就是"不法"行为，即使这份抢劫或欺诈得来的冰淇淋其实就是冰淇淋商人在某个时段不可能卖掉并且最终会被倒掉的那份冰淇淋,这份在"人""物"关系的尺度上似乎是发挥了更大"效用"的冰淇淋却会在使抢劫者丢失自由人身份(经济公民身份)和使冰淇淋商人的"经济公民"权利受到损害的意义上让每个人的境况变得"更差"。

当代经济学所确定的"交换效率"的条件把交换效率定义为"所有人具有相同的边际替代率"。而在把"边际替代率"解释为得到一单位的某种商品愿意放弃的另一种商品数量处,这种"边际替代率"也被理解为每个人面对"相同的相对价格"。这样,"相同的相对价格"已被不加审视地等同于"一单位某种商品"与"某单位的另一种商品"之间可以相互替换的"效用"。"基数效用"或"序数效用"在此已暗中被"货币单位效用"(这当然是比基数效用或序数效用更能说明"效用"单位的概念,容另文讨论)所取代。而货币单位或价格在此处则仅仅意味着种种商品效用的计量单位。在"交换"已经不能使任何人获得进一步的"好处"之际,"交换的效率"便得以实现。而这一"好处"正如我们在上文所见和在此处的"相对价格"等于"商品替代"的相对数量处所见,仅仅是商品所发挥的"效用"的进一步增加。

由此可见,经济后果的货币表现,仅仅被理解为实物表现或商品效用分配的一个符号形式或计量形式,是当代经济学误解"效率"为"资源"的最大商品"效用"的实现,从而置"效率"原则与"公平"原则于相互冲突和不得不相互替换的境地这一结论的一个潜在前提。在这种立场上,"自由交换"仅仅被理解为增进"资源"效用的有效方式,和市场可以利用的现有资源被理解为可以以"需求"和"供给"总量加以总计的更多或更少的"效用",没有主权人的"市场"以"供给"和"需求"平衡的方式出清,不可能"更好"的境况或不可能有利可图的交换后果就是在现有资源条件下,一个人和他人得到的商品组合最好地满足了每个人的效用要求……这样,富者得到一千个苹果而贫者只得到半个苹果的不平等局面已不可能是一个让人心安理得的结局。

如果按照当代经济学对"效用"的理解,这种结局实际上既是不公平的(不平等),也是无效率的(资源在吃不完苹果的富人那里烂掉,而需要至少十个苹果的穷人甚至连基本的需求也得不到满足)。这已使当代经济学陷入困境。因为在这之前,经济学宣布通过市场实现的资源配置仅仅有可能是不公平的(不平等),而效率则在不公平的地基上实现了自己的目标。而现在,如果"效用"按照当代经济学的理解被定义为"商品"对"商品要求"的满足,那么,市场所主导的资源配置无疑会使穷人的"商品需求"落空不少,而又使得富人根本没有办法以满足"需求"的方式用掉那么多可能的商品。这就是说,一方面,穷人总有一部分需求没有得到满足,另一方面富人总有那么些东西受用不完——这不仅使进一步交换(比如穷人用一个苹果换富人十个苹果)有利可图,富人慷慨解囊有利于资源更优配置,而且也使得社会剥夺富人来补助穷人的分配方案在帕累托意义上成为更优的方案。但当代经济学从来没有公开接受上述改进资源配置的方案,因为它早已在暗中引入了一个更高的约束原则,这就是所有权或经济主权的原则。

二、"个人利益"?"社会利益"?"私人利益"?

"效用"和"更好的境况"等用语未加辨析的双重含义在大多数情况下掩盖了矛盾。而在"福利经济学"论域内,"公平"与"效率"纠缠不清的替代关系,终于暴露出了整个当代实证经济学借以推导的概念体系在逻辑上的内在矛盾。"私人"和"个人"的混淆,把"物"视为"自在之物",以及把"所有权"混同于"所有物",把"所有物"对应于与"消费需求"相应的物品,甚至把消费者的消费需求以及怀有消费需求的消费者视为与"物品"相对的"物品的需求单位",从而对所有这一切按"物"的方式来计量……这种当代经济学处理经济行为及其结果的基本方式决定了"福利经济学"论域沦为当代经济学逻辑体系种种内在矛盾"排污口"的宿命。

实际上,亚当·斯密对"看不见的手"的描述所制造的那个原始的混乱,从未澄清:市场行动者并不企图增进公共福利,也不知道他所增进的公共福利为多少。他所追求的仅仅是他个人的安乐,仅仅是他个人的利益。在这样做时,"有一只看不见的手"引导他去促进一种目标,而这种目标绝不是他所追求的东西。由于追逐"他自己的利益",他经常促进了"社会利益",并且比他真正要促进社会利益时所得到的效果还大。①

这些二百年来不断被引用的话第一次醒目地把市场上活动的"个人"的"个人利益"与"公共福利"对立起来。这个看起

---

① L. 罗宾斯认为人们对亚当·斯密上述种种论述的误解"是因为对自利概念解释得过于狭窄",见罗宾斯:《过去和现在的政治经济学》,陈尚霖、王春育译,商务印书馆,1997年,第37页。

来似乎牢不可破的"个人利益"与"公共福利"之间的悖谬（当他想促进"公共福利"时反倒不能很好促进公共福利，而他仅仅关注自身的"个人利益"时，反倒促进了公共福利）实则来自亚当·斯密本人未经辨析地引入的"个人"与"私人"之间的语义转换。"个人"作为"公民个人"是市场上活动的"自由人"，亦即通过市场主张权利和交易权利归属物的那个"人"，他是"自由交换"赖以发生的主权者。如果市场不是由"自由人"组成的交易场所（秩序），交易将不能在"自由交换"的意义上达成。作为"经济公民"，他的活动是按经济公众公意约定的方式，亦即以"经济公民"身份所意指的方式行动的那个"人"。在法律框架下活动，以货币来表达对"交易"的"同意"（公意的日常形式），并且以持有货币的方式持有由公意授权的证明，是这种市场上的"自由人""个人"展开其活动的固有方式。他的私人利益亦即他不得不与"物"相对的那个"利益"，在"市场"上一直就只能以"公"的方式，或者说隐去姓氏的抽象个人或普遍个人的方式来寻求表达。

由货币记录的"物"与"物"的交流，总是"持币者"先已在场，货币作为公意的普遍形式先已在场的情况下达成的交流。①"物"的利用"效率"总是相对于那个"自由人"而言的"效率"。而在"物"出场的每个时节，"人"总是使"物"得以出场的在场者。在货币让"物"展露出来的时候，"人"已经在此展露出来。货币所表达的"同意"即交换双方不把对方看

---

① 关于货币作为"公意"的"普遍形式"或货币体系作为"物权宪法"的意义，请参看蒋荣昌《钱的意义》，俞伟超、蒋荣昌、范勇:《中国古钱大系》，西南财经大学出版社，1997年，第2~11页。

作"物",不把对方视为不经"同意"即可对他和他的所有物有所作为的一个"物",这一以"人"的方式相互对待和以"人"的方式交道的明确证据。交换对方的交易物值多少钱,是支付者以"同意"的方式所认可的交易物所有人对于"公众"效用而言有效的贡献份额。因为支付者在此是"公众"的一个代表者,他没有姓氏,没有由于姓氏和与此有关的"私人特征"而对"支付"有所改变。市场上的"个人"本来就是"抽象个人"或"普遍个人"。如果他是一个自由交换者,他就是"经济公民"。反过来,也是一样。只有那些以各种方式明确地或暗中从"市场"上退场的"人",才可能是"私人"。他们贪污、盗窃和欺诈。而在这样做的时候,他们也有可能非法地得到了合法的凭证,得到没有人能够拒绝其至上效力的货币。但这已是与"货币本身"所意指的"人"和"物"无关的事件,尽管它一直就是与货币有关的事件。

在市场上活动的"个人"所面对的经济事务永远只能是当下的事务。即它总是某个"个人"在某时某处所当之事。因此,市场上的"个人"无一例外地是其所当之事的主事者。没有人能够代替他作出决断。而他所作出的决断之所以是普遍有效的决断,乃是由于他只是在他从公众处所得到的授权范围内(以他的支付能力为限),以"同意"的方式作此决断。对他而言,"他"只是一个"公意"的代表者,一个对当下事务以"公意"决断者。他的具体处境,对不当其事者而言,始终只是一个抽象的处境,一个在逻辑上可能因而也在逻辑上普遍有效的处境。经济个人实际上只能以这种"公"的方式来处置他的"私人事务"——即在以货币这一公意的成文形式相互照面处,每个人都不可能歧视"他人",而且每个人都不会接受歧视。在这种市场上,我们已不可能得出按商品数量和对商品的消费需求来总计的经济总量,也不能以此求得有限资源所发挥的最大效用——这只是在市场没有时空分割、信息分割和所有权分割,没有一个个自由和随时在作出决断的主权个人的情况下才会成为可能。市场在市场的意义上,只可能以货币单位来计量自身的经济份额,亦即以经济公众所作出的全部自由自主的决断为依据,才可能总计自己的成就和看见每个人的成就。而在这种情况下,每个人所得到的货币份额就是他的所作所为在与公众随时照面的历程中所得评价的一个记录。公众以给他记下如此份额的方式对他按照公众所认可的方式来安排他前此获得授权使用的那部分"资源"的成效作出了评价。我们可能有能力计算出一个苹果季节会出产多少苹果,但没有人能由此计算出苹果的最大效用。因为每个苹果都会在不同的情景下与"人"相遇,甚至每个苹果发挥的效用都会互不相同。我们有可能知道这一季苹果带来了多少收入,而这只不过是不同情景中遭遇苹果的"人"对种种遭遇所作出的不同货币评价的一个总汇。本季苹果就是以每个苹果享用者自己说了算的方式,以不折不扣的"民主"的方式得到了一个不能由任何私人(即使是作为统计师的总计者)来改写的评价。

　　市场经济在如此运转之中由公众作出的授权和剥夺权力的决定,以主权者得到盈亏或宣告破产的方式得以执行。在市场秩序中,没有人能够超越这一"民主"的权利秩序。个人的豪奢消费,只不过是他自由选择的一种待"物"方式,而这也是他以公意代表的方式说出别人提供的消费物品值很多钱,为愿意如此选择的"公众"贡献了很大一份财富份额的一种形式。他以

"公民"的方式选择了自己满意的对"物"方式，同时他也以"公民"的方式对供"物"者作出了评价。没有人在此可以仅凭自己的"私人需要"拿走苹果或汽水，他要满足自己的"私人需要"的唯一可行的方式便是制造出巧克力或讲授历史课来获得需要这些东西的"公众"的认可，在"公众"以货币授予他某种物权份额，亦即确认他的确贡献了这么多社会财富之后，他才可以在已获授权的范围内决断自己该对眼前的苹果和汽水作出怎样的评价，而在这之后，他才可能专断地对苹果说，"我要吃苹果"。

市场上没有"私人需要"以"私人"的方式表达其专断意志的市场。这意味着每一个人在尊重他人所有权的时候，不仅是在尊重他人独占的某个领域，而是在以此表示尊重他人对其所属物作主的权利，尊重公民个人的普遍主权，尊重每个人以之为据可以对其所属物作主或随意处分的"公权"。这也意味着，每个人独占的某个领域并非以"私"独占，亦即以其对所属物的效用需求（消费需求）独占，此处的独占之"私"即以个人普遍权利为据，由"公认"授予的主权范围。个人以此独占的领域（物权份额），即仅凭其意志可以支配的领域。而即使是在这里，其个人意志得以以至上权威支配，仍然是来自以公认、公知的方式获得的"公众"授权。也就是说，以法律体制（立法、行政、司法等公共权力体制）表达的每个人的个人主权（普遍个人权利、公民或自由人身份）是市场得以建立的基础，而以主权人身份相互照面的市场人的无休止的交道，则是关于物权份额支配权归属的一场不闭幕的投票。

在市场这个不休会的议会里，人们在决断每个人每时每刻的职位。这里没有由大多数人取胜的规则，选举结果都得全票通过。这场选举选举每一个人，也由每个人自己来作出决断。每个人都是候选人，每个人都会有一个职位，而且每个人都可能占据每一个职位（公职）。在这种以"公认"或"公意"来决出的经济后果里，"有限资源"仅仅是表达公众涵盖"消费需要"于其中的有限人生的一套词汇，由谁来主持造句作文，以及什么文章该由什么人来操持，则要由公众来决定。市场就是在以这种方式来选择理发匠和财团领导人，一如政治投票选举总统和议员。①

亚当·斯密所谓"个人利益"和"社会利益"之间的悖谬，现在我们可以有更好的方式解决：如果亚当·斯密所说的"个人利益"是在以"私意"独占的意义上所指那个"私人的利益"，那么，这种"个人利益"从来不是"市场本身"所意指并视为合法的"个人利益"，也就是说，市场这只"看不见的手"并不指向这种"个人利益"。如果他所说的"个人利益"是指以"公民"和"自由人"的方式，亦即以与其"自由人"身份一致的方式获得的，经由"公众"授权成立的"个人利益"，那么这种"个人利益"正是"公众"以"公认"程序确立的"个人利益"，因此，这种"个人利益"本身就是"社会利益"或"公众利益"。这种按"公众"的意愿成立和运行的"个人利益"从未溢出于"公众利益"之外，而且本身就是"社会利益"的构成单元。"公民个人"在追求"个人安乐""个人的利益"

---

① 关于"市场民主制"，请参看蒋荣昌：《市场经济与民主选举》，《市场导报》，1992年5月；及蒋荣昌：《钱的意义》，俞伟超、蒋荣昌、范勇《中国古钱大系》，西南财经大学出版社，1997年，第2~11页。

的时候，他就是在追求"公众"鼓励他去追求并且被"公众"认为"有益"的东西。在这样做的时候，他本来就是在追求"社会利益"，并且就是在追求他个人力所能及的那部分"社会利益"。这已使对"社会利益"的追求和"个人"对"社会利益"的追求变得空前真实。"看不见的手"由此成为"看得见的手"，也就是在"受私意支配的手"消失处凸现出来的那只公民个人的"手"。

三、政府？公共政策？公平？

公共选择理论或福利经济学所关注的问题，在很大程度上就是以传统方式讨论"公平"与"效率"关系的当代经济学所面临的"公平"与"效率"在"合理"范围内相互替换的问题。上文的讨论试图表明，"效率"是处在"公平"之中的"人"所面对的"物"的状态，或在"公平"基础上，资源所发挥出来的最大效用。"资源"以公意所认可的方式配置，必然包含着对让"资源"发挥最大效用这一对"物"方式的要求。因此，更先进的技术、更节省的生产方式和在投入与产出上更有效的生产领域的开拓，以及由此带来的更富足的消费物品和更丰富多彩的消费方式，是每个经济人试图获得更大物权份额，亦即获得更多"公意"支持所必得坚持的"追求"。

物的"富足"，科学技术和产业的现代化（或"知识创新""科教兴国"）这些似乎是对"资源"有效利用和使这种"有效利用"成为可能的更有效的生产组织和生产能力的追求，归根结底是对一种更公平的"人"才可能面对的对"物"方式和"物"的状态的追求。因此，"劳动生产率""资源的利用效率"

"更有效因而更先进的技术"——例如一个工人可以生产多少辆汽车,一吨钢怎样生产出更多的汽车,等等——不过是在因为"公平"而得以"有效"地决定的"效用"分配(再一次强调,这里的"效用"仍然不是"效用"持有人作为"消费者"面对的"消费物"的"效用")先已决定的情况下,"人"要有力地表达自身的"效用"成就(获得更大的物权份额、更多的"公意"支持和以此为标志的个"人"成就)必然会面临和采取的对"物"方式。

我们甚至可以说,更有效率的生产组织(所谓管理)、更高效先进的技术、更精良的装备、更有效的商业体系和金融体系……不过是更"公平"的"人"所制造的一个"产品"。一百多年来,中国不断引进的先进装备、先进技术和与世界同步的科学知识体系,一再面临再次落后和重复引进的局面,正是因为我们一直就只是这些"产品"的"消费者"。作为"生产者"的"人"举步维艰,是我们这个古老国度此前所走入的困局。

改革开放以来,每当我们自认为仅仅是在追赶富裕和强大,并以"温饱""小康"和"综合国力"等来标定我们的目标的时候,最后总会发现,我们试图以之达成这些目标的"手段",恰好就是"人"的更新和"公民"权利的历史化。可以说,改革开放以来中国经济的崛起,人民生活水平从未有过的普遍提升,国家的空前强大,这些似乎仅仅表现为以"物质"来衡量的"富强"的状况,其背后总是"公民"权利的空前进展或"公民"的诞生和成长。银行系统的商业化和国家银行以中立者而不是原来那样的市场行动者的方式重新确立自己的角色,社会保障系统的建立和渐趋完善、住房的商品化、自由择业制度一点点破土动工,政府投资启动内需以投资于基础设施或社保体系(公共物品)而不再是以投资兴办企业的方式来进行,规范国有企业的破产,《证券法》的实施——所有这一切对于"经济增长"的目标、人民和国家的富强固然重要,但潜藏其中的远为深刻的变革和划时代的意义却是,建立起"公民"经济或民主经济,造就真正的"市场人"或经济上的"自由人",从而使"自由人"及其活动成为"经济"必然增长和经济持续增长牢不可破的地基。

对于中国的历史传统和中国文化而言,这是几千年来从未有过的造就"公民"的历史运动。在没有"公民经济"因而也没有"公民"的文明传统之中,"公民经济"是"公民政治"必不可少的前提。非洲的所谓"民选"和印度持续数十年的"民主政治",便是这种没有"公民"和"公民"尚不健全的政治的活生生的历史样本。西方的实证经济学和政治哲学、道德哲学在其现有的概念结构系统内无法走向这个结论,而以之为背景的西方评论家对"人权"的关注,也不会在更广大和更深厚的领域内有所发现。

按照实证经济学的"公平"与"效率"二元原则,"政府"与"市场"只不过是对于"互补""失灵"而言必不可少的两个机构。市场缺乏"效率"和市场的"外部效果",市场对"公共物品"及每个人对"平等"的需求,成为"政府"发挥作用和存在的理由。实际上,政府作为公共权力机构,始终只能在公权授权的范围内活动。它以法治体系表达公权,为市场按照市场的方式运行提供保障——在这样做的时候,它有可能提供个人之间经由市场无法确定的公共物品(公路、城市基础设施、清洁的空气和水源、好的环境和生物多样性受到保护的状况），消除垄断，为每个人提供最低生活保障、基础教育、医疗和养老救济。

政府在此所要做和所能做的一切，就是保证每个人的"公民"人格或公权不受侵害，即使是在它为穷困者提供必要的生活、医疗和教育保障的时候，也是如此。在通常被看作"转移支付"和为达成"平等"目标而有所作为的为贫困者或某些面临特殊不幸者提供保障的公共政策上，所谓"公平"与"效率"的替代一直是困扰经济学家和普通人的问题。不管是以"累进税"，还是以其他课税方式征集所得的税款，现在转付到了没有纳税能力的那部分人账上——这种看起来是在削富济贫的行为，给人的印象，总是试图制造某种让财富更"平等"地流进每个人腰包的结果。这样看来，"平等"似乎就是可以通过某个更均等的数值来达成的目标——但事实上，我们从未找到过这种目标。不管收入相差多少是显得"平等"的或"不平等"的，收入的距离远近从来没有在某个时刻让人得以确认那是"平等"的差距，还是"不平等"差距。

因此，所谓"平等"（通过转移支付缩短收入差距）和"效率"的替代，一直就是一种子虚乌有的替代。更为紧要的是，实证经济学在此作出的推断，始终是基于其对"效用"的基本假定——这就是，将"效用"等同于消费物品所提供的对消费物需求的"满足"。因此，从富人手上拿走两个苹果并把它们转交给穷人，便成为富人纳更多的税，和穷人得到保障这两件事情之间的经典联系——尽管经济学宣称这仅仅是为了让财富分配更"平等"（而它又从未为什么样的财富分配是"平等的"提供应有的证明)。

"财富"或"效用"仅仅被视为"物品"所提供的"满足"这一"效用"观,甚至就是在"平等"的口号下,也难以自圆其说。穷人完全可以在"平等"的口号下拿走富人多出来的每一个苹果,或者至少可以按照每个人对苹果的需要以"一个需要"为单位"平等"地消费。但是,实证经济学拒绝这个结论,它的理由是,这会严重地损害"效率"——尽管我们在上文已经提示过,拿走富人多余的苹果在发挥"资源"的最大"效用"方面,实际上意味着巨大的"好处",也就是说,社会将在"帕累托"意义上实现资源的最优分配。到此为止,我们似乎已可以说,实证经济学既不能证明不同个人的收入或财富拉近到何种程度,社会将实现"平等"的目标,也不能够有效地证明,在不对别人的"效用"有所损害的情况下,拿走闲置的"效用"物何以会有损于"效率"。

由此看来,"效率"与"平等"的替代,几乎就是两件从未明确的事情之间的不可能明确的"替代"。实际上,"穷人"和接受救济者并非得到特别照顾的"特殊利益集团",他们代表了一种处境,一种每个人的可能处境。"穷人"在此一直就是没有姓氏的某种"人"的境况。它是一个"公民"在其最不愿意接受的情况下,维持其"公民"人格,并确保其仍然得以作为一个"自由人"参与社会的一个最基本的做"人"的保证。社会或国家在此保证每个人无论在什么时候都不会失去"公民"资格,不会失去"自由人"身份,失去选择生活方式和在不受胁迫的情况下由自己决定去向的权利。保障福利的公共政策所要强调的不过是:一个"公民"在其一切可能的生活处境之中,一直就是一个公民。这和打击垄断，试图使垄断者回到市场，以确保垄断者和其竞争对手以"公民"的方式行动做的是完全相同的事情。因此，政府在此所作所为，并非转移支付，正如在消除垄断的时候，它不是在剥夺垄断者拿在手上的财富。

政府在市场之外所做的提供"公共物品"，消除消极的"外部经济效果"等工作，也不仅仅是提供了市场所不能提供的"物品"。"公共物品"本身和确保市场在个人之间溢出的"外部经济效果"不对"外部经济效果"所在的"公共空间"产生不利影响，所意指的显然不是政府在市场所提供的众多物品之外额外地提供了市场不能提供的"物品"。而是政府试图确保在市场公意不能决断的公共物权领域，以"公意"代表机构的方式来表达"公意"，从而使每个人得以以公民的方式面对这一物权领域——在这一领域内被作为"公民"对待，并得以以公民的方式对以此对"物"作出决断。

而政府在通常所谓宏观经济政策或宏观经济环境方面的作为，如对货币政策、财政政策等的选择，也一直就是为了反映市场公意所代表的倾向，进而让经济公民在对物领域或物权领域内所作出的种种决断得到更好的表达。只要政府在此从未向某些人或某些财团提供更宽松的货币政策（像东南亚各国和韩、日等国政府在很长一段时期所主导的特殊财团贷款），而是保持了绝对中立，让每个人活动在更宽松或紧缩的货币环境之中，那么，就没有人丢失了公民资格，也没有人游离于其公民身份之外得到特权，即使紧缩和放松银根是一个不合时宜的选择，也不可能在根本损坏市场的情况下发挥作用（像亚洲金融危机所表现的那样）。

同样，政府的税收和支出只要是来自不对任何由市场决出的物权份额单位加以歧视的税收政策并将税收所得仅用于保证市场按市场的方式运作和为每个人提供公共安全、社会保障、基础设施，而不是用于向某个市场公民或市场法人公民投资，那么，关于怎样的公共安全状况是让人满意的，怎样的社会保障是合乎"人"的标准的，以及怎样的基础设施建设是合乎需要的等的争论，就只是有关政府在其本该做的事情上应该怎样做的争论。

这样，我们似乎已可以为政府的职能划定一个确切的边界：它的权力体制的全部所作所为仅限于保证每个人的公民人格的健全和不受损害，或者说，保证每个公民的普遍权利，不管它的下列举措在表面上看起来有多么不同——确保每个人不在大街上被人抢劫，保证犯罪嫌疑人在审判作出结论之前不被当作罪犯对待，严格保守国家银行的中立地位，为每个人提供必要的社会保障，打击走私、贩毒、贿赂、贪污，国有银行商业化，国家投资的建设项目仅限于"公共物品"领域，以财产权的名义保护每个人的合法财产，不再征收扭曲市场公意的累进税⋯⋯

在政府以保证"公民人格"为己任履行其作为"人格"看守人职责的地方，以"公民"的方式活动的市场人便会成为对"效用"作出评价并由此使"资源"获得最优分配（配置）的"效率"的制造者和要求者。

因此，在实证经济学和以此为背景的当代政治哲学和道德哲学处总是会在某个地方冲突起来并不得不寻求以另外的理由来相互替代的"公平"（平等）与"效率""正当"与"好""自由"与"平等""自由"与"民主""个人权利"与"公共福利""个人"与"社会""个人"与"国家"等的关系，究其实质并非所谓"效率"与"公平"或"自由"与"平等"等之间原来的关系。在所有这些东西相互冲突起来的地方，归根结底总是这些概念所指的本真意义与其伪真意义的冲突。

"公平"这一对"人"的要求或关于"人"的正义原则，常常被混同于以此为据建立起来的"人""物"关系原则，而"效率"这一必须以"公平"的"人"为背景才得以显现的"人""物"关系原则，却常常被混同于在以"物"的方式对"物"的"人"（亦即以消费需求对物者）处显现出来的"人""物"关系原则。于是，关于"平等"这一对"人"的身份或人格的"平等"形式，亦即普遍人格形式的要求，常常被混同于每个人对相等范围的"物"的支配权力的要求——尽管这种与"正义"原则根本相左的要求一直就只能以某种"近似"的方式获得满足。这种有关"平等"的原则，实际上从来只是在"政府"作为公意代表机构提供的"公共物品"这一领域才是一个可以自洽的原则。在"公共物品"领域，每个人有完全相等的对于"物品"的支配权力（利）——即使是在这里，每个人也并没有真的去完全等额地享用"物品"。而在我们所看到的"平等"论者所要求的"平等"作为一个原则可以贯彻始终的这个唯一的地方，也不过是"公民个人普遍权利"或"公民普遍人格"表达其自身的一个特例。也就是说，在这块由"个人"来决定怎样安排"物品"在技术上行不通的"物权"领域，"公众"选择以"公共权力代表机构"代为安排的方式来处理"公共物品"，并且仅以"公民资格"为限向每个人开放这些"公共物品"的"效用"。

按照这种观点，所谓"公平"与"效率"的冲突（以及与此相应的种种冲突），不外是某种伪真的"公平"与本真的"公平"，伪真的"效率"与本真"效率"的冲突。而且按照这种观点，"公平"正是持有"效率"的"人"居于其间的人格的本来形式（正义的形式），"效率"则是这个"人"在其"人""物"关系尺度上所必然会持有的"物"的样态。或者说，"效率"就是经济公民（公平的人）以公意决出的资源的配置状态（确保资源的配置状态由公意决出，要求政府——或公共权力机构——保证每个经济公民的自由人人格或普遍个人权利，并且要求市场以此为据让每个市场行动者以自由、自愿的日常形式达成以公意表达的有效均衡）。

未能实现效率的经济运行或经济后果，即公意遭到扭曲（市场存在市场非法行为及其后果，公共权力机构未能清除市场非法行为及其后果，或在公共选择领域未能有效地保证每个人的公民权利从而使公意在物权领域内的决断遭到扭曲），"资源"不能完全按公众"公意"的授权来配置和以此配置表达公众对物权份额及其分配的要求，亦即公众经由公认程序确立的资源效用（当然包含对消费需求的满足）没有以满足这一要求的方式实现。

第十四节
金本位？金属本位？足值货币？[①]

19世纪是以黄金作为国际标准货币或者说本来的货币的世纪。在世界贸易对于国内经济的重要性日益凸显出来的时代，贸易国家普遍接受金本位制的国际金融安排，说到底，不外是各国向来以黄金单位（或者贵金属单位）为足值货币单位这一货币理念自然而然的结果。在世界货币史上，金、银、铜等较为稳定的贵金属一直当然地是用以购买其他一切东西的"钱"。古希腊、罗马以金、银铸币，实际上也是在以人们心目中不言而喻的"钱"来做"钱"。

古希腊曾一度禁止平民使用金币。公开的理由是，金币可用于奉献神灵，而平民没有资格这样做。但隐藏在这种做法背后的意思却是，金币是世所公认的真正的"钱"，因此，也只有很显要地得到了公知权力的阶层，即贵族们才有权持有这种公认的支付和购买的权力——毕竟不奉献神灵并不妨碍大家一样为衣、食、住、行付账。罗马人在铸造金币以前，也有过很长一段使用铜片的历史——那个时候，东方的中国甚至早已经拥有冠绝当代的铸铜为币的文化。早在十二铜表法以前古老而庄严的买卖仪式

[①] 本节曾以"金本位？金属本位？足值货币？——传统货币理论质疑"为题发表于《西南民族大学学报》1997年第1期。

中，铜片已经是罗马人普遍接受的现金，直到后来黄金被证明更稀有和更不容易被人随意制造出来，并因此是真正的"钱"之后，铜片才重新回到铜片的位置。

中国古钱很少用黄金铸造，这也许是因为金银本身不需要铸造所给予的"钱"的形式便可自动宣布为"钱"。古代中国的大多数交易市场，在使用铸币的同时也启用按单位重量来支付的金、银，作为商品的金银和作为货币的金银在这里是同一个金银。增减等额的重量，总是意味着增减等量的价值。但中国造币史上惯用的铜、铁、铅、锡，却必须预先被铸（打）造为某种人所共知的"钱"形，才可能被确认为"钱"。

中国古代铜、铁、铅、锡等金属钱品类之众，连续铸行时间之久远，实为人类造币史上仅有之例。自先秦鈆布、三孔布纪重以来，从秦半两到隋五铢，铜铁等金属铸币一直铸有对公众公开的铢两数额。后来的元宝类年号钱也始终在理想上保持着某种确定不移的单位重量，尽管折二、折三、当十、当百等官方的折算标准从来没有严格地按照纪值的倍数来获得其实重。实际上，从品类繁多的"半两"相互悬殊的体积和重量，已可以直观地看到，金属的重量和成色一直在受到挑战。

王莽改制的失败，不是因为他没有尊重金属实际上从来没有受到尊重的确定不移的分量，而是因为他根本就没有担当在通常看来他一定会担当的那个公权代表的角色，而且那个时代的技术水准使他没有能力阻止任何旁人也像他一样随意发布"一刀平五千"的铸造符号——尽管王莽在把那些很值钱的钱打造得让人难以假冒方面非常努力，并且成绩斐然。王莽不可能在别人也能任意以同样方式发布的货币符号那里维持这种货币的信用。他为确定不移的贵金属的单位重量之间所确定的使这种重量失效的换算准则显然也已不可能是确定不移的。谁也不会相信这么多重量不及原来那样重，而且谁都不会相信一种明显轻得多的重量会比较重。王莽在重量这里显而易见地失去了信用。而在这同时，他没有能够向大家表明，他所做的并不是要宣布重量无效，只不过是试图用一系列新的铸造形象或者自然形象（龟、贝）代表大家作出某种共同约定。

王莽一直没有发现自己处境尴尬。一方面，他根本不知道自己以直接纪重的五铢为基础的货币单位已预先抽掉让自己站住脚的最后一条理由。另一方面，他又异想天开地试图依赖这种以重量为换算基础的货币体系去建立一套不以重量为基础，而以官方信用担保为基础的信用货币体系。王莽陷入了必须以重量来否定重量的困境。但是，铸币的价值仍然是随重量递进的。"宝货制"，特别是货布、货泉体制似乎可以视为王莽反抗金属重量的又一次努力。钱币不再以铢两这种纪重单位表示面值，从而比起以纪重来纪值的半两、五铢来，显得更像专职的货币。而这样做仍然没能扭转败局。莽钱改制的失败，一向被历史学家当作通货膨胀政策失败的例证。问题在于，我们据以认定莽钱改制为膨胀性改制的证据——即王莽总是在宣布官方新制定的重量更轻的小钱等于或大于重量远在自己之上的更早问世的大钱——未必就是莽钱难以推行的最终原因。

近代超出流通需要的信用通货发行过多，甚至殖民时期西班牙黄金流入过多，重商主义国家出超收入的黄金过多，最后导致的结果都是商品的货币价格更加昂贵。王莽以重量更轻的金属货币取代更重的金属货币本身（不等于扩大流通货币单位的供应量）充其量只是通货膨胀政策经常伴随的一种结果，但发行大额钞票未必不可以是便利交易的有效方式。随意增加（或者因重商主义贸易和殖民收入增加）的货币单位供应量（强调单位供应量，对于王莽改制或者试图改变面额和发钞数量的任何货币改革来说，尤为重要），其实质性的影响即让货币失去信用。单位货币已经约定的商品价值含量在此失去约定，从而使人们据以衡量一切商品的尺度，转而沦为只有以一切商品为尺度才能得到衡量的一种物品。

　　失去信用，是通货膨胀对于货币，进而对于整个经济社会的最大伤害。王莽一再改制是否是通货膨胀性（在以私意改变公意，进而不法制造空账意义上）改制，我们找不到确切的记载。而在一种典型的非商业社会，我们宁愿相信这种改制对于财政的帮助不会大到让王莽一改再改的程度。但王莽改制明显地使莽钱失去了信用。民间拒用"宝货制"，实际上就是在拒用一种根本没有可能维持其法定（官定）信用的货币体制。在"宝货制"这里，王莽似乎摆脱了"金错刀"时期面临的金属重量的明显困境。"宝货制"甚至摆脱了对单一金属和金属的依赖。龟、贝被重新启用，并且规定了什么样的龟、贝值钱多少。但王莽在这里最终没有摆脱对有民间交换价格的普通商品的依赖。金银作为商品在民间的相对价格（尽管王莽宣布了黄金由官方垄断）以及金银作为商品相对于铜钱的民间价格未必是"宝货制"所规定的价格。同样，人们得到龟贝的难度也许远远小于"宝货制"规定的用铜钱或金属换取的难度。民间用以制造或者获得货币的价格（一如民间先前获取金属重量的价格）与王莽规定的价格大有出入，法定货币的信用便会一再受到损害。人们会发现，王莽通过他的货币说出来的始终不是真理，始终不是事物价值的真相，因而也没有能力保证交易的公平。于是，王莽不得不一改再改，试图以此努力向民间证明，你们所需要的公平在这一次改动后一定会到来。

王莽所犯下的这么多错误，实际上归结起来，只有一个：这就是，他认识到了"钱"的官定品格，却没有认识到官定不等于是由官方随意决定，而只不过是由官方出面来颁行民间对于商品价值和物权分配的公意。法定货币的信用，说到底，就是这种公意约定不可因公意之外的理由改变的证明。铢两货币或者说以重量为价值单位的金属铸币之所以在世界文明史上占据了迄今为止的绝大部分篇幅，就在于金属始终是民间公意与这种公意无法充分信赖的官方抗衡的有效手段。贵金属持久不变的商品品质（耐腐蚀的自然特性），不会因为改变几何形态便改变其内在品质的通用性，加上资源稀有和获取这资源的技术能力的限制，比较起大多数日用商品来，使之成为价值稳定、单位重量总是代表足够价值份额，因而具有杰出货币品性的一类商品。

私人意志无力改变贵金属的特性，私人意志也不可能随意制造贵金属，因此，私人意志和私人利益已不可能在此随意改变贵金属货币的信用——而私人意志和私人利益从来就是货币信用的对立面。货币作为价值尺度是价值的公认尺度。贵金属实际上是没有公认的权威机构（这种权威机构的利益在原则上总是代表着公众的利益，除此之外，它没有单独的利益）来担保货币信用凭证（法定货币符号）信用的情况下，能够让公众相信其不受私人意志左右并且最易于为公众确认的货币信用凭证。人们在这个时候，宁愿把表达公意的理想托付给谁都不可能以私意企及的自然的产品,以这种自然成果来充当人间符号,也不愿意把表达公意约定的权力交付给有可能歪曲公意,本身并不完全决定于公意的人及其机构。在金属这里,谁都不会有特别的机会作弊。在此,我们可以知道,文明世界的贵金属货币作为传统货币,在本质上仍然是信用货币。与通常所谓信用货币的唯一不同处在于,贵金属货币的信用由贵金属的自然特性担保,而现代信用货币的信用由一个其公意代表性和技术垄断能力比金属货币时代的官方更可信赖的公意代表机构——近代中央银行——来担保。

随着近代民族国家的形成,以及自由资本主义经济对各个社会角落日益广泛的渗透,近代国家政府职能的经济化已不可避免。在此之前,主要作为政治法律秩序和社会安全提供者的政府,现在也被要求为经济世界提供一种前所未有的法治基础。人的人格权在近代民主制确立以后,已成为文明世界普遍享有的人权,从而使罗马法关于人格权利的理想成为人人共享的政治现实。公民既可以通过选举决定谁来治理国家,公民个人在政治层面的公权便已经在政治民主范围内成为一种不受制于异己意志的现实的权力。与这种普遍化的公民人格权相应,公民已经有权要求公意代表机构以直接表达公意的形式来为物权领域设立一种普遍有效的权利凭证。

于是,贵金属这种一直在暗中充当公意表达者的传统货币,终于在直接表达公意的公民代表机构这里失去了曾经不容置疑的效力。国王的印章,即贵金属的铸币形式实际上早在近代信用货币之前,就已长时期地保有信用发行权。与我们所熟知的信用货币不同,金属铸币始终是半价的信用货币。国王的印章,仍然得依赖贵金属的商品价值才能维持足够的货币信用。因此,王莽或者任何国王的减重举措,都会被视为背弃货币信用的明白无误的信号。尤其显明的事实是,没有一个国王敢于不遵循金属(或非金属)商品价值递增递减的规则来确立自身法定铸币(或非金属法币)单位价值的递增递减——即使王莽的六泉十布乃至龟和贝也没能例外。

历代官方视私铸钱币为公犯(罗马法意义上的公犯,即侵犯公众权益)予以严厉打击,其意即保证官方信用的公正和不可以私意侵犯。这种文明史上中西皆然的事实,实际上总是意味着官方铸币的某种信用货币性或者说这种铸币在通常所谓"足值货币"意义下是不真实的"足值货币"。在铸币完全依照其金属的商品价值来确定价值或者币值偏离其金属商品价值不远的情况下,官方不会急于禁止民间或地方铸币(如西汉早期以铢两直纪其重的金属铸币即直到民间滥铸到了空有其文的程度后,朝廷才开始垄断铸币权)。但宋代兴起于四川的交子或者更早的钱引,乃至于西方金银首饰匠开具的收条,商业银行票据或者流行至今的支票、汇票却并非真正的信用货币,而只是在创造私人之间信用或有限信用的意义上具有某种信用货币特征。而且,如果上述信用形式所依附的货币并非商品价值意义上的足值货币,即使其可以完全兑现,也同样不会是一种足值的货币。

世界史上发行最早的不兑现纸币"至元通行宝钞",是以伪造者处死,首告赏银五锭来维持其信用权威的。在这里,官方之外的私人意志和私人利益被以严刑峻律的形式排除。而官方本身代表公意的合法性却不能在公意的范围内得到解决。公众在此质疑官方以私为公的意志的权力已被预先取消,因为公众的公民身份尚且被搁置在历史深处。尽管"至元通行宝钞"不经授权便以发布公意约定的方式发行信用,这种最大的以私为公的公犯却未必会招致信用危机或恶性通货膨胀。后者对于发行者已经持有的权力秩序的冲击,通常会远远超过通过单方面扩充信用得来的短期收益。

公众一直持有拒用货币的权力,这比起民间伪造货币的"公犯"来,是一种官方无力拿走的公意。这种公意以物权价值最终必须由全民公认为基础。因此,没有一个历史上的皇权曾经垄断过由公众认定商业化的(以交换和社会分工为指向)物权价值的权力,也没有一个历史上的皇权试图这样垄断获得过成功(王莽改制和戴克里先的"价格敕令"是这种力不能及的垄断尝试遭遇惨败的例证)。在人权法领域内公权为零并且私权极度萎缩的时代,为物权约定价值单位,和为物约定价值单位含量的权力却一直留存于集物权效用提供者和需要者为一身的民众手中。

实际上,剥夺贵金属的货币信用垄断权,一直是充分集权的君主们(如王莽和戴克里先)的目标。比王莽早得多的"赇化"和王莽的系列法币,已可以视为历史上第一批公开发布的官方信用货币(减重铢两金属货币在通常情况下,是没有公开的官方信用货币)。这种官方信用货币与大多数官方铸币一样,尚未摆脱对金属信用的依赖。但包含公开否定金属信用意向的金属货币与后来完全摒弃金属信用的"大元宝钞"一样,是集权的中国皇帝炫耀自己至上权威的绝好例证。一直为民间持有并且明白无误地由贵金属表达出来的约定物权价值单位和约定物的单位价值的权力,显然是外在于集权皇帝的仅有的一种普遍权力。皇帝们不能容忍不来自自身的权力。打击贵金属的权力一直是中国皇帝们的目标。

皇帝们决心以把贵金属的表达权收归皇权的方式，或者说以发布单纯的官方信用的方式，让公众在接受货币这种一直由公众自行创制的物权凭证时，看起来好像是在接受由皇帝赐予的权力。公众一直可以以拒用来创制自己满意的新的物权价值符号，以接受来表示对官方信用货币表达自身公意的认可。而后者，正是官方信用得以维持和官方不得不维护这种信用背后那个理由。中国是世界上最早发行不兑现纸钞的国家，亦即最早在现实的货币体系中摒弃金属信用的国家。这种纸钞在法源上与近代信用货币毫无共通之处，但这种以官方信用取代金属信用的货币体制，却正好是中国古代皇权体制理所当然的衍生物。对于中国货币史和世界货币史而言，纸钞最早流行于中国，的确不是一个可以忽视的偶然事件。

在较为系统地讨论过贵金属的货币地位及贵金属货币的信用本质之后，我们已经走到了可以对"足值货币"重新进行定义的门槛。"足值货币"在此似乎已可以简单地被理解为能够维持足够信用的货币。说得更直截一些，我们甚至可以这样来规定"足值货币"——稳定地拥有与公意约定相一致的物权价值单位的货币。这样看来，世界贸易史实质上一直未能获得一种与世界贸易各方公意约定相一致的信用货币。任何一种国家货币在世界贸易体系中都可能是信用不足的不足值货币。

金本位在这个缺乏一个世界权威公意代表机构的星球上显然得到了一个机会来夺回在近代文明国家的国内流通中失去的地位。但黄金显然是纷繁复杂的交易场合难以到场的价值尺度。于是，以黄金为准钉住的汇率制度，成为贸易国家确认各种国家信用货币持有国际信用的一种过硬的证据。正如在以往的国内贸易中，黄金是谁也不能伪造的信用凭证，现在的国际贸易也要求相互需要货物和服务的国家出示谁也不能伪造的黄金或者这种贵金属的符号（钉住的汇率使被钉住的各国货币成为黄金的符号或由各国政府开出的金匠的收据）。

布雷顿森林制度确立了国际货币基金组织的国际货币立法者地位。这种制度证明有效和它最后未能成功地维持住外汇平价，与它所获得的立法地位直接依附于各国政府，尤其是作为经济主导国的美国政府的货币立法安排息息相关。如果各国相互认定（国际贸易也一直在对国际服务和国际商品的价值单位进行认定）的物权价值单位实际上已经改变，各个贸易国家的货币立法安排遵循这种公意作出相应的汇率改变，布雷顿森林制度便无力抗拒这种结果。浮动汇率以主要经济国家的货币为汇率基准，其真正意义上的自由兑换只有在所有贸易国家货币都获得充分的国家信用的情况下才会成为可能。国际准货币，即国际货币基金组织特别提款权以五国通货的一揽子市价为基础（美元、英镑、日元、德国马克、法国法郎），实际上就是以世界主要经济国家的国家信用来作为国际信用的基础。在世界经济没有充分一体化，世界贸易仍然停留于国际贸易阶段，在各国经济尚未普遍法治化、自由化的时代，这种以主要国家信用货币为国际信用货币的状况便不会改变。①

---

① 关于本节的思路背景，请参看蒋荣昌：《钱的意义》，俞伟超、蒋荣昌、范勇：《中国古钱大系》，西南财经大学出版社，1997年，第2~11页。

第十五节
通货膨胀（上）[①]

货币稳定，是相对静止的经济生活方式所能够设想的保证货币信守公意约定的最佳方式。与之相对的例外情况是，官方执行掠夺性的货币贬值政策（通过超越于全民经济授权之上的政治权力来获得表现），或者人口急剧增长导致经济总量扩张。但是，通货膨胀始终未能成为前自由经济阶段经济生活持久不变的固有特征。

自由经济空前扩大了由货币这种公意约定的权力符号来表达经济生活的范围。原来由政治权力规定的经济生活方式，亦即由身份来决定经济生活成就而不是由经济成就来决定其经济成就的生活方式，现在由对经济成就来说，唯一合法的货币来决定。这个以自由资本主义的名义宣布其开端的时代，代表了又一个文明纪元。被称为资本主义原始积累的自由资本主义早期四处搜集现金的活动，实际上是自由资本主义在为自己寻找更为强大和不可动摇的合法性来源。一种新的经济生活方式，即以他人对物权效用的需要为生产目标的经济生活方式，为经济总量的无限膨胀确立了牢不可破的基础。一个对物的效用充满了想象力，并因此在

[①] 本节曾以"通货膨胀新论——兼析东南亚金融危机成因"为题发表于《西南民族大学学报》1997 年第 6 期。

一个世纪内积累了以往数千年不曾积累的物质成就的时代,从此拉开了序幕。

人们最初是通过金匠的收据,稍后是通过银行券,最后则是通过向黄金作告别致意的金本位制发行的钞票,开始了货币扩张的旅行。如果说殖民时期(或者原始积累时期)通过新增加的现金收入使新增加的财富世界得到了令人满意的货币表达,那么,近代纸币则最终为这个仍在不断扩张的物的世界找到了恰当地说出自己的一整套语言。黄金不可能是无限的,在不断膨胀的世界面前,它已经萎缩为一个过时的句子。

即使是在最初只有金匠收据的时代,金匠个人所创造的信用扩张,也是由全民认可的扩张。因为金匠不可能开具离开全民信用(黄金即其信用凭证)仍然有效的收据。收据持有人在这里要做的,就是证明自己能够在现有的财富份额之外,为大家开辟一份新的财富份额(以还本、付息并且赚钱的方式),否则,他将不得不放弃自己原有或者将来预期会有的相应份额,来向社会赔偿这份被浪费掉的财富。

同样,现代银行体系通过"存款多倍创造"所释放出来的现存信用(现金储备)之外的信用乃至中央银行作为"最后贷款人"所发挥的作用,也不外是现存物权总额以其标准计量单位向扩张性生产者,甚至扩张性消费者所发放的由现存物权总额全体持有者认可的预期物权份额。经济共同体以信用扩张的一切现代形式在此表达的物权分配原则可以归结为:现有物权总额及各人持有的相对份额必然会经由扩张和扩张进程中各人作出的新贡献的相对份额,达成在新总额范围内新的分配格局。没有信用扩张的经济生活在此意味着物权规模未曾扩大,或者说,社会财富在约定价值单位不变的情况下没有增加。

在获得了这个基础之后，我们现在可以回过头去讨论在价格持续上涨意义上的通货膨胀。以钱本身的方式，即自由交换的方式挣来的钱实际上代表着持钱者以公意约定的方式得到特定份额的物权。钱作为公意约定的信用凭证，在此不仅仅是持有者个人的财富，更重要的是，它是人人认可的财富，而且只是在人人认可这里，它才是财富。物权总额的标准单位（比如货币的基础单位"元"或者"100元"）在此也由约定授予与物权总额相对的确定价值含量。信用扩张也就意味着社会在此预期了以相对于原有物权总额得到确定的物权份额的增长。如果所有扩张出来的信用借方都能还本、付息并且赚钱，那么，社会所预期的增长便在预期之内或者超过预期成为一种完成增长的现实。

传统的总供给和总需求曲线通常是在经济共同体不再产生新的生产部门和新的效用需求模式的暗示下发挥作用。而对于自由资本主义诞生以来的全部经济现实来说，人们更可能看到的是，生产部门在技术和针对新的效用发明的新产品不断涌现的情况下不厌其烦地改组、合并、退役和再生。以新效用为支撑点的需求模式不断改组并且在很短的周期之后面目全非。新发现的效用和围绕这些效用展开的生产，不断将人们带进新的经济生活方式。人们不得不反复面临为新效用提供者的劳动贡献评定价值的工作。而旧效用的供应部门在旧有的需求模式中所占据的地位也不得不面临一再被重估的局面。社会通过信用扩张、债权债务关系和投资者自身积累的再投入来为新的效用需求所对应的供应部门调集优先于传统部门的资源配置，从而使能够更有效地提供传统效用和新效用的部门，在经济生活中扮演增长更快因而贡献也更突出的角色。

旧有的经济部门一旦与新的效用需求模式（在需要方式和需要数量上新的模式）相遇，它原来占有的物权份额便可能因其在现有需求模式中地位的变化相应地发生变动。但它的原有份额的货币表达作为已经获得表达的物权成就，与全部现存的物权成就一道，面临得到增长机会和失掉这些机会的同等风险。无所作为的"存款"在这里可能保持了原有的名义份额（数额），并且获得一份平均增长的红利，却因为与增长的个人贡献无缘而不可能保持其在现有物权总量中物权份额的原有比例。这部分"存款"持有者肯定会发现他们原来的物权份额所意味着的权力身份的流失，在现在这个经济共同体里，他们显得不如以前有钱。在原来的效用需求模式里，能够买下"整个生活"的那部分钱，现在只能买下"整个生活"的一部分。而对于那些始终没有宣布退出传统部门的投资者来说，在一个已经增长了的物权总量之中，由于利润和机会的平均化带动起来的普遍增长，也使得他们至少获得了平均的增长份额——其货币形式即一个更高的价格，或者一份数值大一些的红利。

钱币作为公意约定的成文形式，在不被公意约定之外的力量改写这一意义上，始终是一种具有足够信用的凭证。但传统经济学的货币信用观通常较少着眼于货币信用与公意约定的联系。币值稳定，作为一种民间普遍持有的观点，一直也在经济学观点的意义上是衡量货币信用品质的标准。但问题恰恰在于，我们从未在某个标准货币单位那里发现特定时空区间内使用这种标准货币单位购买相同数量的相同商品，其购买力得以维持不变。另一方面，人们在这里又总是会以为他们在任何时候任何地方所购买的相同名义的商品是同一种商品，而不管这些实际上因时因地已经不同的效用对于购买者当时当地才会现身的总的效用需求模式来说意味着什么。人们用这种方法记住的实际上只是不同效用所共同坚持的一个名义，和这种名义下大致不变的商品的物的形式。在此，不同的生活方式所持有的不同的效用需求模式对这种商品的评价，也即这种商品对于变化了的效用需要模式来说所获得的对其效用价值的评估，才是购买者决定或者愿意支付多少标准货币单位的真实依据。四十年前的一个鸡蛋，对于当年营养缺乏，甚至啼饥号寒的购买者群体来说，显然在其生活方式所持有的效用需求模式里占据了一个显要的位置，人们可能愿意付出在其当时收入份额中比现在大得多的比例来获得这个鸡蛋，而不愿意用相同的比例去获得在现在看来价值远为高昂的一枚金戒。四十年过去了，鸡蛋的生物学价值及其外部形状一如过去，但是，已经有许多人害怕胆固醇，另外一些人则嫌弃鸡蛋千篇一律的味道。没有人会再为某个鸡蛋付出原来那种收入份额。这不过是因为，对现在这些人来说，鸡蛋所意指着的一切已经改变。

这样，对于使货币单位购买力变得有意义的两个方面，所谓币值稳定已经没有什么实际内容。一方面，一个标准货币单位（例如"元"）在货币总额不断扩张不可避免的情况下，其所代表的物权份额（即单位物权份额在物权总量中的比例）只可能日益减少；另一方面，物权总量所包含的效用形式逐日增加，每种单一商品的效用在不断变化的效用总量中的地位随之变动，而且这种变动要么增加其在新的效用需求模式中的重要性，要么使自己在现有效用需求模式中的重要性遭到削弱甚至彻底消失。因此，这种总在变动的货币单位所代表的物权份额和某种确定的物品因为时移世易而一直不能确定的效用内涵之间，不可能得出不变的相对比率。也就是说，货币，即使是在只盯住某几种单一物品的情况下（甚至也在汇率或者钞票仅仅盯住黄金的情况下），也不可能在一个稍微延长的时空区间内维持稳定的购买力，从而实现所谓币值稳定。而且，我们在谈论某种货币币值稳定的时候，从来就是在谈论在某段显示出稳定的时期，这种货币的币值稳定。这无异于理论上的自欺欺人。既然我们从来没有打算在一个任意期限内讨论币值稳定，那么，我们何尝不可以说万事万物无不稳定，因为在我们未能看出它们有可以看出的变化这段时间，它们的确就稳定地摆在那里。

货币作为公意约定的成文形式，本身已包含无时无地不表达公意这一原则。公意约定一经作出，就必得持有相应的货币表达。公意约定在变动如流，从不停止的交换这里，终究只能以即时约定的形式获得表现。这就等于说，任何一个时间断面上所达成的公意约定的物权份额分配格局，都是另一个约定格局的起点。下一个公意约定，在上一个公意约定基础上开始，实际上就是公意约定本身必受公意约定尊重并且只能由公意约定来改变这一原则的绝对形式。

我们在上面已经明确了效用扩张和信用扩张是以增进经济共同体内公众效用为自身唯一生存目的的自由经济必然持有的生存方式。在这种经济原则创造出来的自由资本主义世纪，价格持续上涨这种被称作通货膨胀的现象实际上就是自由资本主义本身的经济现象。它在根本上不可能是可以被随便删除的东西，除非我们决心删除自由经济。

问题是，近现代政府和公众对于把通货膨胀当作一个问题来对待，从未懈怠。这除了我们一直拥有一个错误的理论外，也多半可以归于我们一直也拥有某种错误的现实。自由资本主义经济的首要原则是，一切经济活动和规范这些经济活动的技术性程序以自由交换为自身的立身之本。自由交换即物权持有者各方在不受胁迫的前提下达成的交换，而且自由交换本身成立为自由交换的前提，即无条件地尊重交换对方的所有权。这就意味着以欺诈、掠夺和利用某种现实处境胁迫对方就范的方式获得的"交换结果"，实际上不是自由交换意义上合法的交换成果。作为一种世间现象可见的"黑钱""脏钱""臭钱"，实际上就是这种自由已沦丧的交易成果触目惊心的直观形式。交易者在这里，要么以侵犯他人物权的方式获得物权，要么以出卖自身在自由作为公权不可让渡的意义上无权出卖的东西（此即以不公开宣布退出自由的方式暗中退出自由）来获得法律暂时无力取缔的物权。社会在这种交易里为没有增加真实物权份额的交易一方记下了一笔由公众授权的货币明确表示出来的物权份额。这笔空账，说到底，只能以按其所记份额摊销到真实物权总额之上的方式来获得兑现。也就是说，经济共同体中的每个物权持有者按照份额平均分摊的方式遭到掠夺。由这些空账所支撑的通货膨胀，显然不再是以经济总量本身扩张的方式表现出来的那种信用扩张。实际上，空账所支撑的通货膨胀，既可能由民间非法交易活动创制出来，也可能是政府超越全民经济授权的政策性行为所致。

而所谓恶性通货膨胀（也经常被"戏"称作"奔腾式通货膨胀"或"超级通货膨胀"），总是在经济生活中非法（在违背自由交换原则意义上）交易总量积累到某种临界点，而且甚至这种非法的交易方式实际上被允许或得到鼓励的时期，才会最终爆发。非法交易在这里可能以多种多样的形式出现：贩毒、贩卖人口、卖淫、贿赂、股市过度投机直至有违自由交换原则的一切交易形式。

非法交易通常可以分为两类：

一类是交易物（效用）为合法交易物（即被公认为无害并且有益的效用），交易者以交易物合法交换者的名义实行欺诈。非法交易者在这里所希望得到的不是所持交易物的自由交换价格，他总是试图限制对方的自由，让交易对方在不能比较市场或者不可能按自由的方式放弃交易的情况下，被迫接受某种交易结果。

例如，在市场没有发育健全，亦即市场不公开的情况下某种交易物供应短缺，而此种交易物对于一种生活方式来说，是必不可少的效用，这种奇货可居的交易显然已不可能是一种自由的交换形式。我们当年所看到的诞生不久的自由职业阶层（个体户）和庞大的不能自由流动的职业群体之间的交易关系，即供应市场不公开（所有个体户之外的从业者无权自由出入个体性就业领域），买方只能接受一个有限制的市场的情况下达成的交易关系。

个体户在一夜之间成为暴富阶层，人们普遍感受到所谓"社会分配不公"——"效率与公平""第二职业""下海"等题目一时聚讼纷纭，而政府不得不在没有自由市场的情况下凭借物价部门来勉强控制难以尊重自由的"自由价格"。这种交易市场衍生出来的另一些司空见惯的交易现象是，利用所谓"价格双轨制"获取暴利和"强迫交易"的种种交易伎俩。实际上，获得自由的一方，在此获得的不外是以"自由"为名的特权。

交易对方在此失去多少自由,这些"自由"的持有者在此也获得多少特权。

苏联解体后在俄罗斯出现的空前的通货膨胀,也是社会转型时期,一些人获得空前"自由",另一些人在由这些空前地获得"自由"的人所组成的交易对方这里空前地失去权利所必然面临的处境。与一种新的生活方式的召唤相呼应,俄罗斯国家和俄罗斯人民迅速改变了自己的效用需求模式。对于新的效用需求模式来说,不合时宜的大部分物质成就(绝对庞大的军工和以军工为指向的重工业部门)在这里失去了效用价值。俄罗斯面临全面失去生产目标的局面。对原来的效用需求模式而言极其强大的生产能力,现在成为"生产能力废墟"。国家和民间都必须为新的效用需求模式重建生产能力。有生产能力但失去了生产目标的强大的生产机器停止了运转,有效用需求因而也有生产目标的生产还没有找到具有强大生产能力的生产机器——产值的崩溃性下跌已不可避免。物价,或者说以卢布表示的物价在这种空前短缺(新的生产能力的供应对新的效用需求模式的供应要求短缺)的时代已不可能不扶摇直上。俄罗斯首先获得了一个自由的效用需求模式,但俄罗斯没有同时获得一个与之对应的自由的生产能力。面对外部世界一夜之间得到的供应自由,俄罗斯失去了自由的供应。腐败和黑手党在这种解放性的自由氛围里,得到了向真正的自由开战的绝好机会。俄罗斯原来为已经作废的物质成就发放的物权凭证(卢布)现在并未作废,代表新的被现在的效用需求模式所承认的物质成就的物权凭证(卢布)显然有权要求一个更大的数额,以便在一个膨胀的物权凭证(卢布)总量当中,宣布这种为已经接近于作废的物权颁发的物权凭证也接近于作废。由于以往似乎已经正确表达的秩序突然不正确，而使所有人难于相信眼前这种迅速变动的物价是对将来也正确的表达。人们在此倾向于以漫天要价的方式出让效用，况且黑手党仍然在以不提供效用的方式获得已经提供效用的凭证。卢布由此变成了谁也不相信的空账。而国家没有能力在卢布之外提供另外一种能够正确表达物权约定的货币。为了保证交易不受卢布的公开欺诈，人们要求以美元、马克，甚至人民币来代表自己所取得的物权。俄罗斯几乎沦为没有自己的货币的国家。国际货币基金组织或世界银行要求俄罗斯实行从紧的货币政策，实际上就是在要求俄罗斯压制自己不适当地释放出来的效用需求，以便在它自己有能力为这些需求提供有效供应的范围内，恢复实账，建立新的对效用总量和为这些效用总量提供份额的持币者而言公正的表达关系，从而以恢复货币信用的方式为自由交换提供广泛的法治基础。建立以新的效用需求模式为基础的生产供应体系，中央银行实行从紧的货币政策，打击腐败和黑手党势力，私有化进程，所有这些不同的努力，最终要达成的目标不外是，建立一种使自由交换成为可能的法权秩序，并以自由交换为基础构筑物权总量肯定会不断增长的另外一种经济生活。

非法交易的另一种形式是，交易物的效用是不合法或者有违人权、物权的不法效用。卖淫（在特定法律框架下）、贩卖人口、贩毒等即以侵犯人格权这一公权为指向以私犯公的交易行为。卖淫以消解自我的人格来侵犯作为公权的人格。贩卖人口和贩毒，则是以抹煞他人人格的方式公然冒犯人格这一公权的普遍形式和整个法治社会的法权基础。上述非法交易物在被法律禁止进入交换市场的意义上，意味着围绕这些交易物而产生的一切交易活动必然是非法的交易活动。在所有这些交易活动中,人们最终获得的交易成果都是非法的效用和合法的效用凭证(货币)。交易双方在此非法地使用了合法的效用记账凭证(货币)和非法地获得了合法的效用交易记录。于是,社会在不为公众提供公众所需要的效用的地方,为非法交易者保留了他们已经提供这种效用的记录。整个经济共同体,由此不得不为这一部分凭空(甚至对于有效效用来说是"抽空")膨胀出来的物权凭证摊销空账。每一份合法的物权凭证都将按照比例失去本来会有的那部分内容。

在上述两种非法交易形式中,经济共同体并没有在经济增长本身所要求的信用扩张之中获得增长动力(通过物权的再分配——供货、追加投资、转移投资)或者预期增长份额,而是在非法交易这一不提供合法效用的活动中发放了数量巨大的效用凭证,从而使效用凭证对效用的评价出现巨额空差。后者作为恶性通货膨胀的本来形式,极大地扭曲了物权效用凭证对物权效用的评价,从而使经济交往失去赖以为生的法律基础。

同样,汇率稳定作为一国货币国际信用品质的表达方式,也最终决定于国际经济主体之间的市场公意。一个不是奠基于自由交换原则之上的汇率,以及由此隐埋下的非法空账,必然会在国际货币间的"恶性通货膨胀"(即汇率的崩溃性下跌)中表现出来,并对世界经济造成伤害。

汇率稳定的一国货币作为一种国际货币,只有在该国货币对应于与之有联系汇率关系的货币,同样公正地表达了本国经济成就的时期,才是对于联系汇率外币而言,没有非法空账并由此持有足够信用的货币。如果一国的经济成就不是基于自由交换并且由市场（公意）支撑，不管其现有的产业布局和产业规模是由政府的政策性行为促成，还是由金融业的超经济介入诱导所致，这种最终不能被市场公意所确认的国家经济，必然是含有大量非法空账的泡沫性经济。东南亚各国甚至韩国的金融危机，不外是相关国家产业政策的非经济干预和金融业的非市场性货币供应长期培植的一个恶果。金融业的巨额坏账和国家信用的破损，对于国际经济和有关国家的自由经济秩序而言，都意味着一个长期累积而成的"非法空账"。

国际投机家的大规模介入，不过是市场公意要求各国货币恢复实账的一个极端形式。有关各国货币汇率在此轮金融危机中的崩溃性下跌，已基本上反映了各国经济对于世界经济而言，本来意味着的分量。原来由国家行为支撑（而不是由本国经济经世界市场确认所得的市场公意支撑）的汇率，经历投机家的"强制交割"，已山水毕现。各国货币对于联系汇率货币原来隐而未彰的空账性"通货膨胀"，不得不以付出惨重增长代价和汇率崩溃性下跌的方式，来使潜伏已久的国家信用缺损（"国家间通货膨胀"）获得暴露性治疗的机会。而这种国家间货币的"通货膨胀"，其实就是自由经济秩序不健全，市场无力通过市场公意来决定国家经济的整体状况，整个经济共同体出现巨大"市场盲区"，使巨量经济资源汇聚于不被市场接受，而仅仅被金融业决策者和货币当局接受的经济活动领域，并由此隐埋下巨额空账的一个当然结果。

那么，币值稳定作为与通货膨胀相对的概念在什么意义上可与后者相对？既然自由经济的内在特征即由信用扩张带动经济增长，或者说增长的经济必然有一个与之相应的货币评价，并且作为币值物化形式的"物"实际上也在随着经济总量的增长及经济生活方式的变化而表现为不同的效用之"物","币值"在这种通货膨胀性经济之中,发生变化乃势不可免。单位货币与某种或某几种物的相对比价的变化不可避免,使得在这种意义上的币值稳定失去了意义。它至多是公意约定的某种效用所值物权份额,在下一次公意约定发生变动之前同类效用所持有的某种货币表现形式。它本身不是通货膨胀的对立形式,实际上只是通货膨胀在某个时空界域内衡定自身膨胀数值的数值参照体系。所谓币值稳定的更深一层含义即,货币单位所意味着的物权份额始终决定于自由交换的公意约定。货币单位所代表的物权份额(物权效用份额)的确定和再确定由自由交换的公意约定决定这一原则一旦成为经济共同体不可移易的原则,经济共同体所持货币的币值必然具有理想的稳定形态。只有在这里,币值稳定作为政府坚持的政策和民众要求的目标才可能是有意义和值得为之努力的目标。

维持币值稳定的实质亦即完善经济法律秩序,使自由作为奠定经济共同体基础的普遍权利不可侵犯,使物权评价由并且仅由自由交换的公意约定作出,从而杜绝一切反自由交换的非法所得从法律取缔处得到豁免的可能性。在此,币值稳定,显然是恶性通货膨胀的对立形式。而且也只是在这里,币值稳定才是"通货膨胀"的对立形式。在所谓爬行式通货膨胀(或者温和的通货膨胀)中隐蔽起来,而在所谓恶性通货膨胀时期急剧膨胀的非法交易活动,为整个经济共同体制造的空账,才是通常所谓"反通货膨胀"所要反对的目标。因此,反价格持续上涨意义上的反通货膨胀,只是在反以价格持续上涨的形式反映出来的非法空账这一意义上，才是有理有据的政策和行动。

由经济扩张和信用扩张显现出来，并且由自由交换的公意约定认可的价格上涨（无论是由"需求拉动"，还是由"成本推动"），显然只是经济增长本身所获得的某种价格形式。隐藏于经济秩序本身之中，或者在由严格的自由交换原则和自由的普遍经济秩序组织起来的经济生活中隐而未彰的非法交易所制造出来的空账，也会通过价格上涨甚至下跌来获得表现。各国政府所一贯坚持的控制通货膨胀率的政策从根本上说，不外是试图通过控制价格膨胀率来获得一个更有利于控制非法交易的机会。一个高的价格膨胀率总是可能隐藏着更多的经济增长漏洞、更多的过度投机或泡沫经济成分和更不便于控制的地下经济活动。控制通货膨胀率在此充其量只是某种有利于控制非法交易的技术手段。而完善经济秩序，以自由交换作为第一原则建立严密完整的经济法治体系，才是从根本上祛除非法交易活动，最大限度地消灭空账的根柢所在。"反通货膨胀"的真正目标，即反以价格持续上涨的形式表现出来的非法空账。而非法空账之外的价格持续上涨则是经济自身增长和经济生活方式转变的货币形式。

第十六节
通货膨胀（下）

纵观通货膨胀的不同定义，其中的大部分与价格持续上涨有关。奥地利学派有关通货膨胀的见解看起来特立独行，它不关注商品价格是否上涨,而把纸币发行的数量超出它所代表的金银这种状况视为通货膨胀。

这种观点对于非自由资本主义经济或其经济生活方式年复一年地自我拷贝,在较长时期内其经济运行方式趋于静止的经济体,可能具有某种理论意义。但这种理论有一个致命的问题——它没有意识到,作为货币的金银其实也是一种信用货币。

尼克松在第一次中东石油危机时期宣布退出布雷顿森林体系,让美元与黄金脱钩,是凭直觉看到了现代信用货币(美元)对古典信用货币(黄金)的取代不可避免。而各国中央银行发行纸币的行为也已经在事实上长期脱离其所持有的黄金储备的基本状态。

现在的问题反倒是,那些因为找不到理论根据而不敢贸然作出"尼克松式宣布"的各国中央银行谨小慎微地保管在地库深处的黄金究竟意味着什么。如果这是展示现代炼金术伟大力量的一种行为艺术,那么这种行为艺术肯定具有巫术色彩才会让我们愿意承担如此高昂的成本——现代社会投入了无数人力、物力把黄金从南非那样的让人敬畏的深矿里取出来码放到各国中央银行不那么深远却照常令人敬畏的地库里面……

如果黄金也是一种信用货币,那么信用货币的实质何在?在漫长的前现代历史上,黄金是我们信赖的信用货币,乃是因为我们没有一个有公信力因而得到货币使用公众以信用授权的货币发行机构。黄金在可以度量的时空范围内对每个人同样的稀缺性杜绝了任何人单方面向货币系统注水的企图。即使是皇帝要单方面宣布一克黄金等于两克黄金(像王莽试图试验的那样),也不会有人买账。

黄金并不担保永远买到同样多的东西（也就是说，即使是使用金币，流俗意义上的通货膨胀照样会发生），它只是以其自然特性担保了没有人可以在买卖、馈赠、冶炼（也许还有征税）等在理论上对所有人公开的正当途径之外，改变得到和持有黄金的条件。假造一块黄金的成本几乎等于去挖掘和冶炼一块黄金，这使得任何作假的努力失去了意义。

近代中央银行的兴起，为黄金退出货币市场准备了条件。尽管迄今为止，货币银行界和理论家们仍然没有放弃纸币是以黄金为信用基础的信用货币这一教条。而现代纸币脱离本位币（黄金或白银）运行的情况表明，纸币在事实上已是空本位或纸本位信用货币。但这并未造成现代中央银行发行的纸币的日常信用效力遭到质疑或破坏的局面。

现代中央银行发行纸币的一个根本原则使得今天的纸币取得了当年的黄金（作为终极信用货币）曾经取得的那些约束条件——使用货币的任何一方得到货币的条件是约定条件，并且对任何主体具有完全一致的效力。这些条件就是，以还本付息的方式取得贷款，或者以出售商品或劳务的方式得到报酬，得到馈赠或者得到社会救济，依法取得税收或按议会授权的额度发行国债（政府取得贷款的特别形式）……

现代中央银行与国王的铸币机构之间有一个至关重要的区别。国王的铸币机构即使是在金属所表征的最高契约的约束下，仍然试图僭取一部分权力，让自己的所谓国库通过铸币溢价得到一份特别税收。而真正意义上的现代中央银行则不再是政府的第二财政部或政府的印钞机——它是政府和所有使用这一纸币的人的印钞机、最后贷款人、对各方而言中立的会计师事务所。

在这种情况下，我们可以看到，所谓纸币的发行量超过黄金的数量，或者货币供应量大过商品和劳务的供给引起通货膨胀等说法，实际上是假定了商品或黄金在某一时空点被固定下来的价格是其未来价格的合法性基础，同时又假定了商品或服务的内涵没有发生任何变化，只是其货币价格在发生可能的变化。

其实，商品和劳务只是在分类学上才具有内部同一性。在交易中出现的商品和劳务与不同的消费者交道之际，实际上回应的是十分不同的消费需要。在餐厅的宾客间斟酌的茅台，与一个茅台爱好者独酌的茅台，对应的肯定是不同的饮酒需要。它们的价格显然也是买卖双方基于对此时此刻买了什么和卖了什么的评估而愿意接受的价格。我们基于统计资料得出的茅台的出厂价、批发价和零售价等数字可能只是我们用以追踪茅台在人间穿行的真实痕迹的一个影子——况且茅台还会在酱香流行的时节让我们看到浓香居于统治地位时代看不见的那些意义。

因此，我们可以说，"商品"在不知不觉间的"膨胀"甚至比"通货"的膨胀还要来得猛烈——具有相同几何或物质性状的东西，可能转眼已是我们生活中的另类物件。所以，不管我们会对周围的商品持有如何不同的价格观，当我们愿意达成交易之际，总是在那个价格下面，我们认为把货币或商品交付出去的行为是在改进我们自己的福利而不是在做与之相反的事情。没有人可以在需要之外去定义需要，只是在某个需求当前之际，我们才有能力和意愿去回应与这一需求相匹配的商品或劳务在哪个价格范围内是在改善我们的生活而不是对这个生活有所损害。

以物价上涨（可以用 CPI、PPI 等来加以测量），或者以纸币相对于金属货币的价格上涨（纸币发行量超过它原来代表的金属货币量）来定义通货膨胀，是坚持从不同成因来探讨通货膨胀的经济学家共同持有的观点。这种观点没有明言的一个前提，"物"（作为商品的"物"和作为本位币的"物"）是衡量物价的基准。

我们在上文已经谈到，大部分"物"本身的改变如果不比物价更快，至少也和"物价"一样快。我们可能会在几个月内就更新了某件"商品"物的定义。如果我们没有改变这款商品的外形和功能，那么，这款待在原地的"物"对于我们的意义也早已发生了改变。我们不用去列举用季节来计算的流行服装或各类时尚物品，就是住房这种最耐用商品，90平方米的三居室对于十年前的居者和今天的居者恐怕已意指着完全不同的东西。

"物"的外观、理化性状和意涵一直就在改变，这是人类经济生活和物品演化史的常态。因此，每天使我们的生活在不知不觉间发生了改变的正是"物"的膨胀（意涵的增加）与收缩（意涵的减少）。"物"总是会随着新发明和新需要的出现而产生此前的人类从未得知的种类，而为我们所熟知的商品也总在更新换代。

现在事情反倒是应该从"不变"的货币出发，从"物价"出发，去理解日新月异的"物"的改变和经济成长的真实含义（例如GDP的增长）。当我们在以"不变价格"来计算经济的真实成长的时候，其实就是试图把"物价"折算成"物"。2001年前，中国国家统计局发布以GDP方式计算经济增长数据的时候，还会匹配上当年的若干大宗商品的产量（如煤、钢、棉花、粮食）。这意味着我们总是在试图以某种看起来不变的"物"的增长来把握经济增长的意义。没有可以看见的大宗商品产量增长伴随、仅以货币计算（GDP）的经济增长，让人觉得不够踏实。没有"物"的数量支撑而仅有"物价"表现的 GDP 的增长之不可信赖，实际上不仅是中国国家统计局在 GDP 数字后面附录大宗商品数量的心理基础，也是西方经济学沿用已久的通货膨胀概念看起来坚不可摧的前提。

所有的物品——即使是最方便分类的大宗商品——在生活中间的相对位置一直在或快或慢地发生变化，人们对这种位置变化加以确认的方式就是给出一个个不同的价格。因此，同一个商品（更多的时候是同一类商品）可能由于如下种种原因在生活中再次出场时已被我们看成了不同的东西：外观、理化性状和功能的改变，供应量的增减，与其他商品关系的改变（如风扇面临空调竞争的状况），在生活中的相对位置因生活方式的改变发生改变。不间断地处于变化中的消费人群的观点和需要的改变使得对同一个商品的评价也不断在发生改变，从而使同一商品在不同消费环境中扮演了不同的角色。

与经济生活的实际进程一起发生的事情是，在同一个时点，身处不同生活空间之中的"同一个商品"也在得到不同的价格评价。所谓的"不变价格"，即使是对同一个商品而言，也是理论家们进行"数学集权"的一个结果。它至多是我们借以照亮价格世界的一把电筒——遗憾的是，我们常常忘记这只是一只可用于管窥的工具，而径直把它当成了已向我们完全敞现的那个世界。

如果我们抛弃以统计数字来进行某种价格集权的幻象，掉头面对真实的价格世界，就一定会发现，只要有一个健全的自由市场体制，交易当事人就会是价格的主权者。没有人会比当事人更清楚自己的利益和需要，没有人会比当事人更清楚自己在哪个价格下面取得的商品或劳务将会改善自己的生活而不是对生活有所损坏，也没有谁会比出让商品和劳务者更清楚自己是赚钱了、还是蚀本了，是得到了社会有关自身财富贡献的正面评价，还是应该选择退出这个市场。

每个给出了价格的人都是社会财富的记账者，这正是 GDP 本身（而不是所谓实际 GDP）作为社会财富总量的真实记录和表达赖以成立的基础。价格世界是一个主权在民的世界。如果市场中的各方都没有被强迫交易或强迫不交易，这就意味着每个想要改进自身福利状况的主体都在市场上以愿意接受的价格和交易充分表达了自己的意愿。这种状况是一个市场共同体在现有条件下实现效率最大化的唯一路径，也是一个社会在各种复杂条件下实现社会财富最大化的充分和必要条件。因此，当我们把价格上涨本身视为通货膨胀，试图在宏观上加以调控的时候，其实就是在认可以统计学上的价格进行数学集权的正当性，并且试图把这种数学上的集权推行到真实世界。

市场本身表达出来的价格持续上涨（不管是以 CPI、PPI 所见，还是以别的观察工具所见），本身并非经济过热或病态的一个表征。如果价格异常波动的原因是市场作为一个自由和公平的市场得以成立的那些条件遭到了破坏，一些市场主体超越约定条件，在有损市场自由、公平等规范条件的情况下得到了货币（如现代意义上的中央银行成立之前，政府以印行纸币或金属减重的方式征税；以贩毒、受贿、盗窃的方式得到货币；制造和使用假币；不正当财政补贴等——诸如此类没有在自由交易中提供福利贡献却得到相应的货币记录，没有得到公众授权，却已实施征税的违约行为），这部分诈取而非得到市场自由交易者授权的货币记录，必然会造成对于共同体内部所有自由交易货币记录的一个溢价。这种溢价也许并不必然表现为 CPI 或 PPI 所描述的价格上涨，却在对经济共同体真实的货币交易记录进行"膨胀"性扭曲意义上构成了原本形态的通货膨胀。

传统的通货膨胀概念得以成立的基础，从表面上看可以说是一种统计数字的武断和集权。从更深处去看，则要牵涉政府与公民（法人公民与自然人公民）在价格问题上的主权之争。市场之所以还是市场，就在于参与交易的各方当事人，一直是其所当之事的主权人。买卖双方都会在可能的情况下，在双方接受的价格处表达自身的最大利益。一个交易在某个地方成立，对交易双方而言，必然是利益得到增进的一个行为——只要有一方认为自己在某个价格处的交易给自己带来的利益贡献为负值，那么在这个价格处就不会发生那个交易。

由于在市场中活动的交易主体的利益诉求千差万别、瞬息万变，不可能有一个第三方价格能够比任一交易中的双方价格更好、更及时地满足交易双方的利益要求，更不要说社会有能力以某个超级第三方价格（例如由政府设定的 CPI 数字或通货膨胀率）来同时满足千千万万不断在改变的交易双方难以数计的利益要求。

其实，在政府把通货膨胀率当作宏观政策目标之际，市场公民的作价权已在某个地方被收归国有。在被宏观调控的市场扭曲了交易意愿之后，交易的自由和只有在这种自由之下才可能适切地加以表达的有关社会财富的评价和追求必然会遭受重创——这已不仅仅是资源配置（在"物"的使用效率方面）会受到多大的负面影响这一问题，更重要的尚在于，资源的配置已不能按照此前经由市场授权的各交易主体的主权意愿来展开，交易主体原来得到的授权范围在新的宏观政策环境下面，可能已遭遇不公正的限制和扭曲。

这样，一方面，我们会看到，由于法律体制的漏洞或监管的疏漏，一部分人在未经公众授权的情况下拿到了已获授权的凭证（其偿付效力不可拒绝的法定货币），这部分人可能是：尚未缉拿归案的盗窃犯、以公权寻租的受贿者、伪钞制售者、贩毒者、强迫交易者，没有得到议会批准擅自开支的政府部门、不按还本付息的商业条件得到贷款者、不当财政补贴的获得者……

上述种种市场交易主体（包括一定会进入市场交易的公共权力部门）用以完成后续交易的初始授权可能是伪造的，也就是说，他们总在以某种方式伪造已向社会贡献财富的空账——某个数额的款项。这部分空账，与在无数真实的交易中得到记录的财富贡献者手中的货币额之间的比率，便是我们这个可能存在种种漏洞的经济体在通常情况下面临的通货膨胀风险。

另一方面，政府基于传统通货膨胀观针对某个通货膨胀率的控制目标实施的加息、提高存款准备金率、对某些行业的价格管制以及与这种价格管制配套的财政补贴等，通常会达成如下后果：一，改变了存量资金在原有授权范围下的权限，使交易各方在原授权范围下的行为条件发生改变（加息，提高存款准备金率）；二，取消特定行业交易主体的交易意愿或将市场交易主体的自由定价权收归国有（提高存款准备金率，对能源等行业实施价格管制）。

部分财政、货币政策所形成的取消交易（高额法定准备金率的实际后果)和强迫交易(企业丧失定价权后仍然不得不保证供应的交易行为)局面,抑制了按照市场自由交易原则本来会发生的那部分需求和供给,从而使得本来应该发生的财富增长未能应时发生。这部分因为市场主体的交易权和价格遭到剥夺或限制而丧失的财富增长及其货币记录,作为"缩水"部分所导致的存量货币的动态贬值,实际上也构成了隐性的"通货膨胀"——以通缩形式表现的通货膨胀。

综上所述,"通货膨胀"并非以 CPI 或 PPI 等观察工具测量所见一揽子商品的价格上涨(或持续上涨),或所谓流动性过剩的一个结果。商品价格的涨落是市场经济本身得以运行的一个基础条件,也是不断增长的自由经济的本来状态。如果我们以锁定 CPI 数字的方式来规划反通货膨胀的目标,基本上就是在以反 GDP 增长(经济增长的价格表现)的方式来反对通货膨胀——尽管计入 CPI 中的商品价格的增长只是 GDP 增长中的一小部分,而且在 CPI 样本商品的价格未见增长的不少情形下,我们仍然看见了 GDP 增长。

其实,真正的通胀发生在价格被扭曲的每个地方。如果存量货币(保留在所有市场主体手中的货币)本身的既有授权范围遭到限制或不法侵犯,交易各方达成交易的权利或作价的权利受到削弱,因为市场交易主体被迫交易和被迫不交易的行为以及资产成本的扭曲所导致的财富损失,可能会以 CPI 或 PPI 负增长的形式表现为隐性的通货膨胀。那些没有按照约定条件完成财富贡献却拿到已经提供了这种贡献的货币记录的市场主体所僭取那部分货币权力所导致的价格上涨,则可能是通常与 CPI 或 PPI 上涨有关的显性的通货膨胀。

CPI 与 GDP 之间有两种显而易见的数量关系，这就是 CPI 上涨 GDP 正增长或负增长，CPI 下降，GDP 正增长或负增长——反过来，我们也可以看到同样的伴随状况。

当我们以为 CPI 上涨意指着传统定义告诉我们那种通货膨胀的时候，其实就是错误地把经济增长本身必然带动的价格波动（涨、落）在 CPI 所观察的那部分商品上面的上涨表现当成了特别的经济疾患来加以对待。控制通胀与降低失业率之所以会在西方社会成为顾此失彼的两难选择，正是因为在市场秩序健全的情况下，反价格上涨意义上的反通胀政策实际上完成的任务就是反经济增长——经济增长放缓的结果必然是失业率上升。而历史上屡见不鲜的恶性通货膨胀其根本症结也不是价格在市场得以正常运行情况下持续上涨，而是市场本身因为战争、严重自然灾害、政府不当操作（含国际间政府的不当操作）等遭到破坏，交易各方自由受到严重侵害的情况下，市场崩溃的价格表现。

因此，反对通货膨胀所应该关注的是，是否有市场交易秩序遭到破坏的严重隐患，是否有交易主体自由交易和作价的权利遭到侵犯的状况，是否有作弊者通过制造"空账"伪造他们已向社会提供财富的货币记录大量发生的可能性，是否有企业公民或自然人公民因为经济环境的剧烈变动（经济灾害）而致其最基础的市场竞争者或消费者身份面临解体并因此需要最基本的社会救助……

第三章　规范经济学视域下的发展经济学

第一节
"三农"问题的核心困结及其解决之道(上)[①]

"三农"问题归根结底就是农民的待遇问题和农业的产业地位问题。党的十七大报告和《中华人民共和国物权法》(以下称《物权法》)为解决农民的待遇和与此互为表里的农业产业地位问题提供了政治保证和法律保证,"三农"问题终于等来了从根本上寻求解决的契机。以事实上承担着农民社会保障角色的农业经营权、宅基地使用权对位置换统一社会保障,既是给予农民以经济、社会层面应有的待遇,把宪法给予每个公民的平等权利由政治层面延伸到经济、社会领域的必由之路,也是解放农业的大前提。农业长期承担的农民基本社保角色,与农业作为一个现代产业之间的角色冲突是长期困扰"三农"的种种问题在推出了多种对策后仍然无解的根本症结。建立让农民的土地承包经营权和宅基地使用权与覆盖城乡的统一社会保障待遇(含住房保障)对位置换的体制,实现社会保障待遇的城乡一体化,将为一家一户的传统小农农业演化成为以市场来配置核心生产要素的现代农业,奠定必不可少的基石。按照一个长时段的尺度,十七大无论是在党史或国史上,其影响都会是历史性的。

十七大报告直指"三农"问题的要害,为未来一段时间内

---

① 本节最初发表于《西南民族大学学报》2008年第4期,选入时有改动。

集中精力解决"三农"问题扫清了一些前提性障碍。

十七大报告中广受瞩目的一些关键词,可能涵盖了人们关心的方方面面,但就本节要讨论的题目而言,笔者认为是为从根本上解决"三农"问题,实现城乡一体化提供了必不可少的政治保证——而稍早一点开始实施的《物权法》则是从法律层面为解决"三农"问题提供了必要的法律保证。

十七大报告第一次明确了要实现扶贫方式的转变,要把促进中等收入阶层的扩大作为新的扶贫工作重点,而扩大中等收入阶层的具体路径则是要"创造条件让更多的群众有机会提高财产性收入",并强调了首次分配公平的重要性,强调了生产要素的跨区域流动对提升经济效率的促进作用,强调以创业来促进就业……

结合十七大报告和《物权法》,我们可以清晰地看见,长期困扰"三农"问题,使得城乡一体化进程实际上很难充分展开的一系列核心症结,终于等来了破解的契机。

一、"三农"问题或城乡一体化的根本症结

改革开放初期,中国农村改革取得了举世瞩目的成就。在家庭联产承包责任制得到广泛推广的 1978—1984 年间,按不变价格计算的农业年均增长率为 7.7%。这是新中国成立以来,农业增长最为迅猛的时期,也是改革开放以后农业与其他产业在同一时期的增长速度没有明显差距的时期。

自此以后,中国农业在得到更充分的农用科技支持的情况下(更优良的品种、更高效的肥料和农药……),也难免陷于滞长的困境。可以说,家庭联产承包责任制已经彻底释放了传统农业

格局下农业的增长可能性。农业的增长、农民的收入增长在此局面下，不可避免会成为困扰中国农业、农村、农民的"三农"问题。

十六届三中全会以来，逐渐明确了科学发展观。十六届五中全会提出了实现城乡统筹的目标：统筹规划；统筹城乡市场体系建设；统筹城乡基础设施和生态环境建设；统筹城乡教育卫生文化体育事业；统筹城乡社会保障，逐步建立城乡一体化的社会保障体系。

从城乡统筹目标的提出，到批准重庆、成都为城乡一体化改革示范区，凸显了政府从根本上解决"三农"问题，实现城乡一体化的决心。

然而，以上城乡统筹的目标，并非像把"村"改为"社区"，建立农村合作医疗、农村低保，以至于统一九年义务制教育体系，统一水、电、路的基础设施或者整理宅基地让农民集中居住在符合城镇居住标准的住宅楼里……那么简单。而且城乡统筹的实质也不是"城市反哺农村，工业反哺农业"，或实现"第二次分配的公平"。如果此次城乡统筹的目标就是力求以此种方式来实现城乡间的转移支付或二次分配公平，那么，就难以从根本上走出三十年来我们在不同时期实施过的由公共财政来扶助农村政策的固有逻辑。

我们曾经长时期地为实际上就是以农村为重点的"老、少、边、穷"地区提供财政支持。全国各级政府都有从上到下的专门机构负责扶贫——不管我们的目标是否已经从单纯的"输血"转换为以"输血"的方式来促进农村地区自我"造血"，我们也减免了农业税，采取各种措施减轻农民负担、增加农民收入、加大农业投入。

不可否认，上述政策极大地缓解了农民的若干切身困难，缓和了城乡矛盾，让农村和农业分享到城市或工业高速发展带来的一些红利。

但是，"三农"问题的实质，并非农业的问题、农村的问题、农民的问题，而是政府、政策、体制以及我们所有人如何对待农业、农村、农民的问题。

如果我们始终坚持以"三农"的眼光来看待和处置"三农"问题，就是试图坚持从城乡二元的前提条件出发来寻求破解城乡之间发展水平差距和日益扩大的收入差距所形成的困局。从坚持城乡二元对立的前提出发，要想得到化解城乡二元对立的结果，其结局可想而知。

"三农"问题也不仅仅是一个投入、欠账、基础设施的问题，而是谁可以投入和怎样投入的问题。

换言之，"三农"问题的核心症结就是，农民的待遇问题，农业的产业地位问题，与农民的待遇问题和农业的产业地位问题紧密相关的新农村建设问题。

只有从根本上解决好与"首次分配公平"紧密相关的这三个问题，由这三个问题引申出来的那些传统的"三农"问题才可能迎刃而解。城乡二元分治的格局、城乡发展水平的较大落差和城乡居民收入水平日益扩大的差距等困扰民生并有碍于和谐社会建设的问题才可能找到治本之策。

二、农民的待遇问题

《中华人民共和国宪法》赋予了城乡居民统一的身份。这种统一的身份在政治层面得到了落实。在经济、社会层面,却因为中国历史上数千年来"国"与"野"的区分,使得城乡居民二元分治被当作一个"惯例"和"常识"接受下来。

在计划经济时代,"工商食官""农民食地"的城乡区分其实与古代的"国""野"区分并无二致,城乡居民在经济、社会身份上的区分反倒不像今天这样触目。随着改革开放的步步深入,农民问题之所以成为全党关注,关系到国计民生、社会稳定、经济社会长远发展的重中之重,就在于,随着时间与世事的推移,农民的身份处境问题,而不仅仅是传统农民问题中的温饱问题,在中国农村发展史上第一次凸显出来。

只有农民,他的原始职业才是他本人及其子女的社会身份。即使拥有这种原始职业身份的当事人早已转做别的行当,也早已不在原始居住地居住,其赖以为生的职业和习以为常的生活方式已经与原来的居住地和职业没有任何关系,他的社会身份以及与此有关的经济身份却不能不受制于他的出身、原始职业和原始居住地。农民在他生活和工作的城市,被称为"农民工"。他们不会仅仅被当作焊接工人、建筑工人、保洁工人来看待,同样,他们在城市也难以享有养老保险、医疗保险、住房保障、子女入学的平等待遇。

只有农民的社会保障与他的第一职业身份,或与生俱来的职业身份紧密相关,只有农民才与某块具体的土地之间有一种难以轻易变更的人身依附关系,也只有农民才必须在自己正在和将要从事的经济事业与自己的社保之间(务农和回乡居住是真实地取得这份社保的条件)作出选择。

因此,落实农民在社会、经济层面的切实身份,给予其以应有的待遇，既是一项意义深远的事业，也是从根本上解决农民问题的必由之路。

同时，把农民当作一项自由职业来加以选择，无疑会极大地拓展城乡居民自由择业和以创业来就业的空间，为市场配置人力资源、资本和技术开辟广阔天地。

三、"农业"的产业地位问题

农民工大规模进城（最保守的统计数字也会超过2亿）的现实表明，大部分农村劳动力已不再以农业为业。

大部分农民与农业在经济运行现实中是相互分离的。留守农村并且仍在耕种土地的农民，基本上是外出务工已丧失体力或技能优势的老弱劳动力。这是市场给予农民流动就业机会之后的必然结局。

在农用地使用权系于农民的出身，不能自由买卖或转移，农民的职业因为身份化而不能成为可以自由选择的一份职业这一限制条件下，农业要产业化，并且成为与百业竞争，在投资和劳力收益上具有吸引力的行业，已丧失了必不可少的条件。

农业对农民来说不是一种具有经济意义的职业——数亿农民工充斥城市的每个角落已经揭露了这一事实。大部分农民工之所以离开农业而又不能够选择离开农村，不过是因为农业仍然是他们在"失业"或从别的行业"退休"之后的保障。

土地承包经营权说到底，就是农民不可剥夺的农业就业权——而后者又是缺乏完善社会保障的农民迄今为止最强有力的社会保障。

十六大以来特别是十七大所制定的城乡统筹的各项原则，已明确了建立健全覆盖城乡的全民社保体系这一战略目标。建立城乡统筹社保体系这一战略目标的确立和《物权法》将土地承包经营权界定为"物权"实际上已为系于出身身份的土地承包经营权的自由流转提供了前提条件。在法律、体制、政策面已不存在根本障碍，现有的城乡土地分治体系所导致的结构性矛盾日益尖锐的情况下，农业产业化或者说农业在真正意义上市场化已面临关键时刻。

改革开放以来，我国的土地管理制度一直强调用途管理。商业用地、工业用地、住宅用地、农用地依其用途的区分获得了不同的市场待遇。伴随着经济发展和开发用地规模的扩张，基本农用地的保护面临越来越严峻的形势。18亿亩耕地的红线是政府和舆论反复提到的底线。

但因农业自身的非经济产业地位而致农民闲置的耕地的隐性流失，比建设用地占用耕地所带来的问题更为严重。

18亿亩可耕地的红线是耕地与建设用地矛盾关系的一个标志。而在18亿亩红线范围内闲置的农用土地则是农业作为一个有独特生产形态的部门和作为绩效完全由市场决定、收益水平可与市场各方展开竞争的现代产业部门这两种角色之间存在矛盾的一个证据。

对于有外出务工机会的农民来说，农用地的闲置并不意味着某种值得计较的经济损失，因为农用地在现有条件下的利用几乎无利可图。有关土地承包经营权的原有法律规定就是给农民以社会保障，并在此一前提下达成农业生产的某种水平性稳定。在农民对自身生活水平和收入提高的追求超出了最基本的保障水平（温饱）之后，这个目标实际上可能已经无法实现。

这样导致的结果就是，农民的相当一部分收入来自非农业的其他行业，而本就稀缺的农用地却因为遭遇闲置而在农业自身范围内隐性流失。

由此可见，系于出身并且具有一定人身依附色彩的土地承包经营权——一方面是事实上的城乡二元社保体系的一个堡垒，影响着农民在经济和社会层面的待遇，另一方面，又因其强烈的社保性质，影响着农业发展成为一种现代产业的前途。

当作为利益主体的农民试图解决自身的社会保障与自由择业和通过自由择业提高收入水平这两者之间的矛盾，最简单的办法就是在不放弃土地承包经营权的情况下闲置农用地，到别的行业去寻找发展机会。这样，拥有土地承包经营权的农民有经营权而不经营，可能使农用地面临更为严重的后果。

如果农业的基本生产要素——资本、人力资源和土地——都缺少经由市场来进行配置的前提，在这种情况下来谈农业的现代化、农民基于农业的收入增长以及农业作为一个经济性产业对国民经济成长的贡献，无异于缘木求鱼。

从当前农业的现状可知，具有人身依附色彩的土地承包经营权实际上并非在《物权法》里得到确定的那种用益物权。它既不可能在法律意义上给农民带来财产性收入，让农民工在他们从事的事业上心无旁骛地追求进步，也妨碍了资本和人力资源（最适合做农民，具有充分的现代农业知识和市场运作经验，能够凭借农业争取到最大市场利益的那部分人）自由流入农业。

集体经济组织在一定程度上隔断了土地进行大规模自由流转的可能性——尽管转让这种土地流转的形式也得到了《中华人民共和国农村土地承包法》（以下称《农村土地承包法》）的认

可。在农业的主要生产要素——土地——不能通过市场来配置的情况下，农业通过竞争来完成优胜劣汰的机制便无法成立。在这种情况下，即使技术、种子、农药、农用物资等生产要素持续改善，农业的生产效率仍然会自动选择维持在上述条件允许范围内的较低水准——因为承包经营者依靠自身远高于同行的经营水平而得到更大规模农用地经营权的激励条件尚不存在，没有人可以通过更高的绩效把别人淘汰出局并进而保持与他种行业相近的平均收益水平。

但是，根据《农村土地承包法》和《物权法》的规定，中国农村普遍存在的某种现实状况实际上未必就是这种法律所规划的唯一社会现实。

《农村土地承包法》对土地承包经营权转让关系中受让方的唯一限制条件是——受让方应具有农业生产经营能力。而《物权法》则明确将土地承包经营权界定为"用益物权"。结合《农村土地承包法》和《物权法》的上述条款，我们可以看到，只要在用途上不做变更，国有土地使用权和集体土地使用权作为用益物权实际上具有完全相同的法律地位。农民的土地承包经营权的市场化流转，正如商业用地、工业用地等的市场化流转，其法权内涵并无二致。

农村土地的集体所有权实际上是对中国农村在历史上形成的人口与土地关系的确认，是对地广人稀或地狭人稠的人口自然分布所带来的土地自然分配不均的现实的一种确认。在用益物权项目下，农用地与商用地、工业用地、住宅用地等建设用地的法律地位实现了统一。这种统一的深远意义在于，土地承包经营权将由此可能成为一项自由的物权，从而使因为出身而与这一土地用益权捆绑在一起的"农民"实现与某块土地的自由分离。在这同时,也创造了基于任何出身而有意愿、资本和能力来从事农业的"农民"与任何农用地自由结合的条件。这既是对"农民"这一特殊群体的一次伟大解放,也是对"农民"这一职业身份系于某一特殊出身群体这一被束缚的职业的一次伟大解放。

结合《物权法》的《农村土地承包法》为中国迄今为止仍然是一家一户的小农农业演化为以家庭农场主或农业公司为经营主体的任意规模的现代农业,打开了从未打开的大门,也为十七大所规划的让广大人民得到更多财产性收入的前景找到了一条现实化的路径。

建立覆盖城乡的统一社会保障体系,是农业产业化、把农业从保障性行业转化为经济性产业的制度基础。而要建立和健全覆盖城乡的统一社保体系,农民以其土地承包经营权这一用益物权的出让所得来充实自身的社保账户或将已承包地的承包经营权交还各县级国土部门,在当地取得可在全国自由转移的社保基本账户⋯⋯已经具备了可以付诸实施的条件。

如果按照以耕地承包经营权的交还(由县级以上国土管理部门施行土地整理后统一招、拍、挂出让)换取社保基本账户(缴费年限以农民做农民或农民工的年限为据并参照城市入户条件核定)的原则来实施农用地流转,让农用地成为与商用地、工业用地等具有相同物权地位,因而可以自由流转的土地,中国农业在土地、人力资源、资本等核心要素上实现市场化配置的条件就会趋于成熟。

而农民以土地承包经营权换取统一的社会保障,这既是城乡二元社保体系实现无缝对接在技术上最优的路线,也是十七大所规划的实现"首次分配公平",给予农民以应有待遇所不能不走的道路。

这样一种路径的可行性和战略意义在于:(1)以土地承包经营权这一在事实上具有社保性质的资格和权益置换城乡统一的社保资格和权益,既避免了农民在转换身份的过程中社保资格和相应权益的丢失,实现了以社保换社保的对位置换,又避免了把土地承包经营权视为农民"私产"必然会出现的地产无序转让可能造成农民丢失其基本社会保障、土地因所有权零碎分割无法实现规模化经营等一系列不良社会后果。(2)以在实质上充当了农民基本社保的农用地承包经营权和宅基地使用权来换取统一的社保待遇,既是实现城乡二元对立的社会保障体系无缝对接社会成本最低的改革路径,也会让长期没有资产价格的农用地转化为巨量社会财富,从而既为社保基金开辟丰沛的财源,也为从源头上解决流动性泛滥问题找到了出路。(3)解决了土地承包经营权作为农民的基本社会保障和农业作为农民的基本就业保障,与农民提高收入水平,农业产业化、现代化、市场化要求之间在原有情形下难以解决的结构性矛盾。从而为农业摆脱沿袭数千年,已不能适应今天市场经济体制若干基本要求的一家一户的小农农业,建立基本生产要素由市场配置的现代农业打开了广阔的生长空间。(4)解放农业和解放农民,既是我们这个社会实现首次分配公平必不可少的一个环节,也是中国经济追求又好又快发展所可以依恃的最充沛动能。如果大部分人力资源和大部分土地资源不能由市场配置来实现效率的状况得到根本改变,将会为中国经济的高速和稳定增长,以及中国社会向高度和谐社会演进奠定牢不可破的基石。

四、"新农村建设"问题

在农村推进小城镇建设、社区建设，是各地在建设社会主义新农村的实践中不断推出的主流模式。这种模式的假设前提是，新农村建设就是农民在居住品质和生活方式上的城市化或城镇化。

如果在生产方式上已经实现以非农产业为主的局部地区（如华西村）推进上述模式的新农村建设，对于改进农民的居住品质，倡导和引进城镇化的生活方式，肯定会大有裨益。但在与大城市相距遥远，生产方式仍然是以农业为主的地区，农民集中居住的结果可能就会是"牵着耕牛进社区"——因生产、生活方式的不匹配而导致生产和生活陷于混乱。

从现有的实践效果可以看出，以城镇化建设和城镇化生活方式为目标来设计"新农村"建设和新农村农民的生活方式，这种出发点有待斟酌。

城乡一体化的目标并非城乡建设模式和生产生活方式的一体化。城乡一体化对于新农村建设而言，不应是城市空间样式对乡村空间样式的兼并，或把城市的空间形态、生活方式照搬到农村。如果农村仍然是以农业作为自己的立身之本，城镇化的生活方式、生活空间就不可能与农业的传统生产方式或现代生产方式实现兼容。这样做的结果就是，要么以牺牲农业生产方式的便利来满足城镇生活方式的需要，要么允许农业生产方式的若干破坏性影响因素占领城镇生活空间。

只有在不以农业为业的某块曾经是农村的地方所建立的城镇及其居民，才可能实现城镇化生活方式、空间布置与其从业方式的完全匹配。对这样的地方,我们已不能视之为某种"新农村",而充其量可以把它们看作以农村土地建设并与农村毗邻的城市或城镇。

因此,城乡一体化建设或建设社会主义新农村,其目标不应是,以整理宅基地的形式让农民集中以城镇居民的方式居住(特大城市周边的成功案例不具有普遍意义),让农村就地城镇化。城镇在经济上能否自立,是否能够成为农村的有机组成部分,城镇生活方式能否与农业生产方式相互支撑,才是这个城镇是否可以成立为新农村的根据。

如果城乡一体化和建设社会主义新农村不是被理解为尽可能多地拷贝城市的居住和生活空间,以居住和生活空间的城镇化来作为新农村的标准,而是把城乡一体化理解为城乡居民待遇的一体化,城乡非农业和农业以市场配置资源的体制条件一体化,那么,城乡一体化和建设社会主义新农村的实践,或许就会少付出一些成本、少浪费一些土地和建设资源,并取得更多的实绩。

五、"三农"问题牵涉的若干热点问题及其对策

自 2003 年开始,中央连续五次以一号文件的形式强调"三农"问题的重要性。可以说,"三农"问题能否妥善解决,是中国经济、社会能否可持续发展的关键所在。在经历了以 2.1 亿农民工为强大后援的大规模生产、大规模出口的经济高速增长期以后,随着在国际分工中角色的转变,中国经济国际影响力的增强以及所担当的国际责任的迅速增加,中国经济要实现增长方式的转变以及经济和社会发展要进入更高阶段,都在很大程度上取决于"三农"问题将取得何种进展。

例如，中国经济目前面临的流动性过剩以及结构性通胀等问题，就是城乡二元对立的产业和资产结构的内在矛盾积累到一定阶段的产物。

如果作为第一产业的农业核心资产（耕地）没有资产价格，由此也不能够作为社会财富进入市场，与非农产业有关的资产价格则会遭到扭曲，并使楼市和股市出现难以有效控制的泡沫化趋势。另一方面，不能通过市场配置资源的农业不是高效的，在国际农产品价格高企的环境下，中国农业的供应能力以及对农产品市场价格波动的反应方式也面临严峻考验。政府可以通过转移支付对农业生产所需要的种子、化肥、农机进行补贴——这对于在一个生产周期内增加农产品的供应、缓解食品及与农业相关的基础工业原料的供应紧张、平抑物价等肯定会发挥积极作用，但也在一定程度上将产品市场上的通货膨胀外部化。或者说，是在以隐性的价格上涨替代显性的价格上涨。从长远来说，这不但无助于农业提升市场竞争力和形成可持续赢利能力，也会隐性损害整个经济体的运行效率。

如果中国农业转向由市场配置土地、人力资源、资金，农用地和农业对资本市场开放，农业对有从业意愿、技术和市场经营能力的人力资源开放，就业市场向不再受制于任何身份壁垒的自由劳动力开放……投资结构性地集中于重工业和制造业（这与依赖出口和投资的经济现象互为表里），资产价格的泡沫化趋势，农产品、矿产资源、城市建设用地价格高速增长趋势的长期化，以及内需不振等中国经济面临的结构性问题将会迎刃而解。流动性过剩以及结构性通胀等问题的最大根源，就是农业和农业资产没有市场价格所导致的有市场价格的那部分资产的大幅溢价。① 农业市场化的一个可以预见的结果是，流动性过剩被大规模的农业资产吸收和结构性通胀的回落。

中国经济将从这里打开高速成长的阀门，让市场充分有效地释放被掩埋的巨量土地资源和人力资源的潜力，中国社会的发展也将从此进入前所未有的新天新地。

同样，城市居民住宅价格居高，也并不单是因为房地产商的不良操纵、炒房人的投资偏好，或外贸顺差所导致的流动性过剩等，而更显然是基于与"三农"问题紧密相关的城市建设用地供应短缺。到2010年确保2亿公顷耕地的确是一个不能退让的战略目标。但是，在这个边界之上，我们真的已无地可供了吗？按照各方的统计数字，至少已有1.2亿农民工长住城市，每年还会有数以百万计的农村青年以大专院校毕业生的身份留在城市。不断涌向城市的农村劳动力和创业者对城市住房的需求仍在高速增长，而城市人口向大城市或地区中心城镇的集中也带来了日益增长的住房需求。房地产商屯地、捂盘的举动和炒家的投机热情无疑是建立在城市居民刚性住房需求不断增长和城市住房用地供应日趋紧张之间的矛盾日益尖锐这一基础之上。我们可以通过财税货币政策收缩流动性来缓解或暂时抵制房地产价格的上涨，但土地供应的刚性限制和城镇居民住房需求的刚性增长之间的冲突却不会就此消失。我们可以消除房地产商屯地、捂盘的现象，用税收和信贷政策抑制炒房人的投资需求，从而短期内缓解住房价格上涨的压力，但是我们仍然不可能在上述刚性的需求和刚性的

---

① 可参阅本书"通货膨胀"相关论述。

供应限制之间找到一个可以长时期协调的办法——即使我们暂时不去谈论实际上已经长住城市的1.2亿农民工改善其日常居住品质的需求。

其实只要我们不拘泥于国有土地、集体土地的表面分别，而是就土地使用权所具有的物权法意义上的"用益物权"来看待土地使用权的法律地位，抓住土地按用途进行管理这一中心环节，就不难找到保护耕地的红线与城市建设用地供应紧张之间广阔的缓冲地带。

与城市建设开发用地供应偏紧，基本农田保护面临严峻形势的局面并存的一个事实是，农村的大量宅基地在农民工大规模进城的情况下处于闲置状态。大部分农民工的长住地已不在农村老家，而他们中的大部分人又会花费辛苦积攒的大部分收入回老家修建房屋。这些房屋户均占地一般都会超过300平方米，远远超过城市居民住宅的户均用地面积。但是，这些房屋并不在农民工日常的居住需要旁。正像闲置的耕地是一种悬空的社会保障，闲置的农村房屋也是一种虚拟的居住保障。

农民宅基地与其真实居住需要之间的脱节不仅损害了农民工的居住利益（相当大部分农民工在工作地没有合适的居所来实现夫妻、子女的团聚），也在事实上造成了农村宅基地挤占耕地而使得城市建设和开发用地供应紧张的局面。①

如果我们关注农民工在城市的居住权益,并且将其住房保障问题纳入一揽子计划里面去考虑,或许就能找到破解城市用地紧张和农用地保护之间矛盾的钥匙。

既然农民工的实际居住需要发生在他们的工作所在地,既然农民工老家所在的耕地与城市周边的耕地在用途上并无实质区别,为什么不能用农民工农村宅基地复耕所得的耕地来置换城市周边的耕地呢?且不说这种级差地租收益悬殊的地块的相互置换

---

① 一些学者在讨论农用地所有权的时候拘泥于国有土地所有权和集体土地所有权的法律界限,没有看到农民以集体所有权的形式持有的正是全民所有制未能覆盖并有待覆盖的那部分权利。也就是说,集体土地所有权不过是对全民土地所有权或作为这种全民所有权代表形式的国有土地所有权未周延延带的一种补充。在全民土地所有权得到实现的情况下,集体土地所有权作为对全民所有权缺位的一种补充形式,已失去继续存在的根据。农村土地所承载的所有权的内涵在其不能成为一种市场标的物的情况下,其实质一直就是一种社会保障形式。因此,各级政府代表国家征用农民集体所有土地所支付的土地补偿金,其正当形式不是随城市级差地租不同而有所不同的各种数额,而是统一的社会保障资格及其待遇。现有的土地补偿金,不过是城郊农村城市化、集体土地国有化之后的一种溢价形式。是城、乡二元的土地所有权在其交界处因为城市的需要城市化的一个结果。既然农村集体所有的土地因为城市发展的需要被征用为国有土地是一种理所当然的选择,那么,为了农村发展的需要,农业发展的需要,由国家统一征用农用地,向农民补偿原来由农用地替代性地承担的社会保障性待遇,实际上已是现行体制和法律框架下可行的选择。统一地权,并依照农林用地、商业用地、工业用地、住宅用地等不同用途严格管理,明确农用地作为国有土地使用权与商业用地、工业用地等平等的用益物权地位,是引导资本和优势人力资源向农业流动,建立现代农业必不可少的基础条件,也是解决困扰政府和民间的城市建设用地供应瓶颈,城郊小产权房违法用地等土地难题的一把钥匙。至于一些学者坚持认为土地私有化是解决"三农"问题的关键,应是对土地私有权作为公权的性质未能仔细斟酌,并对中国农民在何种状况下才可能是自由的所有权人缺少了解的一个结果。把土地私有权浪漫化,对中国的农民和中国的农业而言,不啻为一剂毒药。农村土地在此种理想下所形成的所有权的零碎分割,带来的必然是杂乱无章的土地兼并和很大部分农民的社会保障流失等"新三农问题"。

所带来的地租收益的增长。

如果我们确定一个全国统一的宅基地复耕面积与城市用地面积折算比例（例如2∶1，在这种比例下，基本农田总面积将会出现正增长），由农民工在当地复耕宅基地，当地县级国土部门验收后，颁发按某个统一折算比例得到确认的城市建设用地指标证书，以此来确保宅基地复耕置换出来的城市建设用地指标在全国范围内有效流转，城市建设用地紧张和农用地保护之间的矛盾就可以得到解决。农民工可根据不同城市的入户待遇，来权衡自己以城市住宅用地指标、农用地承包经营权置换的社保资格可以在某个城市换取的居住保障条件、城市居民待遇、就业、创业优势等各种选择。而对接纳农民工入户，并且提供相应住房保障条件、社会保障、城市公共福利的城市来说，城市发展对建设用地指标的需要，与城市对自身人口容量、产业布局、经济社会发展规划、入户社会成本等的考虑如何平衡，肯定是这个城市制定何种入户政策来吸纳新增人口必须考虑的若干问题。

例如，北京市在收到人均30平方米城市建设用地指标的情况下可能会愿意提供占地5平方米，居住面积20~30平方米的廉价或平价保障性住房来吸引农民工入户（这种住房保障条件显然包含对吸纳农民工入户北京，这个城市给予一个普通居民所提供的社会保障、公共福利等牵涉的社会成本的计算，并遵循与普通居民得到的保障性住房待遇保持一致的原则）。而成都市则可能会在取得相同用地指标的情况下提供占地10平方米，居住面积30~40平方米的廉价或平价保障性住房……这样，城镇居民保障性住房（经济适用房、廉租房）和部分城市建设用地的土地供应便有可能通过入户"农民工"（可以以3~5年在一个城市有稳定的职业收入作为限制条件）带来的富余建设用地指标得到有效解决。而以农民工在一个城市的就业或创业市场得到的承认来确认其城市居民身份，也为农村劳动力的有序和平稳转移创造了条件。

建立全国统一的农村宅基地复耕置换城市建设用地指标流转体制，以农民工入户所带来的城市用地指标作为城市新增建设用地的重要来源，是解决目前基本农田保护的战略需要与城市建设用地增长需要之间矛盾的一个可行思路。这既是解决"三农"问题中农民的待遇问题，建立覆盖城乡居民统一的社会保障体系不可缺少的一环，也是破除城市建设用地供应瓶颈，从根本上抑制房价过快上涨，切实有效地保护和增加基本农田的战略储备等城乡进一步发展所面临的若干结构性困结的总目之纲。

如果我们能够在法律和政策上给予农民工以宅基地复耕置换城市建设用地指标和居民住房保障待遇，以农用地承包经营权置换统一的社会统筹社保账户（或基础水平的个人账户）的权利，那么，在首次分配上的公平和农民的财产性收入问题便可以得到解决。2.1亿农民工的巨大存量和仍在不断扩大的农民工队伍已在直观地揭示城市经济、社会的发展和进一步发展对农村转移就业人力资源的巨大需求——这个事实的另一面是，因农业市场化的空缺而闲置的农用地、闲置的就业和创业市场的开放也将为富集于城市的闲置资本和人力资源带来前所未有的发展空间。

一个社会的制度安排每向公平前进一步，与之相伴而生的必然是巨大的效率的进步。① 给予农民以应有的待遇,把原来与农民的出身捆绑在一起并且与某块具体的土地相应联结的农民的住房保障、养老保障、就业(失业)保障与城市居民的相应社会保障和公共福利统一起来,它的正面意义是,实现社会体制的极大公平,给予所有人在社会和经济地位上无差别的权利待遇。而与这种改变联袂出场的必然是,对原来不能交由市场来加以充分有效地配置的巨量人力资源和土地资源的解放。而后者正是打开较长时期以来困扰我们的若干经济社会难题的共同钥匙。②

"三农"问题是中国经济、社会的诸多结构性矛盾的辐辏之地,从根本上解决"三农"问题,消除隐伏于中国经济、社会结构之中的基本矛盾,才是有效应对由此结构性矛盾引发的诸多热点问题所面临的最紧迫的宏观调控任务。

---

① 可参阅本书"公平与效率"相关论述。
② 成都、重庆两地作为城乡一体化改革实验区,面临率先启动第二次农村改革的历史性机遇。如果成都、重庆实行以耕地承包经营权、农村宅基地使用权置换城乡一体化社保待遇的改革,那么,在改革实验区范围内,全体居民待遇得到落实的一个结果,必然是城乡经济、社会各项事业的长足发展。成都、重庆现有的土地整理方式仍然是立足于城乡二元对立格局的土地整理。以农民耕地承包经营权入股(或租赁)来实现农用地的规模化经营、以农村宅基地整理来实现农民的就地城镇化,不过是以一种较优的方式来处理农民与农村土地的固有关系。这不仅可能导致新的土地资源、建设资源浪费,也不是从根本上解决"三农"问题、实现城乡一体化的路径。

第二节
"三农"问题的核心困结及其解决之道(下)[①]

城乡统筹难于取得根本进展的核心困结是:(1)我们试图在城市土地国家所有、农村土地农民集体所有这一二元化地权的前提条件下来寻求城乡土地流转的路径。(2)我们试图在固化农村居民身份的前提条件下来谋求缩小城市居民和农民的收入差距,救平城乡居民经济社会待遇的路径。在不能打破二元体制的上述前提的情况下,城乡统筹的改革路径都避免不了把改革关口下移,以"新三农"问题来作为旧"三农"问题答案的命运。这种状况将在一定程度上导致资源浪费并错失解决"三农"问题的战略机遇期。

认清农用地使用权在现行体制下作为农民社保待遇的实质,建立农民社保与城市居民社保对位置换的新体制,以此作为打破城乡地权二元、城乡居民身份二元这一"三农"问题核心症结和农地与农民双向束缚传统农业结构的突破口,让土地承包经营权向新型农民开放,是解决"三农"问题、实现城乡统筹的治本之策。

---

① 本节曾以"以新的制度设计破解三农问题核心困结"为题发表于《西南民族大学学报》2009年第1期,选入时有改动。

一、目的和意义

"三农"问题是我国诸多经济、社会结构性矛盾的聚集之地。

作为农业生产要素的农民、农用地没有有效转化为由市场配置的生产要素,从而使农业资本、农业技术的市场化失去了根基和动力,农业的产业化、现代化,农村经济社会发展的活力、潜力因为土地和农民的双向束缚而窒息。

2007年6月,国务院批准建立重庆市和四川省成都市统筹城乡综合配套改革试验区。一年以后,成渝两地在土地流转方面取得了一定经验,但土地流转后农民的自由择居权、社会保障权、受教育权、发展权等各项权利如何得到维护,土地流转后农业产业结构调整、农业现代化又如何推进等一系列问题还没有真正得到解决。

事实证明,基于城乡土地地权二元[城市土地为国有土地,农村土地分为国有委托集体经济组织经营的土地和"法律规定属于集体所有的土地"两部分(《物权法》第四十七条、第五十八条)],农民和城市居民身份二元的前提来谋划统筹城乡的各种改革思路,都会在这一前提本身的逻辑怪圈内遭遇难以克服的障碍。

本节旨在探讨打破城乡土地地权二元、农民和城市居民身份二元的前提来破解"三农"问题,寻获实现真正意义上城乡统筹的路径。

本节所提出的以农民社保对位置换城市居民社保的改革思路,试图以社会成本最低的方式实现农民社保与城市居民社保的无缝对接，使农民从拥有低保待遇转变为拥有经济待遇，把农用地从农民社保资源的位置解放到生产要素的位置，从而为生产要素的跨区域流动、跨城乡流动创造前提条件，为建设现代化的社会主义新农村和现代农业创造前提条件，为集约化、市场化使用土地资源，减少和消除固有的土地浪费创造前提条件，为建立健全覆盖城乡的统一社保体系、解决中国经济社会发展所面临的一系列结构性矛盾创造前提条件。

二、农村土地改革的可行性分析

中国现阶段经济社会可持续发展的迫切需要。

邓小平所说的中国社会主义农业改革与发展的"第一个飞跃"是以"废除人民公社，实行家庭联产承包为主的责任制"的制度变革来解决温饱问题（实际上就是我们今天的"低保"问题），"第一个飞跃"所完成的制度变革与这种变革所针对的目标（解决温饱问题）是完全匹配的，所以，改革非常成功。

今天的改革早已走到了超越温饱的阶段。我们的任务是让农民致富并且以此为契机让全体人民走上进一步富裕的道路，实现整个国家在经济和社会发展方面的全面进步，建设社会和谐、国力强大的国家。因此，实现中国农业的"第二个飞跃"，"适应生产社会化的需要"，改革与农民的"温饱"要求相适应而不能与农民的"致富"或"小康"要求相适应的部分，已成为中国经济社会进一步发展刻不容缓的战略任务。

"三农"问题的彻底解决将使中国经济社会的基本面大为改观。

解决"三农"问题的迫切需要。

当前农业和农村发展仍然处在艰难的爬坡阶段,农业基础设施相对薄弱、与现代农业的要求存在一定距离、城乡居民收入差距日益扩大、农民的社会保障相对滞后等依然是困扰"三农"的顽疾。解决好"三农"问题仍然是工业化、城市化进程中重大而艰巨的历史任务。

在现行农业体制下,农用地在事实上被定位于"农民社保资源"的位置。这种定位与农用地作为市场化的生产要素的定位难以兼容,是农村发展现代农业的根本障碍。

迄今为止的新农村建设和现代农业建设的问题,并不是一个单纯的投入不足的问题,而是伴随无效投入的有效投入不足的问题。

在由市场配置人力资源、土地资源、资金、技术等基本生产要素的条件不具备的当下,建立现代农业和现代化的农村恐难以为继。

迄今为止的农民或农民工的社会保障不足问题,不是农民没有社保和国家没有为农民投入社保资源的问题,因而也不是社会保障没有覆盖城乡的问题,而是以城乡二元的方式覆盖城乡的社保体制浪费了一定社保资源(宅基地闲置、耕地撂荒)的问题。

农民在这种情况下面临两难处境,要么放弃外出发展的机会,接受仅能够满足温饱的生活,要么放弃自己的社保待遇(以闲置宅基地使用权和承包地撂荒的形式),进城寻找发展机会。

对于社会保障体系而言,一方面因为社保基金资本金的不足,导致对城市居民的社会保障左支右绌,并让大量"农民工"

暴露在少有社保掩护的开阔地带；另一方面又使相当的社保资源（农用地）虚掷在农村，并让城市承受土地成本虚高的代价。

转变经济增长方式的迫切需要。

中国经济的高速发展与出口的快速增长和城市化进程紧密相关。

以巨额顺差、外汇储备高企的形式表现出来的国际贸易的不平衡是不可持续的，而城市化进程由于缺少大规模"农转非"的设计支撑，也可能面临某种空心化的危险。

城市化进程是国内投资和消费增长的主要动力，而缺少土地供应和居民供应的城市化进程不会走得太远。因此，在拉动经济发展的"三驾马车"出口、投资和消费基于国内外环境已然发生变化的情况下，转变经济增长方式便成为中国经济得以继续高速发展的前提条件。

"三农"问题事关城市化进程的速度、质量和前景，因此也是制约国内投资和消费增长的主要瓶颈。转变经济增长方式，不仅要以国内投资和消费的增长直接推动经济发展，也要以内需来平衡进出口从而把国际贸易转化成为推动经济发展的可持续动力。

基本农田保护和国家粮食安全的紧迫需要。

城市用地紧张的另一面就是农村用地的浪费。农用地规模性浪费的表现形式可归纳为：

a. 耕地的粗放经营（由于小块土地上的精细经营没有经济意义）所导致的土地产出潜能的浪费。

b. 可耕地撂荒。

c. 宅基地闲置。

d. 作为小块耕地地界和通路被浪费的可耕地。

e. 以既有农户散居形态和现有村镇布局为目标建立起来的道路系统和其他基础设施占用的可耕地。

f. 农用地作为创业和就业资源的浪费。中国农业如果以在耕就业和相关服务业就业人口的充分就业状况（有经济意义或经济竞争力的就业状况）来衡量，其吸纳的有效就业人口可能低于总就业人口的10%。

g. 农用地作为潜在的生产要素而不是现实的生产要素不能经由要素市场进行合理配置，所导致的经济效率的损失。

在上述形式普遍存在的情况下，基本农田保护战略所坚持的18亿亩耕地红线的实际意义值得反观。城市建设用地扩张所占用的耕地的规模，实际上远远小于农业和农村内部耕地被隐性占用的规模。

土地资源浪费的局面若继续下去，可能从根本上损害我国的粮食安全。

同时，在现行的一家一户小农生产格局下，难以建立有效的食品生产可追溯体系，食品安全也将长期成为悬而不决的问题。

解决现有土地流转方式下的"新三农"问题的紧迫需要。

统筹城乡发展之路探索一年多来，成渝两地（以及天津、武汉、广东等地）在农村集体建设用地指标流转、撤院并院让农民集中居住以节约土地资源、农用地集约化使用、鼓励农民"双放弃"入户城市等方面都做了大量有益的探索，在节约农用地以有效保护基本农田并缓解城市建设用地紧张方面取得了很好的成效。但不以突破城乡土地地权二元、农民和城市居民身份二元为切入口的改革，注定会成为把关口下移并制造"新三农"

问题的改革。成渝两地现有的城乡统筹改革路径和拟议中的《中华人民共和国土地管理法》（以下称《土地管理法》）可能引发的"新三农"问题可归结如下。

（1）集中居住后的农民的发展权难以得到充分保证。集中居住在事实上割断了农民与传统农业生产、生活方式的联系，而集中居住地并非农民基于自身条件和市场需要所作出的经济选择的一个结果。一旦出租地的收入因市场波动发生问题，农民在没有可能回到传统农业生产、生活方式的情况下，会面临外出打工将失去居住条件，在家居住又无以为生的窘境。宅基地和农村住房在一家一户分散时期因农民工的工作地与其宅基地的分离所带来的土地资源和建设资源的浪费，可能会以农民住宅小区和小城镇空置的新形式表现出来。

（2）农民集中居住并没有改变农民和农用地之间的相互依附关系，而只是在改善了农民生活环境并节约了部分宅基地的情况下固化了农民与农用地的固有关系。这将成为下一步在自由农民和自由土地基础上才可能建立的现代农业和现代化农村的一个障碍。

（3）农民集中居住后整理出来的大片耕地可以以租赁或入股的形式实现规模化经营，但投资人不会在地权不能得到保障的情况下进行基础设施投资和农田基本建设，而且所选择的农业项目也大部分不会是普通的主流农业。这样，农用地的规模化经营将会严重依赖于市场，并对其波动极为敏感。一方面其可持续性大有问题，另一方面也难于与基本农田保护的最终目标（保证国家粮食安全）保持一致。

如果不能让主流的农业生产项目盈利，那么这样的安排既是不可持续的，也不具有可全国推广的普遍意义。

（4）农民集中居住一般都会依托现有的小城镇和村庄聚落，这会使千百年来传统农业生产生活方式下形成的自然村镇的空间布局得到强化。这些星罗棋布的小城镇未必是与现代农业相适应的现代化农村应有的空间形态。从我国人多地少的国情来看，以发展大中城市推动城市化比起发展小城镇来，在节约土地资源、建设资源和增强经济活力等方面，都有无可比拟的优势。

（5）鼓励农民"双放弃"（放弃耕地、宅基地）入户城市，固然可以让极少数的农民自愿搬出农村，但仍然不能有效解决现代农民、现代农业搬进农村的问题，也就是说，不能解决"非转农"的问题。

（6）在不改变农用地与农民之间人身依附关系的情况下，让农村集体建设用地上市流转，可能带来较为严重的后果。

一方面，农村集体建设用地在事实上是农民的社保资源而不是单纯意义上的农民财产。农村集体建设用地使用权作为社保资源不是农民的具有现代意义的财产或潜在财产，因而也不是可以在民事主体之间进行有价转让的标的物。因此，农村集体建设用地上市流动的正确方向不是直接联系民事主体产权交易的土地交易所或资产市场，而是居民社保待遇。

另一方面，在耕地仍然处于原有人身隶属关系之下的情况下，农村集体建设用地恐难以实现有效、有序的流转——充其量可以使城市周边的"小产权房"合法化，而这将是对房地产业的又一次沉重打击，也可能成为次贷危机的导火索。

农村集体建设用地上市流转难免后患，农民与土地的关系在这种新的利益格局下面可能面临长期冻结的局面。在大部分远郊的农村集体建设用地在事实上不能流转的情况下,农民将会在短期利益和想象利益的诱惑下选择长期固守没有真实经济前途的小块土地,如此一来,建立现代农业和建设现代化的农村将会失去宝贵的历史机遇期。

此种思路可能会在相当大的程度上影响城市居民和远郊农村居民的应有待遇,也会对首次分配的公平性构成严峻挑战。这将使城郊农民收入得到不适当的大幅提高,进一步拉大近远郊农民的收入差距,并导致存量商业地产价格体系和城市地方财政崩溃。

这种思路和呼吁土地私有化的部分学者的立论基础相一致,混淆了农用地作为农民社保资源和作为农民财产之间的界限,把农用地当成农民的潜在财产,二者不过是这种潜在财产确权的不同形式。

有关农村土地改革的任何思路都应牢记的一个前提是,农村集体农用地所有权实际上是设立于国有土地所有权这一大前提上的所有权,其法律地位等同于集体取得的国有农用地使用权。而农用地在经济社会层面的现实地位则是,农民的社保待遇或社保资源。

法律、政策支撑。

《农村土地承包法》第三十二条:"通过家庭承包取得的土地承包经营权可以依法采取转包、出租、互换、转让或者其他方式流转。"

第三十三条(四):"受让方须有农业经营能力。"

上述条款和《物权法》有关承包经营权的条款均未对承包地受让人的身份进行限定,只对受让人的农业经营能力和农业经营方向进行了限定。这在法律上为大规模"农转非"和"非转农"的制度变革提供了保障。

《物权法》第四十二条:"为了公共利益的需要,依照法律规定的权限和程序可以征收集体所有的土地和单位、个人的房屋及其他不动产。"

第一百三十二条:"承包地被征收的,土地承包经营权人有权依照本法第四十二条第二款的规定获得相应补偿。"

彻底打破城乡土地地权二元、农民和城市居民身份二元的传统体制,实现首次分配的公平,为现代农业和现代农村的建设扫除根本障碍,促使生产要素以市场为枢纽跨区域、跨城乡流动,让"三农"问题成为历史——是事关我国经济社会能否可持续发展的最大公共利益。为了这一巨大的公共利益,征收集体所有的农用地为国有农用地并向不再受制于身份壁垒、有农业经营能力的受让人拍卖国有农用地使用权(耕地承包经营权),可以同时满足《物权法》《土地管理法》《农村土地承包法》等有关法律规定的要求。

而这将为建立由市场来配置核心生产要素的现代农业,以及在现代农业格局下建设现代化的新农村,创造必不可少的制度环境。

邓小平提出:"中国社会主义农业的改革和发展,从长远的观点看,要有两个飞跃。第一个飞跃,是废除人民公社,实行家庭联产承包为主的责任制。这是一个很大的前进,要长期坚持不变。第二个飞跃,是适应科学种田和生产社会化的需要发展适度规模经营,发展集体经济。这是又一个很大的前进,当然这是很长的过程。"①

《中共中央国务院关于推进社会主义新农村建设的若干意见》。

十七大报告要求创造条件让生产要素实现跨区域流动，建立健全覆盖城乡的统一社会保障体系，并强调实现首次分配公平的重要性——打破"农转非"和"非转农"的体制桎梏，让全体公民在经济、社会层面所享有的初始福利和社会保障不再因为身份的差别而在事实上处于不平等地位，应是实现首次分配公平的题中之义。

习近平在十九大报告中强调，中国特色社会主义进入新时代，我国社会主要矛盾已经转化为人民日益增长的美好生活需要和不平衡不充分的发展之间的矛盾。彻底打破城乡二元格局，解放农业、土地、农民，将会释放不可限量的经济潜力，从而有效解决人民日益增长的美好生活需要和不平衡不充分的发展之间的矛盾。

我国土地历来实行按用途管理的法律和政策。国家征用农民土地为国有土地并指定用途进行招、拍、挂没有任何法律、法规和政策层面的障碍。

三、以城乡地权二元、城乡居民身份二元前提作为突破口的改革路线图

农村土地使用权流转的问题，其实质并非农民通过土地使用

---

① 中共中央文献编辑委员会：《邓小平文选》第三卷，人民出版社，1993年，第354页。

权流转来增加某种财产性收入的问题,而是农民基于其身份的二元化安排享有的农民社保待遇的流转问题,是农民社保向居民社保流转的问题。

认清农用地使用权在现行体制下作为农民社保待遇的实质,建立农民社保与城市居民社保对位置换的新体制,以此作为打破城乡地权二元、城乡居民身份二元这一"三农"问题核心困结和农地与农民双向束缚的传统农业结构的突破口,让土地承包经营权向新型农民开放,而不仅仅是对具有传统农民身份的现有农民开放,统一社保待遇,把农用地从农民社保资源的位置置换到可以自由流动的生产要素的位置,是解决"三农"问题、实现城乡统筹的治本之策。

鼓励农民以宅基地复耕、交还耕地承包经营权置换城市建设用地指标和居民社保待遇,在进城换取安居房后,成为具有完整待遇的城市居民。

(1)用宅基地复耕置换的城市建设用地指标解决农民进城后的住房保障问题。建立全国统一的农村宅基地复耕置换城市建设用地指标流转体制,以农民工入户所带来的城市用地指标作为城市新增建设用地的重要来源,是解决目前基本农田保护的战略需要和城市建设用地增长需要之间矛盾的一个可行思路。

(2)用承包地置换社保待遇来解决农民进城后的失业、养老、医疗等社会保障问题。农民把土地承包经营权这一"用益物权"交还各县级国土部门,换取相应的社保待遇,在当地取得可在全国(全市)自由转移的社保基本账户(计算缴费年限以农民做农民或农民工的年限为据并参照城市入户条件核定,退休农民可享受入户地城市居民低保)。国家将农民交还的耕地征为国有农用地后,将国有农用地使用权招、拍、挂。

(3)用征为国有农用地的农民宅基地,承包地的招、拍、挂收益作为社会保障资金,解决社会保障资本金不足的问题,建立健全覆盖全体人民的统一社保体系。将原来在事实上已覆盖城乡的二元化社保体系,转化为同样覆盖城乡但已实现一元化的、统一的社会保障体系。

这一方面解决了统一社保体系的资金来源问题,让原来作为"农民社保"有所浪费的社保资源(耕地、宅基地的大规模闲置)充分利用起来;另一方面也让土地资源成为由市场配置的生产要素,为建立高效的现代农业提供了必不可少的前提。

不改变被征用土地用途,实行招、拍、挂,为现代农业的建立,和建设与国际标准接轨的社会主义新农村创造必不可少的前提条件。

(1)耕地承包经营权交还后,国家以补偿农民统一社保待遇的方式将耕地和复耕后的宅基地征为国有农用地,由县级以下国土部门施行土地整理后统一招、拍、挂,出让国有农用地使用权。让农用地成为与商业用地、工业用地等具有相同物权地位的土地。

(2)通过招、拍、挂吸引社会资金、技术、人才等要素进入农村,并解决当前城市闲置资金流动性过剩的问题。我国农业转向由市场来配置土地、人力资源、资金,农用地和农业对资本市场开放,农业对有从业意愿、技术和市场经营能力的人力资源开放,就业市场向不再受制于任何身份壁垒的自由劳动力开放,就可有效解决现代农业发展的资金、技术、人才问题,使农业在真正意义上现代化。

（3）在资金、技术、人才等生产要素经由市场配置的情况下，新农村建设的投入状况将会发生根本转变。

原来根据一家一户的农村布局或农民在原住地集中居住（撤院并院等）以及传统自然村镇的既有布局来规划的基础设施建设可能会造成土地资源和建设资源的浪费，也可能会固化低效的农业生产和农村建设模式。

新农村建设在上述新的思路下面，将会节约大量的土地资源、建设资源和乡镇行政资源，并使资金来源和投入的有效性从根本上得到改善。

改革进程及改革中涉及农民的几种具体情况的处理。

即使上述改革思路得以实施，整个改革的进程也会是渐进的、漫长的。但如果改革没有正确的方向，我们动得越多，就越有可能与最终的目标渐行渐远。

农民的几种具体情况的处理：

①让已在城市有固定职业和稳定收入的农民成为自带社保资源入户的城市居民。

②引导、鼓励多数农民进城寻找职业成为城市居民。

③允许土地征用后的农民就地转移为社保待遇完整的农业产业工人，自由与土地经营者签订劳动合同。

④允许暂时不愿参加此次改革的农民，在遵循新农村建设规划的前提下，自主经营。

对灾后重建工作的现实意义。

①宅基地复耕可与灾后农村土地整理合并解决。

②灾后农村土地已不宜于农民在原住地以传统农业的方式生产、生活。

③灾区原住民的搬迁和集中居住在此种新思路下可以采取更优的方案，不会遗留诸如集中居住的灾民在住下来后如何生存、发展等问题。

④灾区农村处于地震活跃带，不具备再次承载大量农村人口的能力，因此，农用地的规模化、现代化经营既顺应了建立现代农业和现代农村的要求，也是在灾区地质条件下唯一合理的选择。

⑤农用地（含农用建设用地）作为国有农用地以招、拍、挂方式出让使用权，将会解除投资者的后顾之忧，为资金、技术、人力资源持续流入农村建立快捷通道。这无疑会极大地促进灾区灾后重建的进程。

⑥在这种思路下，灾民的异地安置将会出现全新的局面。

第三节
中国经济的结构性困境及出路[①]

（1）从已经出台的产业振兴计划和四万亿投资来看，以政府之手来代替市场分配资源，在短期来看，或许有助于避免经济硬着陆所带来的社会震荡。但从中、长期的观点来看，这些振兴计划却可能包含了相当的风险：以公共资源的投放来决定企业成

---

① 本书相关内容写作于2008年，文中所述形势政策、数据及法律条文等以其时为准。下文同。——编者按

败，可能会在导致一定程度上的资源浪费的同时，让缺乏真实竞争能力的企业发展壮大，从而为经济的中长期发展埋下隐患。

那么，中国经济的核心困结在哪里？简言之，就是产能的结构性过剩和需求的结构性不足。而这个核心困结本身又是由几个相互连带的问题纠结而成。

①大量农民工涌入城市和工厂带来了产能的急剧扩张和中国成为世界工厂的奇迹，而促成产能扩张的农民工却不是其工作所在地的居民消费者。这就使中国的城市和工厂区在结构上成为生产大于消费的城市和工厂区。

②居民社保体系因投入和欠账问题在一定程度上抑制了居民的消费和投资需求，影响了居民收入向消费和投资流动的通路。但与此同时存在的农民社保，则是以古代赈灾社保的思路设计的，这种社保体制占用了较多农地，却未必为农民提供了真正意义上的现代社会保障。

上述城乡二元的社保制度设计或许会为社保体系和现行社会带来如下问题：在消耗了相当社保资源的情况下，大部分人可能没有充分享有现代社保所带来的安全感，因而也没有充分释放自身消费和投资需求的前提条件。

③①和②使整个经济体系陷于一种产能结构性过剩和需求结构性不足。这种经济结构往往依赖不平衡的顺差外贸，并不得不把这种不平衡的对外贸易依赖为维持不平衡的国内经济结构持续运转的外部条件。

中国经济社会的大规模城市化、工业化与经济全球化的趋势一道，创造了持续二十余年的高速增长奇迹。这一奇迹的背后，或许隐藏了城乡二元化为中国的城市化、工业化烙下的与生俱来的某种空心化特征——我们的城市挤满了没有城市居所和居民待遇的农民，工厂和普通服务业大量使用并非职业从业者的"农民工"。这样的城市化和工业化存在一种"先天不足"——它没有在设计上为农民的城市居民化提供通路，也没有为大规模工业化所需要的巨量人力资源设计职业化的前途，更没有为农业的工业化（现代化）提供必需的前提条件。

（2）我们的城市一直在扩大，但是，至少有一半的人口不是城市居民；我们的工厂很庞大，但是，大部分从业人员不是职业工人；普通服务业（餐饮、休闲、社区和家庭服务）也有巨大的规模，但是，绝大部分从业者是"暂时"在这里待下来的外乡人……

与农村的空心化和农业的空心化进程同时出现的，正是这种空心的城市化和工业化。农村和农业的显性空心化是与城市和工业（广义的工业）的隐性空心化相互匹配的。农村的青壮年是城市化、工业化不可或缺的劳动力，而留守老人和儿童却是生产方式和生活方式不能够相互融洽的农民工无力随身携带的家属。

我们已经看到，空心的城市化和工业化总是意味着庞大的生产能力和相对弱小的消费需求。因为作为生产者的农民工不是城市居民，缺少作为一个完整意义上的消费者（衣、食、住、行）来表达自身消费需求的若干基础条件——他们"生活在别处"。这种城乡二元结构，导致中国经济在结构上的内需不足和生产能力过剩。

道理很简单，农民工大量进城是到城里来作为形形色色的"工"发挥作用，是中国城市和工业的生产者，却不同时是完整意义上的城市消费者。他们全身心地生产，却不能像生产时那样全身心地消费。

这种空心的、没有大规模的市民化人口作为基础的城市化，和没有大规模职业化人力资源作为基础的工业化，带来的结果不外是：

①在结构上的生产能力过剩和消费需求不足。

②产业和产品的劳动密集型特征明显。低端、粗放、原材料使用量巨大、环境成本巨大、生产规模巨大是这种没有职业化劳动力资源和职业化取向的工业化挥之不去的基本特征。

③外需依赖和以长时期大规模顺差来确立的对外贸易结构，成为平衡和掩盖结构性生产能力过剩和消费需求不足的必要条件。

④由内需不足、产能过剩的内部经济结构决定的不得不追求贸易盈余的对外贸易结构，是不可持续的。这必然导致国际经济、金融体系堆积系统性风险（本次世界性金融、经济危机在很大程度上可以说是这种国际贸易的结构性失衡所累积的系统风险集中释放的一个结果）。

（3）许多学者和经济评论者谈到了中国的内需不振与社会保障不健全之间的关系，呼吁政府以更多的社保投入来从根本上刺激内需。

这种谈论在大方向上是对的，但这种泛泛的谈论有可能掩盖了关键的问题。这些关键问题是：

①社会保障的现状并非社保体系在单纯的投入不足和资源匮乏意义上资金缺口巨大。无效投入较大和有效投入相对不足并存才是存在于当前社保体系内部的根本矛盾。

②财政收入难以弥补现有社保体系的资金缺口，社保转续和

资费负担的设计又导致部分人游离于基本的社会保障边缘——这一问题的实质不是哪些人有社保，哪些人没有社保，哪些人丢掉了社保，现有财政收入水平可以负担多少人的社保……这样一些问题。

这一问题的实质实际上可以归结为两个问题：基本社保作为政府提供的最大公共产品，应不应该惠及每个人？以及在由政府担保的自助、互助保障系统内又该怎样以其自身的财务贡献来确立差别待遇？

③在具体的社保项目、待遇和实施办法尚在酝酿，社保基金的资费收入和财政补贴应付现有支出也有困难的情况下，我们是坐等财政收入提高和更多的参保人带来充足资费后，才在遥远的将来把每个人揽进社保的怀抱，还是现在就宣布由国家为每个人提供基本的社会保障，同时鼓励每个人为了更高的保障水平充实自己的个人账户？

把农用地作为农民社保资源，是基于古代赈灾思路的一种社保设计，这种制度设计造成了事实上的公共社保资源的浪费。现代社保的最大功能是为全体人民提供与其生活方式相表里的安全感。大部分人的大部分日常生活都与社保的具体救助行为无关，社保的具体救助行为在每个时空断面都只会与少数人和少数生活处境相关联。但不与社保的具体救助行为关联的绝大部分人的绝大部分日常生活才是社保体系发挥正面作用和实质影响力的真正重点。

农用地被假设为在没有别的工作和生活来源的情况下，农民可以依赖的最后保障。这实际上意味着土地只能是农民在非常状态下可以依赖的保障，而不是在日常状态下可以依赖的保障。这是在古代赈灾体制下给没有出路的农民一碗饭吃的思路,与现代社保体制的设计思想南辕北辙。

以土地承包经营权作为农民社保的安排在实施过程中所带来的结果可能是农地作为生产要素和作为社保资源的双重浪费。农民显然不愿意让自己的日常生活状态保持在仅能维持温饱的水平——这是目前的耕地经营规模下坚守耕地承包经营权的唯一结果。外出打工或创业几乎是农民提高自身收入水平或致富的不二选择。

对于必须外出打工或创业的农民来说,土地很难为他们的城市生活方式提供充足的安全保障。把作为生产要素和社保资源的农用地置于双重撂荒的境地,是进城打工或创业农民的唯一选择。而这是不能自由流动的生产要素和不能随身携带的社会保障的宿命。

在内需和社保的关系上,我们看到最多的谈论是,一个健全的社保体系是内需得以充分释放的环境,社会保障欠缺的主要问题是投入不足,因此,社保投入不足是内需不足的主因。其实,投入社保的公共资源浪费才是社会保障不足的主因。不健全的社保间接抑制居民消费需求,而这种设计缺陷,不仅是社保不健全的主因,也是导致大量城乡消费和投资需求被囚禁的直接原因。

从社会保障的制度层面,我们可以看到,农用地(宅基地、耕地、农村基础设施用地)被当作农民的社保资源与农民的身份联结在一起,易导致公共资源的浪费。以数十亿亩农用地的资产价值来衡量,可以确定,我们在农民社保上实际投入的公共资源,已远远超过社会保障极为完善的发达诸国在社保上的投入。而农民在农用地充当社保的社会保障体制下面所得到的真实保障利益在大部分青壮年农民基于经济选择离土打工的情况下，恐有所削弱。

与农地社保浪费巨量资源的问题互为因果的另一个核心问题是，2.1亿农民工或接近这一数字的农民工家庭在工作所在地落地生根，转变为真正意义上的城市居民或城市消费者的道路，已在无形中被这种农地社保的安排所阻断。

产能过剩、内需不振是数亿农民工的生产、生活方式相互脱离的必然结果。农民工在城市不是一个完整的消费者，他没有城市居民待遇，衣、食、住、行的需要只能以某种最简约的方式来处理。而在农村老家，他也是一个客居者，即使身有豪宅，那也不是他的日常居所。

（4）本次金融危机与以往不同的一个关键点是，这是国际贸易长期失衡，欧美各国过度消费和中、日等国过度生产这一相辅相成的模式不可持续所导致的危机。

这就意味着，即使我们挺过了这场危机的最艰难时刻，外需也不会在原来的水平上像前几年那样快速增长。更大的可能是外需将会萎缩到原有水平之下，并长期在这种水平上徘徊。在这种情况下，要像前几年那样以外需的高速增长作为原动力来推动国内投资和消费的增长，已不再具有可行性。反过来，如果我们仍然像1997、1998年那样，基于外需在危机过后仍然会高速增长的判断以大规模的基础设施建设来替代外需的暂时性放缓，并试图以更好的基础设施来迎接更大规模的外需增长——这种试图一石二鸟的想法在内外环境已发生了巨变的形势下可能会面临两头落空的结局。

一方面，国内的基础设施已今非昔比，基础设施的边际投资收益会大幅下降，如果外需增长放缓或停滞成为长期趋势，这种投资的效益就更可存疑。另一方面，没有强劲内需支撑的投资和出口，在目前形势下已很难持续。如果中国的内需水平提升，在内外需良性互动的情况下，外需将会走上可持续增长的道路。反过来，如果内需不振，我们仍然试图像过去那样以单方面积累贸易顺差的对外贸易格局来支撑经济的高速增长，则显然不是已在此次危机中认清高负债的高消费必陷危局的各主要贸易伙伴愿意接受的结果。

基于这种判断，我们可以看到，在拉动中国经济的三驾马车：投资、消费、出口之中，国内消费已站到最核心的位置上。在本轮危机没有爆发之前，中国对欧美有巨额贸易顺差，并以持有外汇储备贷款给美、欧等来维持外需增长的局面。但是，以中国（日本、沙特等）持有美国国债来支撑美国长期贸易逆差的方式，只可能在一个较短的时期维持不平衡的国际贸易。本轮危机就是这种危险的平衡终于崩溃的一个结果。

在这种平衡状态得以维持的若干年间，外需是带动中国经济高速成长的关键环节。而国内城乡二元体制下产能的结构性过剩，与上述国际贸易体制的结构性失衡正好是相互依赖、互为因果的一对矛盾。如果长期失衡的国际贸易不可持续，缺少足够内需支撑，依赖出口的国内经济结构就不可持续。因此，审时度势，回过头来认真打量和重新清理中国经济各结构要素之间的关系，把内需放到推动出口和投资的中心环节，是借危机之机调整中国经济结构，重拾高速增长之路应须面对的首要问题。

从建立健全全民社保体系来释放内需的角度，在国家财政收入减少的情况下，应该解放思想，以非财政资源来解决困扰中国经济社会的社会保障问题。在这方面，我们有充沛的非财政资源可以使用：

①各级国资委下辖的国有企业可在不改变其所有制的前提下，将股权划拨给社保基金，以国有股权充实社保基金资本金。社保基金以每年的分红所得就可以较好地应对社会保障的各项需求，并以不带来任何社会动荡的方式为全民构建起一张基本可靠的安全网。这张安全网的细节或具体内容我们可以仔细斟酌，逐步完善。迅速建立覆盖全民的这样一张安全网，让全国人民放心消费，则是在今天的形势下，不能再拖的一件事情。这样一种不涉及所有制，甚至也不涉及所有权人，而只是变换了所有权人代表机构的改革，不仅可以在第一时间完善覆盖全民的基础社保体系，也是优化国企治理结构，让国企担负起向全民和国家分红义务的一次改革。

②从前提处下手打破城乡社保体系的二元结构，让长期撂荒的农民社保资源转化为居民社保资源。

如上所述，农民以农用地使用权的形式持有的农用地用益权是按照古代赈灾社保的思路设计的一种与现代社会不相匹配的社会保障形式。

这也是一种与农民提高收入、追求富裕的愿望相冲突的社会保障形式。农民在现有的土地承包经营格局下，难以靠种地获得像样的收入，更不必说致富。外出打工或创业是农民不得已的选择。这就意味着，一当他们选择了提高收入、追求富裕的梦想，就不得不放弃自己的社保；而如果他们选择待在这份社保待遇里面，就很难拥有经济前途。这的确是农民的两难身份困境。

由于某块农地总是某个农民的社保资源，农地也陷入了下述身份困境之中。作为社保资源,农用地一定是具名的;作为生产要素,它又一定不能是具名的——因为具名与自由流动以及在自由流动之中实现生产要素的有效配置之间,显然存在不可调和的矛盾。因此,农地的身份困境让我们看到了农用地的双重撂荒:作为生产要素撂荒(具体表现形式就是所谓耕地撂荒)和作为社保资源撂荒(具体表现形式是农民工裸身进城,在他们的日常生活和工作中,几乎没有现代意义上的社会保障)。

如果不能在解除农民与农用地人身依附关系的前提下来流转土地,农用地就不能脱离上述身份困境,从而也不能在经济意义上实现土地这一核心生产要素的市场化配置。

如果把农用地首次流转的目标确立在实现农民社保与居民社保对位置换的位置上,我们将会看到下列结果:

①作为农民社保资源长期闲置的农地将会为农民社保的居民化和充实社保基金的资本金提供充沛的资源。农用地作为农民社保所形成的浪费将可以转化为高效的社保资源。

②在农用地由不能有效担负起现代社保功能的农民社保资源转化为可以高效发挥现代社保作用的社保资本金,农民工成为随身携带社保的城市居民和自由职业者的同时,农村和农业也会得到巨额投资,中国农业将可由此结束整体亏损的历史。农村现代化和农业现代化必将对中国的就业和投资产生深远影响。

③在农民工将老家的宅基地复耕,换取打折的城市建设用地指标,并将耕地交还当地国土部门,换取社保基本账户后,农民工可以在所在打工城市以自己向城市贡献的建设用地指标换取安居房、可自由转移的社保基本账户和其他居民待遇。这样,农村的基本农田会因为宅基地的大量复耕、乡村道路的复耕和小块地

界的复耕而出现正增长。城市土地供应的瓶颈问题则会因为农民工所贡献的城市建设用地指标而得到解决。

④我们将一举解决农村发展所面临的显性空心化和困扰城市发展的隐性空心化问题。农村和农业的巨大投资和现代农业在广大农村生根开花,所带来的变化是:节能减排、环境保护、生态和土壤的恢复将会因为人口载荷的减少取得长足进展,困扰国民的食品安全问题也将从根本上得到解决。

城市将会迎来有能力和意愿表达自身生活需要的城市居民。这些人原来就在这里,不同的是,在没有得到城市居民权利和基本的社会保障之前,他们在这儿工作,却不能在这儿找到并且把握住自己想要的生活。新的安排让他们终于能够用手里的资源(农用地使用权)来满足自己长期压抑的需要(对城市居民待遇及其生活方式的追求)。

这些新城市居民的到来将会为所在城市提供充沛得多的工作岗位。同时,与这些农民工转化为新城市居民相匹配的对新农村和现代农业的投资也会远超从前。两项合计每年对GDP的贡献十分可观。

中国经济在未来20年的高速增长,以及以强大内需来推动投资,推动进出口更平衡、总量更大的国际贸易,均可由此奠定坚固的基石。

第四节
土地流转评论之一

现有的土地流转思路有一个没有明言的前提，就是土地是农民的财产或潜在个人财产，同时，土地又是农民的命根子、农民最后的退路。

可以说，几乎所有有关土地流转的改革方案都在这两端摇摆，而所有这些方案要么是已经走进了死胡同，要么正在走进死胡同。

其实，"三农"问题的要害恰恰在于，农用地在充当农民社保资源的同时，又似乎是农业的基本生产要素。作为农民社保资源和作为农业生产要素这种不能兼容的双重角色之间的冲突，构成了"三农"问题的核心困结。

作为农民的社保资源，农用地是记名的公共物品，因此不可能在民事主体之间自由流转；作为农业生产要素，农用地脱离人身依附关系自由流转则是农业能够通过市场来选择——谁更适合做农民，哪种规模的土地经营可以赚钱，需要多少资金和何种技术来介入这个行业等——的一个先决条件。

在以农用地来充当农民社保资源的安排下，农民的困境是，如果他放弃耕地承包经营权就是在事实上放弃了社保，如果他要把这份社保拿在手上，就不会有多余的手去拿住别的经营权（打工或创业）。

也就是说，如果农民按照现行安排去行使耕地承包经营权，他唯一可能的经济前途是温饱，而不太可能是温饱之上的富裕或小康。因此，放弃耕地承包经营权（撂荒）便是不满足于温饱命运的农民合乎逻辑的选择。这样做的后果是，被叫作农民工的这部分人暴露在没有充足社保保障的开阔地带，而作为公共社保资源的农用地却又以撂荒的形式被浪费。

但现在的问题是，以农用地承包经营权作为社保待遇的设计所导致的上述处境，可能并没有在新的土地流转思路下消失。现有的或显性或隐性的允许耕地承包经营权和农村集体建设用地流转的思路，都是在承认农民就是持有农用地承包经营权作为社保待遇的那部分特殊群体这一前提下展开的。

这些思路仍然在以农民和土地的双向依附关系作为基本前提来设计耕地和农村集体建设用地流转的各种可能形式，提高农民财产性收入的名义可能会让这种双向依附关系固化和长期化。

而我们在上面已经看到，只要把农民的社保待遇与农用地经营权捆绑起来，土地就不可能是自由的土地，农民也难以成为自由的农民。在这种情况下，期望以健全的市场来有效率地配置作为生产要素的人力资源和土地资源便可能落空。

认清土地不可能既是农民在现代意义上的个人财产，同时又是其社保待遇的真相，承认仅能够满足农民温饱要求的小块土地的社会功能实际上只是农民的一份社保，在这个基础上厘清一会儿把农用地当成农民社保资源，一会儿又把它当作农民个人财产来处理的思路，把农用地流转的起点设置在农民社保向居民社保流转这个点上（这应该是由国家来主导的流转或置换而不是民事主体之间的流转）。

从这里出发，在农民得到不再与某块具体土地的承包经营权联结在一起的社保待遇之后，在某块土地不再与某个具体的人身不可分割之后，土地流转的终点才可能到达可在民事主体之间自由转让的生产要素或个人财产市场。在这种情况下，农转非和非转农之间才不会再有体制屏障，农民才可能不再是一个身份而只是一种职业；农用地才可能从既被要求充当一部分人的具名社保资源，又被要求作为自由财产和生产要素来流转的两难困境中解脱出来，成为一种真正的个人财产和单纯的生产要素。在这种情况下，建立现代农业和现代化农村的事业才可能找到真实的地基，"三农"问题才能得以完整解决。

现在我们所看到的土地流转思路，实际上可能已经把农用地流转的上述起点和终点的不同任务混为一谈。在把关注重点放到农民社保上的时候，这种思路就会以牺牲农用地作为生产要素的特征来完成某种伪装的市场化流转，让市场经营主体来承担某种社保职能；在把关注重点放到市场化生产要素的本来要求上的时候，这种思路又会在低估或忽视失地农民丢失社保风险的情况下鼓励农民把农用地仅仅作为个人财产来流转。

我们试图让农民的土地承包经营权承担两种不同甚至相反的角色——作为国家提供的公共产品，同时作为民事主体间可以自由转让的个人财产——的确是在为这份承包经营权的流转规划一个难以完成的任务。一旦农民要把自己的土地承包经营权当作个人财产出让，他就会丢失社保；而一旦农民清楚地意识到那只是他的一份社保，这份社保在民事主体之间的流转就不仅有违于社会的基本目标，也不会给农民带来具有真实经济意义的财产性收入。

即便我们暂且搁置农用地经营权作为农民的社保待遇实际上不可能作为具有经济意义的个人财产来流转所具有的性质，真正能够通过流转土地来增加所谓财产性收入的农民，也只有少数可以得到级差地租的近郊农民。我们姑且不论城市制造的级差地租转移到近郊农民头上是否合理，对绝大多数远郊以远的中国农民来说，通过土地流转来增加财产性收入似乎也与他们相距甚远。更何况，这会导致大部分农民固守在没有前途的小块土地上，从而使"三农"问题长期化，成为中国农民自身追求进步和中国经济社会进步的一重考验。

第五节
土地流转评论之二

内需现在是大家最熟的词。由国际贸易失衡引发的金融危机表明，单边积累巨额顺差的国际贸易体制是不可持续的。由这个前提出发，我们已可以看见，靠外需来支撑基础设施建设效果肯定会大打折扣。在经过 1997 年以来的十余年持续改进之后，影响我国经济社会发展的基础设施问题，已不再是公路、铁路、码头、机场等基础设施不足的问题，而是养老、医疗、失业、教育等社会保障体系的相对缺乏所带来的问题。可以说，一个社会的保障体系就是内需得以顺利运行的基础设施。在这一基础设施没有得到有效建立和加强之前，一切有关内需的对策，似乎都可以称为一种暂时性的、出于权宜的应对方案。

民生需要的解放,是不再专注于社会保障诸问题所带来的一个自然而然的结果。如果人民专注于衣、食、住、行的保障性问题,那么,我们看到的将永远是低水平的内需。中国人的高水平储蓄,与中国的内需对 GDP 的贡献状况是相互匹配的。当试图以家庭或个人的储蓄来承担社会公共保障体系的时候,恐怕已很难对保障水平之上的生活方式抱持足够的想象力。所以,以收入来规划消费,的确是一件奢侈的事情。在社会保障体系这一现代社会所必需的最大基础设施相对缺位的情况下,收入恐怕难以搭上走向消费的直通车。在这种情况下,投资的低效率和结构性失衡必然会成为困扰中国经济的慢性疾病。

四万亿的确是了不起的大手笔。在今天,它已不仅仅是一个救急的处方,也是维护稳定所必需的一种战略选择。问题尚不在于四万亿行进的过程,关键的问题反倒是,在四万亿之后,我们又将何去何从?

大部分的评论者都或轻或重地谈到了内需与社会保障的关系,而大部分评论者也愿意默认"拖刀计"是万全之策。但在一切都已经改变的今天,完善和强化覆盖全民的社会保障体系,为中国经济社会的长远发展提供必不可少的社会基础设施,已成为立足于治本的救急选择。

多数学者和决策者相信社会保障体系可以缓图的理由是,对社保的投入需要相当的财政支持,而我们的税入总额是一定的,而在已经安排了的事项里面,社保并非唯一。

姑且不论财政所照顾的各种项目与我们所讨论的建立作为现代社会体制基础的最大基础设施相比,应该怎样排序,通过改进现有的城乡二元社会保障设计所释放的财源,就会超过我们可以想象的规模。

反观现行社保体系的制度设计，可以说，我们已经投入了相当的资源，而覆盖全民的社会保障体系仍有待完善。现行制度以农用地作为农民的社保资源，而城市居民则是以单位和个人的当期缴费和被国家承认的过往工作资历来作为社保计算依据。在这种城乡二元的社会保障制度下，由于社保基金资本金的缺乏，城市居民的社会保障水平和支付能力问题丛生。

农村居民的社会保障主要以土地承包经营权和宅基地使用权的形式表达。在农民只有离开小块土地外出打工或创业才能改善自身经济待遇的情况下，这种土地使用权形式下的社会保障对于农民而言，往往难以使用。农民一旦试图一展致富抱负（外出打工或创业），就容易使自己陷于无法"使用"土地的境地——也就是社会保障虚悬的境地。只有安于温饱的命运，农民才可能真实地把这份社保攥在手上——这已与现代意义上的社会保障的目标相去万里。

樊钢教授在新浪做客时说，农民的一亩三分地是他们的最后保障，在农民工大规模回流的情势下，这种土地保障的意义变得至关重要。因此，农民的转变是一个长期的过程，在城市还不能提供足够的工作岗位的时期，土地是农民最好的去处……云云。

这显然是严重误会了社会保障的意义之后，才得出的一个结论。樊钢先生似乎忘记了社会保障的最大价值是，在绝大多数无需支取社保资源的人群和绝大多数无需支取的"和平时期"对每个人所具有的意义。对需要依靠社保才能生活下去的那些人和那些时刻来说，社保反而是每个身处其中的人希望赶快迈过去的一道门槛。樊先生的想法很简单，农民在经济冬天回到门槛下面,是他们的命运,也是社会能够在低水平下苟安的现存办法。

至于城市还没有能力为大量转移出来的农民工准备充足的岗位这样一个问题,正好就是与内需特别相关的事情。如果城市为农民工做了足可安身立命的安排,无论有什么样的冬天,他们生存下去的能力,肯定不会弱于现有的任何人。在有保障的日子里,农民工的选择就不会是"回流"。而在农民工已经挤满城市生活每个角落的时代,如果有一天所有的农民工都决定解甲归田,由此导致的城市空心化可能会使更多的人失去工作岗位,将会使更多内需之源枯竭。岗位是在人流以"生活"的方式聚集在一起时创造出来的,从来没有一些人在为别人制造岗位,而别人只是在旁边等待上岗这样一件事情。

如果我们同意宪法给予每个公民的权利应该从政治领域扩展到经济、社会领域,给予农民以应有的待遇,就不仅仅是一件有关农民的事情,这其实也是给予城市居民本来待遇的另一种说法。把农民从小块农用地上解放出来,让农民有权以其农民社保置换居民社保,我们就不仅仅是在做解放农民、给予农民以应有待遇这样一件事情。解除农民与土地之间的双向束缚关系,让"农民"从一种身份转化为一种职业,是在给予农民做城市居民权利的同时,给予城市居民做"农民"的权利,也是在让农民的农民社保置换为居民社保的同时,让农用地从记名的社会保障资源转化为不记名的生产要素——而后者正是建立现代农业所不可缺少的前提。

只有明白了农用地仅在合理的社会保障制度下才能避免成为被浪费掉的社保资源这样一个真相,农用土地首次流转的方向才会保持在农民社保和居民社保之间,有关土地流转的设计才有可能避开把农用地这种记名社会保障资源当作不记名自由财产来加以流转这样一个陷阱，才可能确保不让解决旧"三农"问题的答案演变成为"新三农"问题。

只有在农用地变成国有农用地之后，资金、技术和人力资源在农业和农村的自由流动才会成为可能；建立现代农业，结束第一产业整体亏损的历史才会成为可能；人口超载的农村成为现代农村和整个国家的生态涵养地才会成为可能；通过农民社保与居民社保对位置换实现农村人口向城市转移，才会成为可能；农用地作为国有农用地，其"长久不变"的使用权成为一项自由物权、成为有资产价格的自由财产，才会成为可能。

在农用地以这种方式流转完毕的较长时期内，在纳税人的社保缴费支出有望大幅下降的同时，全体人民的社会保障水平却会有一个质的改变。在社会保障这个最大的公共设施建立起来以后，人们不必再以储蓄来担负社保这个公共产品才能够最有效地承担起来的"保障"需要，居民的"收入"和"消费"或者"收入"和"投资"之间的通路，将会是阳关大道。

在这种情况下，我们将不会看见"不能动"或"不敢动"的居民储蓄，储蓄将会是"投资"或"消费"的预备形态而不会是一种账上的"保障"。凯恩斯有一句良言，既不用于投资，也不用于消费的储蓄无异于覆水于地。全社会社保体系健全之后，储蓄浪费、内需疲弱、不知道在为何种需求投资……的状况将会一去不返。

只有在用健全的社保体系这副补药治好了内需之症后，我们才可能在某天早上醒来后发现，"内需"已不再是一个问题。

第六节
金融危机评论之一

本轮全球性危机对于中国经济的影响可以归结为：国外消费需求总量减少；国内市场条件变化导致的外需转移（转向越南、印度等国）；2008年货币政策、财税政策对内外需的影响；农民工回流和消费信心不足导致内需萎缩。对第一点，我们难以有所作为，至于后三者，则是我们是否可以在这轮危机中全身而退的关键。

从各国金融危机的规模和深度，我们可以看到，不平衡的全球性贸易体制是不可持续的。这场危机也揭开了我们在将来必须以内需来推动经济的真相——这意味着即使外部重新恢复了增长，我们也不能再走以出口创汇来完成增长的这条路。

在这种形势下，如果我们仍然沿袭过去的思路，试图以基础设施建设和出口退税等举措来应对本轮危机，中远期前景可能不容乐观。

我们现在要做的是，以完全不同的观点去审视已经截然不同的世界经济环境，并且以大胆和有远见的改革来应对内外环境的巨变。而在这种审视中首先应该改变的就是宏观调控的方式和对宏观调控的理解。

对中国而言，我们的根本问题不是市场缺乏健全的监管而是缺少一个健全的、无城乡分别的统一的市场。因此，把宏观调控从对市场的调控转变到通过市场来调控，才是我们自身必须认真对待的首要任务。

邓小平以罕见的勇气和远见开创的1978年改革的实质，就是实现了宏观调控方式的一次伟大转变。在今天，中国经济社会的若干结构性矛盾也必须以1978年那样的力度来加以解决。宏观调控方式的转变而不是在既有方式下某些举措的改变，已成为破解中国经济社会的若干结构性矛盾并平衡国际贸易的必由之路。下面让我们试着为今天所需要的宏观调控方式的转变做一个简要的梳理。

（1）作为中国经济社会结构性矛盾的辐辏之地，农村改革将再次成为未来30年改革的前奏。"三农"问题从根本上说，就是作为1978年改革成果的温饱体制与农民奔小康、农村现代化和建立现代农业的要求之间的张力所带来的问题。在"三农"问题上亟需作出的宏观调控方式的转变是：不再从城乡二元的前提出发，来考虑如何以城带乡、以工促农，来提高农民收入，加大农业投入和农民补贴力度。

代替市场来进行资源分配的方式只能让"三农"问题在原有的轨道上滑行而难以得到根本解决，从而解开困扰中国未来的种种结构性矛盾。我们现在需要做的是从城乡二元的前提处下手去打破城乡二元，而不是绕到这一前提背后，将这部分被叫作"农民"的人置于小块农地上再来讨论他们的收入、农业的前途和农村的前景。

我们花费了许多补贴，并且正在试图花费更大规模的补贴——在把一部分人视为"农民"，把这部分人的社保与其职业、身份紧紧地捆绑在一起之后，农民的前途就难以离温饱很远，农业也难以发展为现代农业，而农村在人口严重超载的情况下，也难以成为在工业化国家一眼可以望见的那种农村。

提高农民待遇的正确途径是让绝大部分农民成为城市居民。如果将一部分人置于农民身份和小块土地社保中，在这个前提下来谋求提高农民收入，那的确就是在重演"缘木求鱼"的故事。

扩大内需的正确途径，是为全体人民提供统一的高水平的社会保障体系，从而建立起收入通向消费和投资通向消费的道路。而要做到这一点，把农村土地首次流转的路径规划在农民和国家之间至关重要。在通过首次流转让土地脱去具名的社保功能之后，由国家向投资者拍卖的农用地才有可能成为永久不变的生产要素和自由财产。

在农用地二次流转后，我们可以看到的局面是：①社保基金收入将会大幅度提高，全体人民将有机会得到高水平的社会保障。②农村将会在减少了巨额浪费性投资（政府和民间基于现行制度安排投入的资金）的情况下，收到大量的民间投资，而所有这些投资将会以投资的方式发生，也就是说，这些投资将会瞄准真实的市场需要，并且把效益放在首要位置。③城市将会迎来大量拥有完全居民权利的城市居民，他们选择待在这儿的理由，并非离开时有现金可以带走。他们会以满足别人的需要来表达自己作为一个市民的需要。我们将会看到，有更多工作岗位涌现，更多的人以给别人提供工作岗位的方式来满足自己的需要，而在这样做的时候，他们已经为坚守自己的工作岗位找到了充足的理由。

没有健全社保体系的经济体，内需不振是其宿命。而要建立健全的现代社保体系，作为社保资源的农村土地按正确的路线图流转，已成为成败的关键。只有在完成了这样的农村改革之后，我们才可能结束第一产业的亏损，并在确保基本农田保有和耕种面积增长的同时，为城市的发展提供充足的土地供应。

（2）在大量浪费的农村土地得到利用，城市有了充足土地供应的情况下，房地产业所面临的困局才可能找到解套的良策——今日房市低落的局面，是城市土地供应瓶颈与居民居住保障的巨量需求之间的冲突扭曲地反映到房地产业上的一个结果。商业地产在用地环节上的市场化，以高涨的价格反映了城市用地紧张的基本面，这种价格传导到房市上，难免导致大部分人望房兴叹、少部分人高位接盘的局面。央行以加息、调高存款准备金率、控制二套房贷，财税部门以大户型重税，建设部以规定开发商必须把70%土地用于小户型开发等方式对房地产市场进行调控，房地产商固不足惜，老百姓却未必得到了更好、更充分的居住保障。

宏观调控的根本问题在于是否抓住了根本问题——把市场的交给市场，把政府的权力留在提供完整的社会保障位置上。对房地产市场来说，我们所看到的上述宏观调控的共同指向，就是试图引导或强迫开发商在市场条件下为需要保障性居住条件的居民供应住房——而后者本来是政府的职责。要调控房地产市场，我们需要改变的不是某些条款或政策，而是要从根本上转变思路——这就是，由政府通过扩大土地供应，满足大部分城市居民的保障性住房需求，让商业地产开发商按照市场需要来设计和制造多样态的住房产品，同时给予所有市场主体以相同的待遇。

（3）建立住房、医疗、养老、失业和教育等与民生特别相关的社会保障体系这一最大的基础设施，本身已成为最紧迫和真实的内需。只有在我们有效地回应了这项最广大、真切的内需的期待之后,个人消费这种可以发明和推动一切的力量才能涌流不息。

第七节
金融危机评论之二

正如我们在上文所讨论的,此次金融危机对中国的影响不在于有多少坏账,也不在外需的暂时萎缩所造成的行业危机,而在于这场危机揭露了外需依赖型经济增长模式的不可持续。我们确实也可以借此认真反省,长时间使用贴息贷款工具来刺激外需的政策是否合理?

面对这样一场危机,我们的唯一出路是,老老实实地为我们自己的好生活工作,并且大声对世界说出我们的需要。而要做到这一点,首先就要为所有中国人找回追求美好生活的勇气!

从已经公布的十大行业振兴计划可以看出,它们仍然具有代替市场来分配资源的色彩。

有人说,这些振兴计划与四万亿的公共投资作为急就章有失粗疏,但真正的问题尚不在于这些应急之策在细节上的疏漏和瑕疵,而在于我们制定这些对策的思路和方式。

现在急需做的战略性的工作是完善广泛的社会保障体系,让企业和个人在健全的社会保障体系下面"活力竞相迸发"(胡主席语),而不是代替支柱行业制造销售业绩和定向补贴企业的投资行为——政府应该做的是为所有的合法经营者公民提供相同的待遇和社会保障,一如它应该为所有消费者公民提供相同的社会保障。

超出了社会保障范围的补贴,在社会体制的公平正义层面,将会是有失公平的举措(温总理谈到过公平正义是社会体制的最大价值),而在资源配置的效率层面,则会导致相当的效率损失。对今日的中国来说,最紧迫的宏观调控不是不断推出更加有力的刺激经济的举措,而是及时、果断地改革宏观调控方式,把调控市场转变为通过市场来调控,让政府权力更好地为企业公民和自然人公民提供完善的社会保障体系。为此,我们呼吁有关部门在宏观调控方式上进行如下改革:

(1)央行应转变带有计划经济色彩的货币干预政策思路——把存款准备金率保持在符合国际水准的8%左右,让市场自身决定怎样使用居民储蓄,避免让存款准备金这一规避银行违约风险的工具被用为以主观意志收缩流动性的工具。避免频繁的加息和降息干扰市场主体的经济预期,基准利率并非央行可以在商业银行和存贷款人之间进行利益分配的工具,而应是央行作为最后贷款人应该坚持的利率。如果我们对居民持有外币的前景抱有疑虑(让居民持有外币更有可能是在目前情势下,平衡国际贸易失衡的有效方式),大幅减少央票发行的规模,对于存量外汇储备已近2万亿美元的中国来说,也肯定是使用外汇和持有外汇的更优选择。

(2)发改委在过去一年(2008—2009年间)的经历中应该可以总结出许多重要经验,这就是,在市场波动剧烈的时期,政府有关部门应该做的是,为难以为继的行业的非竞争性失败和难以为生的居民提供其应该得到的社会救助。

这一方面,使得到补贴的中国市场失去了以改变消费行为来与供应商讨价还价的能力;另一方面,也破坏了国内市场参与各方经济行为的有效性,歪曲了市场的公平与效率。

(3)人大应该制定一个关于新《劳动法》的补充实施细则,减少对劳资双方市场交易行为的干预,尽量避免企业职工社保缴费支出的有关条款对企业和职工所形成的事实上的重复征税。

纳税人以纳税授权政府提供的公共产品的最基本事项,就是在没有现代标准社会保障的地方为全民提供社会保障。在目前的国民收入和企业竞争力格局下,不会剧烈改变劳动密集型产业生存环境而又能有效建立社会保障的改革,从长远来说,是农村的土地流转改革(即农民社保向居民社保的流转)。而从免除企业及职工社会保障新增资费负担同时又可以充实社保资本金的对策着眼,制定由国资委将全民所有制企业50%以上股权划转到社会保障基金,以企业公民和自然公民在全民所有制企业中的股权来冲抵《劳动法》法定缴费义务的援助方案,将会对改善企业处境、就业状况、刺激国民消费和企业投资起到立竿见影的作用。

(4)国有企业在许多行业仍然是高度垄断的,维持这样一种格局的理由,可能是它们关系到国家的战略安全。实际上,国有企业本身并不是问题,真正的问题仍然是,它们可能不仅仅是国有企业,而更多是某种国有的生产、服务机构。

企业的使命是,在与所有竞争者博弈中赢取利润,也就是赢取以货币投票的选民对其服务和产品的多数票认同(亏本显然是反对企业以现有方式存在的选民多过其支持者在账面上反映出来的一种状况）。如果有任何宣称自己为企业的机构以公共权力为依凭，拒绝旁人竞争，或者在竞争中亏损累累却以事涉公共利益的名义拒绝退场，我们可以断言，这种机构既不是一个企业，也不是一个为公众利益服务的公共权力机构。

因此，保持国有企业在经济中的主导地位本身不是问题，重要的是，它必须区分清楚在自己所提供的产品或服务中，哪些是由政府提供的公共产品，哪些是由企业提供的竞争性产品；并且在把自己视为企业的时候，是与所有企业公民平等竞争中能够存活的企业。也就是说，它必须把自己以政府的方式提供公共产品的职责与以企业的方式提供优胜产品的职责区别开来，把前者还给政府，让后者回到市场。

第四章　案例Ⅰ：中国农村改革方案对话

第一节
引 子

"三农"问题已成为中国经济社会向现代形态转型的关键，今天困扰我们周遭的一系列问题，无不与"三农"直接或间接相关。过往的农村改革探索之所以有不足，乃是因为没有系统地清理过"三农"问题的内部逻辑和中国社会整体转型之间的共生关系。蒋荣昌和周清云的对话展现了两位十余年来持续观察和思考"三农"问题及其解决之道的工作成果，或有助于这一系列问题的最终解决。

"三农"问题说到底就是：农民的待遇问题、农业的产业地位问题和农村的现代形态问题。

这三个问题都是城乡二元的安排所导致的，同时也是中国经济社会发展所遭遇的一系列结构性困扰的主要根源。

由于农民工群体在非农产业就业人口中占据了半壁河山，而农业自身在经济产出中仅有占比较低的份额。努力生产却没有条件自由消费的农民工家庭消费需求被动空置和误置的结果就是，中国经济内需不足。

所以，"三农"问题不仅是牵涉"三农"的问题，也是中国经济社会发展到今天面临的一系列全局性问题背后的那个问题。

农民的待遇、农业的产业地位和农村的现代形态是相互联结的一组问题。农业用地被定义为集体所有土地与农民被定义为特别群体是整个问题一体之两面。而农地在现有的制度设计里面，既是农民的低保，也是农民在其农民身份里的财产，又是一种特别的社会稳定观下社会稳定的基石。当然，这无疑也是中国社会转型成为现代社会过程中所必须考虑的问题。

城乡二元分治的现实如果以城乡二元为起点来寻求解决之道，无异于缘木求鱼。前此应对"三农"问题的思路之所以治丝益棼，就是没有把城乡居民统一的身份、城乡土地统一的地权属性、城乡产业统一的市场地位当成解决问题的逻辑起点。

从这个逻辑起点出发，农用土地作为前现代赈灾思路下的低保和财产向现代社保和现代财产转变，农民从领有这种特别待遇向具有与城市居民无差别的待遇转变，农业向具有纳税人资格的现代农业转变，就成为解决"三农"问题的枢纽。

在现行法律框架内（《土地管理法》《农村土地承包法》《物权法》）我们就可以找到演绎这种逻辑的现实路径和可用资源，这就是，通过宣布城乡土地同地同权，实施由政府主导的耕地承包权换基础社保、宅基地复垦换城市安居房土地指标，或上述地产在事主有房、有社保情况下作为自有财产持有和转让等配套改革，让"农民工"成为自带资源"入股"的新城市居民，让农业成为可以自由投资的现代产业，让农村成为空间形态、产业形态和社会治理结构现代化的农村。

这种改革是由法治奠基、政府主导和城乡居民自由互动展现出来的历史进程，它可能会延续数十年，并在这个过程中释放出巨大的经济和社会发展动能。

第二节
中国经济的核心困结

周清云：中国经济的核心困结在哪里？

蒋荣昌：中国经济的核心困结是农民的待遇问题导致的国民经济在某种程度上的浪费。这种浪费表现为以下几个相互关联的方面：

（1）产能的结构性过剩和需求的结构性不足。大量农民工涌入城市和工厂带来了产能的急剧扩张和中国成为世界工厂的奇迹，但促成产能扩张的农民工却因为社保和住房问题而无法成为其工作所在地的居民消费者。这就使中国的城市和工厂在结构上成为生产大于消费的城市和工厂。而农民工在城市又有消费和居住的需求，但是因为没有配套的社会保障（居住、教育、失业、医疗、养老），这些真实的需求难以在城市实现，所以农民工无法像一个城市居民那样消费，他们把挣的钱存起来养老或者回老家修一栋不住的房子。这是资金和需求的双向耗费，难免会导致产能的结构性过剩和需求的结构性不足。

（2）农民工之所以没有与其现有生活相匹配的社保，并不是国家没有投入社保资源，而是要看这种资源的有效程度。土地作为农民的社保资源，投入是非常巨大的，但由于农民社保是以前现代的赈灾社保思路设计的，这种社保体制占用了 20 几亿亩农地，超过了任何现代大国建立其社保体系时所使用的资源

（没有一个国家的社保体系使用过可以与其全部农用地价值相等的资源），但未完全建立真正意义上的现代社会保障。

（3）农业投入了巨大的资源，却没有完全实现有效的产出。农业有超过18亿亩耕地保护下来了，看起来是生产要素的巨大投入，农民说起来也有8亿，也是巨大的人力资源投入。所有这些巨量的投入，只有处在一个正确的结构里面，才能避免无效率的空转：农业难以盈利，农地产不出合适的东西，农民也难以赚钱——农民作为农民是挣不了钱的。

（4）农村与城市之间自由流动的通道（"农"转"非"和"非"转"农"）在一定程度上是双向封闭的：许多农民工无法在城市安家落户，同时农业发展高度需要的城市人才、技术、资金也难以进入农村落地生根。农村与城市处于双向空心化的状态：农村显性空心化背后是城市隐性空心化。城市发展高度需要的那些人力资源不是城市居民，反过来农村里边长期只有留守的儿童、妇女和老人。空心化的城市总是意味着庞大的生产能力和相对弱小的消费需求，而空心化的农村则必然导致农业资源的巨大浪费。大量耕地在农民大规模外出打工之后处于闲置状态，而在耕土地部分，也是一种非产业化生产。这种一家一户的生产难以监督。在这种情况下，农业现代化、食品安全、土壤、水源治理等都无从谈起。

（5）城市建设用地紧缺的另一面，却是农用地和宅基地因为农民外出打工而大规模处于闲置状态。我们通过单方面收紧城市用地的口袋来处理土地问题，导致城市建设用地紧缺，地价攀升，从而失去了稳定房价的基石。而基本农田保护战略所坚持的18亿亩耕地红线的实际效果，在农用地和宅基地因为农民外出打工而大规模闲置的情况下大打折扣。中国不是缺地,而是土地被大量浪费了;不是工业发展占用了基本农田,而是农业没有充分发展而在农业内部导致土地大量隐性流失。这其实就是农民的待遇问题导致城市无法进步:农村土地保护下来却被浪费,而需要建设用地的城市也因为保护耕地的红线而无法以成本更低的方式扩张。

周清云:什么是农民的待遇问题?

蒋荣昌:农民的待遇问题主要是指在社保和财产权方面,农民是否能够得到和城市居民相同的现代社保待遇和现代财产权。

在现行的农业制度安排下,农用地和宅基地对农民而言具有双重属性:既是农民的社保(低保),又是农民(在其农民身份里)的财产。在不同的境遇里面,它会更侧重地表现为社保或者财产:对于那些没有居民社保和城市住房保障的农民而言,农用地和宅基地侧重地表现为他们的社保;对于那些已经拥有居民社保和城市住房的农民而言,农用地和宅基地侧重地表现为他们的财产。

但是现在的问题是农用地和宅基地作为农民的社保,并不是现代社保,而是前现代的赈灾社保;作为财产,也不是现代财产、自由财产,而是一份和农民有人身依附关系的前现代的财产。

所谓现代社保,就是城市居民现在取得的那种社保,即不管你现在迁徙、择业、居住地有任何改变,但是社保的保障不会因为这些东西的改变而丢失。它和城市居民现有的生活、工作、居住地等是相互匹配、相互兼容的。城市居民可以在现有职业、居住地、现有生活方式等不发生改变的前提下领有这份社保。

所谓前现代的社保,就是只有当你放弃现有的生活、工作和居住地,回到原始居住地,从事原始职业,进行耕种,才能够领有的社保。因为土地要耕种才有收获,而农民要外出打工致富就不可能耕种。等于农民一旦脱离了他的原始职业,一旦脱离了原有的居住地,一旦脱离了他那块承包地,那么那块承包地所承诺的、所意味着的那些保障实际上就没有了。这份前现代的社保无法从根本上为农民提供有效保障,因为这份社保与农民发财致富的愿望之间是冲突的,当农民要按照自己的意愿择业或居住的时候,他就可能会失去实质性的保障。

这种社保安排其实是中国古代的赈灾体制,就是说农民逃荒回去有碗饭吃。在这种情况下家庭联产承包责任制当年为什么有效呢?因为那个时候大家追求的是温饱。温饱就是古代意义上的社保——那种赈灾体制——最终能够解决的问题。

今天的农民追求的哪里是温饱呢?他们现在追求的是致富奔小康和更加自由的人生。农民在这种安排下必然面临两难处境:要么放弃外出发展的机会,固守在自己的社保待遇里面接受仅能够满足温饱的生活;要么放弃自己的社保待遇(以闲置宅基地使用权和承包地撂荒的形式),在没有社会保障的情况下裸身进城寻找发展机会。

农民显然不愿意让自己的日常生活状态保持在仅能维持温饱的水平,而这基本上是目前的耕地经营规模下坚守耕地承包经营权的唯一结果。因此外出打工或创业几乎是农民提高自身收入水平或致富的不二选择。

在 2.1 亿农民工外出打工的情况下,以土地承包经营权作为农民社保的制度在实施过程中可能会带来农地的双重浪费:作为生产要素的浪费（具体表现形式就是耕地撂荒）和作为社保资源的浪费（具体表现形式是农民工裸身进城，在他们的日常生活和工作中，没有可以随身携带的保障）。

所以国家并没有在这上面少投入，其所运用的资源就是整个农用地。

因此，把当前中国农村的社会保障不健全归结为投入不足、欠账太多等论点实际上可能掩盖了真正的问题。农民社保不健全的根本症结在于以农地资源作为农民社保资源，这种投入的结果往往是被视为农民的这部分人难以充分享有现代意义上的社会保障。

农用地和宅基地作为农民（在其农民身份里）的财产，也具有某种前现代性质，因为农用地的财产价值、资产价值无法在市场上得到表达。比如宅基地和房产无法买卖。如果一个人脱离了农民身份，比如读大学时把户口迁出了农村，那么他名下的这份财产也就没有了。

所以在这种情况下拥有居民社保的农民就算不耕种也不在农村居住，也只能把它拿在手上，或者是上交集体（集体则继续以原有的方式把它作为农民的社保来进行安排和分配），而不能通过市场对土地进行高效配置。结果就是土地和宅基地的双重浪费：既是个人财产的浪费，又是土地这种公共资源的浪费。

周清云：农民的待遇问题对农业和农村发展有什么影响？

蒋荣昌：这种安排不仅损害了农民兄弟的利益，也于整个社会的利益有损。农民的待遇问题从来就不仅仅是农民的问题，包括食品安全，包括环境污染，包括所有这一切，不仅在物质层面具体地影响到了每个人，在潜藏着的另外的方面影响更大，比如农业的亏损及补贴、城市用地紧张、房价上涨、内需不足等，实际上浪费了相当多的资源。这些资源可以拿来做很多别的事情。这就是隐形损失。吃到有毒的食品是有形的损失，但是这些隐形的损失其实更惨重。这些潜藏着的损失归结起来就是，从根本上影响着整个国家经济社会的健康发展。

由于不能以市场作为配置资源的决定性力量，土地不能由市场进行产业性的有效配置，并据此进行合理的规划和利用，导致土地资源浪费较大、生产效率相对低下，从而影响着中国农业产业化和现代化的前途，最终导致了我们今天看到的"三农"问题的总体局面。

我们保留下来的农地可能长期处在一种浪费的状态。农民在耕种领取社保和裸身进城打工的两难困境之间选择弃耕外出打工，所以大面积的土地撂荒。这是直接的浪费。而剩下的耕种者，也是一些根本不能做事的、在家里留守的人。这是间接的浪费，即生产要素非产业性使用所导致的浪费。

那些弃耕的地，是某种意义上的浪费；那些在种的地，又没有发挥它的潜力。这样算下来的话，整个国家的土地资源浪费是比较惊人的，这样农用地作为一个生产要素很难具有真正的经济意义。

在此困局之下，我们的农业补贴也存在一定的浪费。农业作为国民经济的第一产业，它的整体亏损已经持续了很多年。财政对农业基础设施的投入有时也处于某种无效状态。农业无法产业化，也浪费了现代农业所带来的创业和就业资源。由于耕种难以盈利，导致大量青壮年劳动力的流失，这也意味着我们损失了一个巨大的创业和就业市场。

按照现代农业标准，通常有耕种能力的青壮年所占比例为1%~2%。为这部分人提供咨询、种子、仓储、技术等方面服务的人会超过8%。也就是说如果农业开始盈利，至少可以吸纳青壮年、中产阶级就业人口的10%。在中国，10%的就业市场便意味着几千万个就业岗位。

周清云：农民的待遇问题对城市发展和中国宏观经济状况有什么影响？

蒋荣昌：中国并不缺土地资源，而是土地资源浪费的问题；不是工业发展占用了基本农田，而是农业没有充分发展从而在农业内部导致土地大量隐性流失。这远远超过了城市扩张对农用地的占用。

我们单方面收紧城市用地以处理土地问题，导致城市建设用地紧缺、地价攀升，从而失去了稳定房价的基石。

这实际上是农村改革滞后导致城市无法低成本进步：农村土地保护后会面临某种浪费，而需要建设用地的城市却因为保护耕地而无法顺畅地生长。

农业无法产业化，同时浪费的是一个价值巨大的有效投资领域。如果作为第一产业的农业核心资产（耕地）没有资产价格，由此也不能够作为社会财富进入市场，那么与非农产业有关的资产价格就会随之扭曲，并使传统宏观调控方式在部分领域难以进行有效控制。

这也导致了人力资源的浪费。今天被我们叫作"农民工"的人中，其实有很多能工巧匠，他们中的很多人具有充足的匠人潜质，可以把工作完成得很好，但如果没有整体环境的支持，他们依然难以在城里找到安身立命之所。

周清云：农民的待遇问题和内需不足有什么关系？

蒋荣昌：与农地社保浪费资源的问题互为因果的另一个核心问题是，2.1亿农民工或接近这一数字的农民工家庭在工作所在地落地生根，转变为真正意义上的城市居民或城市消费者的道路，可能已在无形中被阻断。

农民在没有社保保护的情况下裸身进城，既承受着无社保的风险和家庭分离的痛苦，也使得中国经济的产能和内需严重失衡。他们到城里来的一个核心任务就是挣钱，城里人的生活内容与他们毫不相干。他们只挣钱，不花钱。市场经济的核心就是相互提供挣钱机会，而当他到城里只挣不花的时候，其实就是在使用别人的内需，而自己不提供内需。挣钱的人永远比到城里面来花钱的人多。如果城里边有一半的人只挣钱不花钱，另一半的人边挣钱边花，内需也就无法平衡。

而当他们把在城里面挣的钱存起来养老，拿回农村去盖房或买房时，也就意味着资金和需求的双向浪费：这对他们而言，是一种消费需求的浪费；对城市而言，则是一种资本的流失——这就使得良性平衡的城市经济循环难以实现。

所以中国的改革进行到今天这一步，只有彻底地改革农村，城市的进步才能得以实现。

第三节
中国农村改革方案

周清云：农村改革应该从何处着手？

蒋荣昌：如上所述，农民的待遇问题（前现代的社保和财产待遇等）是导致中国经济巨大浪费的根源。农用地和宅基地作为农民的社保和财产，难以为农民提供更完善的现代社会保障，同时也使得土地无法作为单纯的生产要素由市场进行有效配置，从而影响着中国农业现代化的前途，牵制着城市的发展，并且抑制了中国经济的内需。

那么就需要从农民的待遇问题入手，通过改进现有安排，给予农民以平等的待遇，将这种前现代的社保和财产置换为现代意义上的社保和财产。

同时也让土地从农民的社保功能中解放出来，成为由市场配置的纯粹的生产要素，从而让土地得到有效利用，使农业发展实现真正的产业化。

周清云：完成这一转换需要哪些步骤？

蒋荣昌：具体来说，需要如下两个步骤：宣告农村土地与城市土地同地同权；在农村土地作为国有农用地可对全体人民开放这一基础上，由政府主导土地收储和整理，通过两次流转来完成转换。

周清云：什么是农村土地国有化？

蒋荣昌：农村土地国有化是指让农村土地取得和城市土地相同的地权身份和物权地位。因为现在城市用地是国有土地，农村用地是集体所有制土地，而集体用地权是无法与集体经济组织之外的主体权利进行置换的。既如此，就必须先让农村土地获得和城市土地相同的地权身份和物权地位，然后以国有农用地的地权身份和物权地位来进行置换。从而让原来的集体土地承包经营权和宅基地使用权变成国有农用地承包经营权和国有建设用地使用权，让农用地成为与商业用地、工业用地等具有相同地权身份和物权地位的土地。

其实，土地集体所有权在根本上就是设立在国有土地所有权之上的集体用益物权。现在需要做的仅仅是把这种用益物权的使用主体由原来的村集体变更为在联产承包责任制改革中实际上已经落实了承包经营权的农户家庭。

这样就可以实现城乡土地地权身份和物权地位的统一，即同地同权、同物业同权。这也会使农村土地的流转和管理与规范现有国有土地流转和管理的相关法律相互衔接，方便管理和流通（即统一按用途管理，农用地农用），也为置换打开了方便之门——即以国有农用地的地权身份和物权地位进行置换。

周清云：农村土地国有化之后，如何由政府主导进行社保置换？

蒋荣昌：由政府主导的置换理应通过两次流转来完成：农村土地的首次流转应该定位在农民和国家之间，让农地在首次流转后脱去社保功能，成为单纯的生产要素；在第二次流转时再面向市场，成为可由市场自由配置的生产要素。农地的二次流转将发生在政府和新农民之间（通过招、拍、挂）。

只有在通过首次流转去除了农地所负载的具名社保功能之后，农地才可能成为一种可由市场来加以自由配置的生产要素；农民也才可能成为随身携带居民社保，可以自由流动的人和任意行业的人力资源；农业也才可能成为完全经由市场来配置资金、技术、土地、人力资源的现代农业；而农村也才可能成为人口负荷合理、生态优良、小居住聚落大量复垦、用地高度节约的现代农村。

周清云：对于具体的农民来说，土地兼有的社保和财产属性在改革中该如何排序？

蒋荣昌：对具体的农民来说，这个一体两面的既是社保、又是财产的农用地和宅基地，在置换之后究竟是更侧重地表达为社保，还是更侧重地表达为财产，要根据他自己的具体情况来决定。

如果他缺少一个基本的保障，那么毫无疑问应该由政府来作为一个裁断机构，在没有社保的情况下硬性地转为社保。因为社保是优先的。社会保障本身是个公共设施，是个公共产品，那首先就是政府主导来完成转换。

在他已经有社保账户，并且已有相应的居住地，不需要社会保障意义上的这份公共形式的资产的时候，那么它就会变成一份非社保意义上的自由财产，就可以把它拿走，就是说挪作他用。而前提就是已经有了社保。

第四节
中国经济前景展望

周清云：这将为农民的生存处境带来什么样的改善？

蒋荣昌：农民将从此变成一个自由选择的职业，而不再是一个世袭的社会身份。农民自由迁徙、择业、居住的权利也得以真正的落实。

农民获得了平等的待遇，获得了现代社保和现代财产待遇。农民工现在在城市最大的两个问题——社保和住房——都能够得到圆满解决，将有丰厚的资金充实农民转型为新城市居民之后的社保账户。如果他们有了体面的住房、有了较好的待遇、有了完善的保障，就可以把自己的孩子、配偶、老人接到城市一起生活。因为中国一向是采取相对大家庭式的居住方式，这样一来，以前留守在农村的老人、儿童的生活就会得到改善，外出打工的青壮年与家人居住在一起，生活质量也会提高。夫妻长期分居、儿女分居、"空巢老人"和"留守儿童"等问题也就迎刃而解。农村的土地也可以采用现代农业的生产方式进行运作。

对于那些已经有了居民社保和城市住房的农民来说，他们也可以把原来手中无法变现的财产变成真正的可以自由支配的财产。这既是对他们个人财产权的尊重，同时也使土地资源得到更好的配置和利用。

这其实是一个双向的过程，原来城市里想从事农业生产的人也终于可以进入农村，他们可以购买土地，实行规模经营，与在城市里办工厂一样，依靠农业来赚取利润。国家也可以用这种方式来控制农产品的安全性，不同于人员较多、较为分散的一家一户式的农产品生产，农场的土壤、化肥和农药的施用都可以得到严格的监管。

周清云：这将为农业发展打开怎样的新局面？

蒋荣昌：首先，基本农田会因为宅基地、乡村道路和小块地界的复耕而出现正增长。城市土地供应的瓶颈问题则会因为农民工所贡献的城市建设用地指标而得到解决。

其次，大量资金、技术、人才将会涌入农村。农村和农业的巨大投资和现代农业也将在广大农村生根开花，节能减排、环境保护、生态和土壤的恢复将会因为人口载荷的减少而取得长足的进展，长期困扰国民的食品安全问题也将从根本上得到解决。

如果农场主利用自有土地进行经营，他会赚不少钱的。灌溉设施、道路设施可以集中规划，从而使土地资源得到更充分的利用。同时可以雇佣一些工人，包括拖拉机手、各种农业机械驾驶员、农地施肥和病虫害专业管理人员，如果按照城里的标准为他们支付薪酬，这些也就成为正式的工作了。如果这部分年轻人刚好是返乡青年，那么他们也不用到处流浪；对于雇佣者而言，他的投资也有合适的回报。

如此，农场将成为一个有效的投资领域和就业场域，可以创造大量的就业岗位，吸纳相当多的有效投资，这些资金就可以拿去做真正利国利民的事情。这些散落的资金，泛滥的流动性，就可以被广阔天地吸收。

农场生产的产品，就是城里面的放心食品。因为我们把它当成企业来监管，它就不敢乱来。

一个乡镇只需要配两三个监管人员，在有效的时间内，就可以把整片土地上的违法违规行为都找出来。此外，还可以通过监控系统实施远程监控。这样至少能够达到无公害这一初步标准，食品安全等久治不绝的顽症也能从源头上得到解决。

因为是自己企业的土地，经营者对水体、土壤、空气等环境方面的治理会更加上心，处理起来也更为便捷。如果流进那个地界的水是达标的，那么从那个地界流出去的水，也要求是达标的。这就像要求工厂一样。这样一来，主体明确、权责明确、受益人明确，那些不可治理的环境污染，就都可以治理了。

而且这个产出完全可以使得粮食进口量大规模下降，粮食安全问题也就得以解决。因为现在的情况是一方面有很多粮食要靠进口，而另一方面却有很多土地撂荒，有很多人找不到事做——不是因为无地可耕，而是耕了地挣不了钱。如果能让这么多的农场生长起来，那些去耕地的人都能赚钱，土地也不会撂荒，所有参与这个事情的人都会有合适的报酬，这个浪费就被消灭了。土地的浪费，人力资源的浪费，金钱的浪费，就都被消灭了。

最后，国家那些不必要的投入和浪费将会大大减少，以投入更需要的地方。农业补贴及各项资金和资源也将得到更充分的利用。比如充实农民转型之后的社保基金，以及给农民工在城里修建安居房等。

周清云：农村的面貌将会发生什么样的改变？

蒋荣昌：中国几千年来的城乡二元格局将从根本上改变。农村土地和城市土地都是按用途管理的国有土地，农村和城市的产业都是由市场进行资源配置的产业形态。农村和城市唯一的区别就仅仅是地理空间意义上的区别,除此之外再无其他。

这样的土地整理完成之后,集中经营就变成了现实,农村基层治理体系也将大大简化,撤乡并镇的实施可以更加顺畅。

乡村自治的结构也会发生转变。它从一个古代的乡村自治结构或者说前现代的乡村自治结构,变成了一个现代的自治结构。城乡居民在这个意义上社区化了。比如乡也可以是一个街道,下面就不再存在村等单位,而就是一个社区单元;公司也有可能就是一个社区。如果它的建设用地按照1%的比例配套,也可能是几百亩地的一个建设规模,比如仓储、物流体系、生活设施等。如果一万亩农地有一百亩的聚落,也可能大于现在村的建设规模,但是资源的利用更有效了。

乡镇的建制可以保留,但人员数量会缩减。这将节省很多费用,同时可以发挥更有效的作用。比如可以成立一个高效的农业咨询办公室,去收集优良种子和农用机械设备等方面的信息,为农场主提供配套和咨询服务,同时把国家的宏观政策告知对方,帮助他们做出最优决策。

可以鼓励公务员就地当农场主,解决别人的就业问题。一是因为他们熟悉本乡本土的情况,另一方面公务员知识水平相对较高,当农场主胜算较大。如果一半的农场能够就地消化,那么这部分人就能转变为农业现代化的脊梁。

周清云:这将对城市发展和中国经济的前景产生什么影响?

蒋荣昌:在解决农村发展所面临的显性空心化问题的同时,其实也就一举解决了困扰城市发展的隐性空心化问题。

城市将会迎来有能力和意愿表达自身生活需要的居民。这些新城市居民带来的"礼物"(建设用地指标)将会有效缓解城市建设用地紧缺的难题。城市因经济发展需要扩张多少土地指标，就可以和城市所能吸纳的新增居民以及城市本身的经济活力挂钩，这样城市经济发展与基本农田保护就会以良性的方式相互匹配。

建设用地的有效补充成为房价理性涨落的坚固基石。同时农村和农业打开了一个市值巨大的有效投资领域，原本因为流动性过剩导致的结构性通胀也会得到釜底抽薪式的解决。

其实这些新居民原来就在这里，不同的是，之前他们虽然在这儿工作，却难以找到并且把握自己想要的生活。新的安排设计让他们终于能够用自己手里的资源（农用地使用权）来满足自己长期以来的需要（对应有待遇及相应生活方式的追求）。同时，农民的身份认同也会随之发生改变，他们在城市的工作将会越来越职业化、专业化，因为他手中的工作就真正地变成了自己的安身立命之所。如此一来，我们呼吁的工匠精神也就有了丰饶的土壤。

这些新城市居民的到来将会为所在城市提供此前从未有过的充沛得多的工作岗位。农民成为真正的新增消费者，将会释放出巨大的内需。中国经济的产能和内需的不平衡将会得到有效解决。同时，与这些农民工转化为新城市居民相匹配的对新农村和现代农业的投资也会大大增加，两项合计每年对 GDP 的贡献也极为可观，中国经济在现有规模上仍可保持高速增长。

中国经济在未来 20 年的高速增长，以及以强大内需来推动投资，推动进出口更平衡、总量更大的国际贸易，均可由此奠定坚固的基石。最重要的是经济增长的质量将会实现质的飞跃。

第五节
成都重庆统筹城乡改革试验得失

周清云：成都和重庆作为国家统筹城乡综合配套改革试验区，也做了很多探索。如何看待成都和重庆的改革？

蒋荣昌：两地都意识到了农地是农民社保和财产，但是并不清楚那个社保和财产本身意味着的是前现代的社保和财产。这里所牵涉的根本问题是农民的待遇问题。

农民的待遇不仅仅与其自身相关，也意味着农地的现代财产属性，农业作为一个产业的现代属性，意味着所有这些东西的现代化和现代转化。农民身份的转变同时就是农地作为自由财产的一个转变，农业作为现代产业的一个转变，然后是农村和城市一样，只有物理空间上的差别，而在其他地方没有差别的这样一个转变。

这实际上是一种全方位的转变，全方位的"三农"的现代转型，而核心就是农民待遇的落实，以及附属在他们身上的农地、农业的现代转型。因为只有统筹地思考，才能彻底解决整个农村的问题。所以"三农"问题其实是一个问题，是一个问题的三个方面。

在此背景下，城乡统筹的任务就不是尽可能多地拷贝城市的居住和生活空间，也不是城乡福利均等化，而是城乡居民待遇的统一，城乡土地地权身份和物权地位的统一，城乡非农业和农业以市场来配置资源的法治条件的统一。只有这样，才能充分实现农业、农村的现代化。

以这个任务作为标准，成都和重庆的改革目前都没有完成这种意义上的城乡统筹任务。

周清云：成都的改革有什么问题？

蒋荣昌：成都通过确权到户的改革方案，强调了农民的财产权，即试图通过土地集约经营把它的收益作为农民的财产收入，但却把农民的财产权变成了世袭财产权，土地使用权也变成了世袭的收益权。即使他们离开了自己的土地，也依然享有这个世袭收益权。

其实成都的改革意识到了土地既是农民的社保，又是农民的财产，但并没有把这个前现代的社保和财产转换为现代社保和财产，反而是通过确权到户的方式，把这个前现代的社保变成了一份具有更浓厚前现代色彩的世袭社保，也把这个前现代的财产权变成了一份具有同样特征的世袭财产权。成都试图在尊重农民财产权的意义上，来凸显政府对农民权利的尊重，但问题就在于这并不是以一种现代转换的方式来进行的，而恰恰是以另一种形式的前现代社保和财产来替换了原来那种形式的前现代社保和财产。

同时这份财产也是一份伪财产，就是说它表面上是农民的财产，但是无法转让，甚至也不能无条件地继承。比如一个人读大学后把户口迁了出来，那么他名下的那块地就没有了，同时他父母名下的土地就和他没关系了。换言之，这份世袭财产权的代价就是世世代代的农民身份。在这个意义上它完全不是一份真正的现代财产，但却给了农民一种有土地财产的感觉。

成都也实施了公共服务均等化等措施,但这是基于成都特别的区位优势,因为它是特大城市,有比较充沛的财政资源,然后城市化过程中释放了大量商用土地转让的收益。这是短期的,没有可持续性,同时也不具备普遍性。

这样之后,农民还是农民,"三农"问题还是没有得到彻底解决。农民的处境并没有得到根本性的改善,真正受益的是近郊农民,但是把土地确权为世袭财产,就难免使远郊农民产生一种错觉,让他们以为这块土地还有收益可言。这样一来,会固化城乡二元体制,使"三农"问题长期化,并错失早日解决问题的良机。

周清云:重庆的改革有什么问题?

蒋荣昌:重庆的地票制度从一开始就不是为了彻底解决"三农"问题,不是为了完成城乡的一元化以及实现农业、农村的现代化。它的着眼点是城市的建设用地需求。城市渴望建设用地指标,便使得农民释放出来的地票成为有价物品,农民就可以得到一些好处。

重庆更看重的是农村作为建设用地来源服务于城市的扩张和工业的发展,如此便成为一种短期行为。如果有需要建设用地的企业大规模迁到重庆,便可以通过这个循环来创造利润。一旦经济发生急剧收缩,这个逻辑就难以再持续下去了。就是说通过地票把农民的宅基地腾出来作为城市建设用地指标,当城市拿这个指标赚不到钱的时候,这种行为便难以为继。

其实相对于成都而言,重庆的改革要更为成熟,之所以无法真正大规模地执行下去,是因为重庆的改革不是双向的,没有打开人才、资本、技术向农村自由流动的通道,而只是单纯地试图用社保和安居房之类的东西吸引农民,然后用他们的宅基地指标作为建设用地的地票，从而为城市的扩张提供资源。

农民退出来的土地仍然是按照传统的方式在安排。这不是一种彻底的方式，因为农用地实际上没有办法最终投入市场。也就是说农地的现代化、农业的现代化、农村的现代化，在这种改革试验里都难以实现。因为改革的着眼点并没有放在实现农地、农业、农村、农民的现代化，而在于把农民的地票作为一种城市资源来利用。因此它只能促进扩充建设用地指标，为城市的建设和工业的发展腾出土地。

另外一个问题是，它严重地依赖于地域。对于一个本来在珠三角打工的农民工来说，这种安排基本很难实现。让他在重庆市主城区的安居房和珠三角家中的宅院之间做选择，他肯定倾向于选择后者。既然都是暂时无法居住的、一个想象中的家，那么人们肯定更喜欢原来的那一个。并且这种选择可能包含了一种出于利益考量的狡猾的权衡。

因此重庆的改革不可能从根本上解决问题，而只是一种战术性的权宜之计。其重心在于让农民离开土地，在城市安身，并将农民的宅基地置换为城市可以使用的土地资源。

周清云：我们可以从成都和重庆的改革中得到什么启示？

蒋荣昌：这两种改革都注意到了农地作为农民的财产或者社保的那部分属性，但是都没有找到把农民的社保和财产权进行现代转换的路径。尽管入口看起来是对的，但是出口是错的。

这两地的改革没有想清楚如何通过一个好的安排实现前现代社保和前现代财产的现代化，而这些说到底就是给予农民以应有待遇，落实自由迁徙、择业和自由处置财产的权利。

只有这样，才能实现彻底的转变，从根本上解决问题。

第六节
关于农村改革的其他疑问

一、农村改革的时机已经成熟

周清云：我们现在谈的是一个很理想的状态，你觉得需要多长时间可以进入这种状态呢？

蒋荣昌：我觉得只要开始，转变明天就可能发生。这根本不改变中国现有的社会基本结构，也不改变我们的基本农田保护政策，反而会增加用于农业的土地面积，增加城市的建设用地，这增加的部分就是以前浪费掉的部分。这是对大家都有益的事情，对国家、城市、农业、农民和城市居民等都有好处。这个过程有可能会持续很长一段时间，但是需要一个契机让这个事情开始，让我们进入这个过程。

事实上，这个方案是在追认社会上已经发生的改变，而不是新开始进行这种改变。现实中，一方面，成千上万的农民在城市里打工十到二十年，他们却没有固定住房，没有作为城市居民生活的保障；另一方面，农村的土地也荒废了几十年，留在农村的人没有期待种地能够给他们带来富裕，种与不种都相对随意。中国现在每年有万亿规模的补贴给农民，如果用这笔钱拿去充实农民转型之后的社保基金，以及给农民工在城里建安居房，实际的效果会大很多，对农民真实生活的改进会有帮助得多，对城市居民生活品质的提高也很有意义。现在城市的住房贵,不是贵在建设费用,而是贵在土地。对城市建设用地的严格限制在形式上保留了农田的面积,但这些农田可能并没有作为真正意义上的农田在使用。

周清云:改革的时机成熟吗?

蒋荣昌:改革的社会准备是够了的,同时法律准备也是够了的,也已经到了需要改变的时候了。那么在这种情况下我们只要以一个清晰的思路来面对这个事情,问题自然会迎刃而解。

社会准备够了是说城市已经接纳了大量的农民工,所谓的农民工已经是事实上的城市居民,是城市需要的人力资源,是城市能够以今天这种繁荣的状态运转下去的一个必不可少的力量。

现在就是思想准备不够,那么现在就应该突破这种思想和观念的桎梏,在现有的法律体系下就可以完成一个循序渐进的,但是会让各方面理顺的改革。

周清云:土地国有化实施起来有难度吗?

蒋荣昌:没有难度,因为既没有意识形态障碍,同时农民也会非常支持。只是需要一个开始。

只要宣布所有的耕地是国有土地,就不再存在意识形态方面的障碍。我们是在公有制的范围内改革,接下来我们把集体土地国有化,由集体土地上升一格,变成国有土地,既实现了原来的理想,同时也提升了公有制的层级,扩展了公有制的基础,对各方都有裨益。

二、农村改革与社会稳定

周清云:按照这个方案改革之后,大城市的人口会如何变化呢？会忽然增加很多人吗？

蒋荣昌：大城市的人口不会改变多少，也不会忽然增加多少，因为2.1亿农民工早就已经进城了。现在没有离开农村的人大多数是老人、年龄较大的妇女以及小孩等，都是不能找到工作或不适合工作的人员。大部分农村的青壮年早已生活在城市了，只不过居住条件较差，没有妻儿可以跟随，没有充足的社会保障。

另一方面，这是一个双向选择的市场化过程。城市是根据自身的条件和发展需要来制订计划吸纳新增城市居民的。它制定一个方案出来，那么农民工就会去权衡了，这样城市之间的人口自动就会找到一个平衡点。这样土地会利用得更好，人民会生活得更好，城市也得到了收入。城市收入了一块新土地，建设用地的需求可以得到有效的补给；而吸纳一个新居民，本身也是在为城市匹配所需要的人才，像清洁工、保修工等都是城市需要的人力资源。这样城市发展与基本农田保护就会以良性的方式循环，而这些新城市居民释放的内需也会给大家带来更多的工作机会。[①]

周清云：现在主流学者的一个主要担心就是社会稳定，害怕农民进城以后找不到工作。

蒋荣昌：其实这种不稳定是虚构的。农民裸身进城的情况下都能够为自己争取稳定，这样之后，让那些从来不敢梦想在城里边得到一套房子的人能够基于他的宅基地的转换得到房子，让他觉得这个城市也是他的城市，在这种情况下他会有什么问题呢？

[①] 关于如何解决大城市病、提高城市宜居性，可参阅本书"未来城市设计"相关内容。

至于工作，他们从来就有，而且更能胜任某些工作。在这种情况下还担心什么呢？

其实进城的这几亿人的工作问题全是他们自己解决的，同时他解决自己工作岗位的方式就是让所有人感到更幸福、更方便了，城市生活更舒服了。因此农民不仅已经进城了，而且已经成为城市经济发展和生活便利不可或缺的组成部分。如果他们都走了，那么这个城市就转不动了。所以城市高度需要新的居民以现有的方式加入，他们并非多余的人，或者来给城里添麻烦的。你看餐馆里面的小工，或者是送外卖、送快递的小哥，如果减少两个，周围这一片的居民马上就会觉得生活不方便了。

其实要实现社会稳定，便可循着我们刚才讨论的那个路径前进，哪怕只是试点，也于整体的社会秩序无碍。

周清云：农民进城之后会不会陷入于某种难以抵御的风险？

蒋荣昌：就像我刚才说的，中国农民实际上已经进城了，也早就已经就业了，而且是中国经济的发动机。他们进城从来就没有当过流民。中国农民是特别愿意和善于工作的人，他们的生存能力是很强的，他们找工作的能力也并不比城市居民差。中国农民进城这么多年，工作是他们自己找的，生计也是他们自己解决的。经历了这么多，他们都能够生存下来，那么现在给他们应有的待遇，给他们换取居民社保和城市住房的机会，他们的生存能力和抵御风险的能力会更强。

农民手里有地，这个基础就是我们能够进行社保和住房的置换，从而平稳过渡的现实条件。

周清云：如果经济危机来了，农民往何处去呢？

蒋荣昌：首先要问为什么会有经济危机。正是因为农民工并非完全意义上的消费者，才导致了中国内需的消耗。农民工回到农村建房子，却不能把这个房子当成住宅使用，因为住在那里找不到合适的工作，但是他又有居住的需求。这也就意味着农民工在城市里的居住需求被浪费掉了，这实际上就意味着资金的浪费和需求的浪费是双向的，严重时甚至会导致工厂的破产。

因此，"三农"问题才是中国经济的关键所在，而外需只是一种表现形式。通过农村改革，可以从根源上解决中国经济产能与需求结构性失衡的问题。

至于农民向何处去，其实是一个被错误描绘了的问题。言下之意似乎我们没有准备好岗位，像樊纲、温铁军等都持这种理论。他们担心城市就业条件恶化，反复有这种忧虑。农村改革方面的学者提出的也主要是这种方案。在他们看来，农村相当于减震器一样的存在。2008年那一次，樊纲也说：你看我们多么高明，经济危机一来，农民就可以回去。但这种讨论可以说是一种无关乎事实的描绘，一个内心恐惧的叙事。

实际上以前也好，现在也好，农民即使回到农村也是不会耕种的，他们只是回去暂避风头。因为种地对他们来说便意味着亏损。况且现在三分之一的土地已经流转出去，就算农民想种地，在流转合同期满之前也无地可种。只要看清楚这一点就知道，其实农民回到农村反而可能是最危险的。因为只有回到村里，他才是农民，在城里则永远不会。

至于说城市没有准备好岗位，这完全是经济学上的一个常识性错误。所有的市场、所有的工作机会，都是在人口聚集之地，人与人之间相互表达需求后出现的。如果大家解散，需求才无处表达。农民如果变成城市居民，会创造很多的就业机会，因为工作是在人与人一起生活的时候发生的，就业岗位从来不会先行。大家聚集在一起，更多的新城市居民进城就会产生更多的需要，而需要就是新工作的来源。农民一旦离开，城市人口就会大幅减少，工作也会相应减少，也会影响城市居民的就业机会。

周清云："农场"的大规模出现会不会挤垮小农经济，从而导致农民破产和大规模的土地兼并呢？

蒋荣昌：土地兼并是中国历史上的问题，而不是现代农业的问题。没有土地兼并，就没有现代农业。所谓的历史上的问题，是指在那种结构里才会发生的事情，此时提及相当于把一碗回锅肉端上了西餐桌——移错了位置。一说土地兼并，大家就很紧张。现代农业就是要"土地兼并"，所以"土地兼并""农民破产"这些词听起来可怕，但实际上是一种偷换语境的结果。

历史上的农民破产肯定是很可怕的，因为他们毫无出路，但是今天农民破产后，可以以社保作为过渡，也可以去做工人，赚得可能会更多，又可以抵御风险。这又有什么不好呢？

所以这些都是基本概念没有厘清所导致的伪问题。当指认一部分人为流民的时候，需要厘清流民这一概念。当说城市没有准备好那么多岗位，因此不能贸然将农民转移到城市里的时候，那么请问那个岗位究竟是指什么。如果岗位意味着板凳，那么我们肯定没有准备好2亿多张板凳！但是如果岗位意味着任何人都处在一个合理的交易秩序里，都可以借由交易来表达自己的需要或提出自己的要求，那么将农民整合进这个更大的市场秩序之中，不仅没有使原来的生产者减少，反而充实了有效的消费者，消费者的增加也为原本就业状况不好或无法就业的人提供了新的岗位。而这种正向的互动，最终会使每个人的处境得到改善，而不是相反。

三、农民社保的成本

周清云：有一种观点认为以土地作为农民的社保是成本最低的制度安排，比如说一个月几十块钱的新农保就可以低成本地安置那些农村老人。

蒋荣昌：首先需要先定义成本高低的标准，然后才能讨论成本高低。如果是静态地计算，那肯定是低成本的；但若计算总的社会成本，则可能会高得惊人。一方面是当事人福利损失的成本，另一方面是为了维持当事人的福利所使用的社会资源的成本。更别说这种安排导致的差别对待对整个社会的损害。这种不公平最后伤害的可能是每一个人。这个如果计入成本可能会更高。

对于那些老人而言，几十块钱的新农保收入基本上只能应付一些最重要的日常用品之需，其余绝大多数生活资源都要自给自足。所以让他们靠耕作来养活自己，其实就是让他们劳动到死，那么当无法耕作的时候，他们的处境就会非常糟糕。

如果手中的土地可以置换为居民社保，那么他就是一个有退休金的老人。在这种情况下和家人居住在一起，就不会像农村原来理解的那样是给子女增添负担，因为他现在是自带饭碗的。

即使老人不愿意和子女住在一起，他有基本的生活费用，那他的生活也完全没有什么问题。比如说在农村也可以就地设立养老院，那么原来农村的集中居住地也可以作为集中养老的基地。农村现有的基础设施也可以很好地利用起来，如用作职工宿舍、仓储设施、物流基地等。如果老人安土重迁，不愿意走，也可以在那儿集中养老。

有的老人觉得劳动是一种娱乐消遣，他也可以去农场打短工，做任何想做能做的事。这不改变他们原来以耕种来游乐的状态。所谓浪漫主义式养老，在农村同样可以实现。

这既一举解决了农民的养老问题，同时他的土地作为一份产业要素也得到了有效利用，无论是对他本人还是对社会都是有益的。

从整体上来说，这种改革会让农业成为一个能够盈利的行业，一个有效的就业和投资领域，也会让农村成为保持有效产出并能够保障全国人民食品安全的食品来源地。这对于整个社会福利的提升而言意义重大。

周清云：以拍卖农用地的资金作为农民的社保资金，足够支付农民的社保吗？

蒋荣昌：现在具体的数字其实已经不重要了，重要的是在这种安排下大家的福利也好，身份也好，以及土地等国有资源的有效利用也好，都会达到一个相互匹配的状态。这样转变之后，整个国民身份、国民待遇、国有土地资源的有效利用，从公平、有效等各个角度去考虑，在整体上都会有更大的效果。包括我们谈到的农业现代化、内需释放、食品安全、匠人精神的土壤等，如果没有这种转变，都是无法生根的；如果有了这个转变，那么一切都会通畅。哪怕某一个阶段会有财政或其他方面的问题，也都可以通过发行国债的方式来处理。而这也的确就应该是国债，因为它本身就是为了公共利益的实现。

国有农用地转化之后，会对整个国民福利发挥很大的促进作用。农业的亏损不仅是农民的损失，也是全体人民的损失，而这样安排就是发行国债的一个非常合适的理由。针对农民建立一个农民社保转换为居民社保的公共基金，这个公共基金要么就是国有企业的红利，要么就是国债，这样的话也就不存在什么障碍。而且中国现在每年有万亿的农业补贴和农村投入，这笔钱可以拿去为转型之后也许暂时还没有土地拍卖收入的农民充实社保基金，实际效果会大很多。

所以重点在于整个社保安排的体制转换，涉及的是整个国家经济社会的健康发展，而不是具体的地价的问题。

四、农村改革与确权流转

周清云：农村改革方案会给现在正在进行的土地确权带来什么推进？

蒋荣昌：确权可以更简单了，只需以生产队为单位，而不用去丈量每家每户的地界。只需要丈量一个生产队的四至，然后就可以制定标准：如果要离开，就根据这个标准把指标卖掉。国土局现在有很先进的丈量技术，GPS 土地面积测量仪可以和卫星相连，实际的土地面积和丈量后上传的资料是一致的。买的谁的地都不重要，两百亩就是两百亩，不会多也不会少。根本不需要复杂的丈量、确权程序，也不会平添许多纠葛。

现在还在耕种的那些人相互之间是没有什么分歧的。每家每户都知道彼此土地的边界和位置，没有确权的必要。人们还是按照原来的方式耕种。谁家的胡豆也不会点在别人的地里。这个指标转让出去了，只需把那块地收起来就好了，这种落实可以非常精确，也能免去浪费丈量土地的费用，也避免了确权颁证的纠葛。

反倒是给每家每户划一个边界，哪怕是弄清楚了也没有用，因为这对大规模的流转毫无意义。我买三百亩地，不可能去先买张三和李四犬牙交错的那块地，再去买王五和李四犬牙交错的那块地，这不是一种规模化经营的方式。既然如此，那么这种具体的划分就是一种徒劳，甚至浪费。

周清云：在土地国有化的过程中，如何防止农村基层腐败和地痞化现象对农民土地的侵蚀呢？

蒋荣昌：其实在这个过程中，腐败很难发生，因为卖的是指标，即使多占也没有意义。只需要搞清楚生产队的实际土地拥有量，然后按人口来即可。工作并不复杂，而且通过卫星就可以完成。最后确定花名单，经全村人民认可。

比如以家庭为单位，其实也就是以人口为基本单位，按照不增不减的标准，马上就可以算出来。如果不对，村民可以检举，马上就能取消。这样一来，集中整理和出让的是指标，和把田坎移到别人的地里没关系。即使移动了，也自然有人会把它铲掉。

周清云：如何解决土地国有化之后的耕地闲置问题？

蒋荣昌：既然是国有土地使用权，就要遵守国有土地使用方式的限制和要求。这在《农村土地承包法》中有明晰的规定，那么只需要把现在商业用地和住宅用地的管理方式参照农业的特征做一个期限上的调整就可以了。

首先农用地要用才是农用地。如果闲置的期限超过了规定，就应该有相应的处置。这和现在城市土地购买后两年不开发就要收回是一个道理。因为它除了是你的财产，同时也是一份公共资源，你拿到这份公共资源的使用权，就意味着相应的耕种义务。现在通过卫星就能精确定位，可以迅速解决土地撂荒的问题。

如果觉得自己的耕种规模不足以盈利，同时又不愿意置换，也可以交给其他人去耕种。即使是短期耕种，部分有耕种技术和市场感觉的人也愿意去，因为投资小，回报也较为理想。至于地租等问题，民间可以达成协议，始终可以找到一个平衡。

这样一来，就开放了各种各样的形态给民间去选择。土地可以短期包租，可以购买，也可以无偿送给他人耕种，而自己则持有名义上的国有土地使用权，或继续维持原来的安排。

如果土地暂时无人耕种或买卖，就由政府来收储、整理、集中拍卖，就是说凡是农民要卖，政府就应该收。收了之后政府有巨大的能力对土地进行整理，也就是把土地指标从一个地方转移到另一个地方，把那些已经出让的土地集中起来。

比如说我们可以先规划一个农业的招商引资园区，就像现在那些工业园区一样。现在一村二村先种上，那么一村二村移出去的就就地处理，三村四村移出去的就异地处理。因为现在农民的生计和他那一小块儿地没有直接关系，就刚好可以这样办。我不会因为在一村二村居住而要到三村四村耕种而困扰。当地政府可以对土地进行分级，如果一村二村、三村四村的土地品质、地势和灌溉条件近似，那就一村二村互换，三村四村互换。这种技术上的问题很好实现。

周清云：改革中地方政府会不会为了政绩急于求成？

蒋荣昌：不会。现在卫星可以监测土地的耕种情况，只有在规定年限内不耕种的情况下才能收回。这个条件对所有人都适用，就不会导致政绩工程，因为基本上很难做到把土地圈起来阻止他人耕种。

周清云：现在全国大约有三分之一的土地已经流转出去。我们所讨论的改革方案和现在的土地流转有什么关系？

蒋荣昌：我们说的分两次流转，其实厘清了土地流转的不同层次的任务。因为土地既是农民的社保，又是农业的生产要素，而这两种功能是不能兼容的。在没有从农民的社保中脱离出来之前，土地并不是纯粹的生产要素。这会阻碍土地的有效利用和农业的现代化进程。

土地和农民的人身依附关系导致流转出去的土地并不作为纯粹的生产要素发挥作用。投资人不会在地权不能得到保障的情况下进行基础设施投资和农田基本建设，而且所选择的农业项目也大部分不会是普通的主流农业。这样，农用地的规模化经营将会十分依赖对市场波动极为敏感，甚至也对土壤的肥力竭泽而渔的特殊农业。一方面其可持续性大有问题，另一方面也难于与基本农田保护的最终目标（比如保证国家粮食安全）保持一致。无法让主流的农业生产项目赚钱的安排，既是不可持续的，也不具备可在全国推广的普遍意义。

由于投资人要支付几乎和土地产出的粮食等价的土地租金，现在大部分流转之后的土地经营都是靠政府补贴才得以维持。这就意味着这种流转形式难以持续。

同时真正能够租得起价格的，都是城市近郊土地，而且往往也是种植经济作物，发展旅游农业。但是这会给远郊农民一个虚假的希望，让农民以为无论如何手中也还有土地保留，还能通过流转盈利。在这种暗示下，农民不愿意把生活的重心安排在城里，即使不居住，也会选择在农村保留住房。他整个的生活筹划都会围绕这一重心来展开，就是明明可以不做这件事情，但是基于这种羁绊他也还是会做。这样一来，难免会损伤效率。这对经济的自由交往和各经济主体的潜力释放都是不利的，并且会使"三农"问题和城乡二元格局长期固化，难以得到有效解决。

周清云：如果实施两次流转，将会给现在已经流转出去的土地带来什么新局面？

蒋荣昌：现在已经流转出去的其实都是已经整理好的土地，也就是说它原来就已经成规模了，它本身就是一块合乎规模经营要求的标准的农用地，那么如果按照我们说的方案，会更有利于真正的流转。

同时，原来的投资人在现在是很合适的买主。因为如果原来承租可以盈利，那么现在找合伙人或者独立购买更能盈利。因为原本的租金就占了成本的相当一部分，不确定性也相对较高。

如果投资人原本就投入较高，或十分看好，购买土地的意愿也相对较强，他肯定愿意买下这块土地。即使没有充足的资金，也可以找合伙人。大家在商业上达成一个共赢的格局。通过市场，可以找到多种方式来解决这些问题。有的人即使单纯出于投资的目的，也会愿意参与。

这样之后，农村土地就作为一种有效的资源而存在。耕作时水利、道路等所有的基础设施的投入也都沉淀为一种相对稳定的资产。这样土地成本也会下降，国家粮食安全和食品安全、土壤保护等问题，都可以基于个体的经营和爱惜而得到很好的解决，国家在农业补贴方面的投入也可以用到更需要的地方去。同时也说明这样的流转是可持续和可以大规模推广的，近郊远郊都适用。

第五章 案例Ⅱ：未来城市设计

第一节
城市文化研究刍议

城市文化研究在今天似乎已成为两部分在学术传统和交流圈子上互不相干的学者的共同研究课题。一部分从文史和规划入手的学者习惯于讨论城市文化遗产的意义，并试图以此框定一个城市的属地特征；另一部分学者则会从文化研究或人文地理学的角度去探讨城市和市民、城市和人的物质的及精神的关系，希望找到某种城市文化在社会学乃至哲学上所具有的更深远意义。

其实，这两部分看起来不太相干的研究都得在最后回到一个问题上面，这就是城市作为人类集群化生活的工具或媒体，它在根本上应该表达何种生活理想。

从这个问题出发，我们可以看到，不同的社会组织原则、地方生活习尚、技术、气候和地理条件以及受此约束的特定人群的城市生活理想，一定是与时推移并且各具地方特征的。从地方特征上，我们可以找到一个城市在其较为恒定的气候、地理条件下面，依据社会组织原则、地方生活习尚和技术等的历史演进所形成的一个城市的物质与非物质文化特征，而这种地方特征正是我们借以区别一个城市与别的城市的标识系统。对这种文化标识系统的现成状况以及如何在未来发展中保持这种标识系统活力的研究，占据了大部分有关城市文化遗产讨论的篇幅。而文化研究和人文地理学学者更习惯于从城市和人的抽象关系来探讨"城市"

对于"人"的意义。

那么,城市文化研究是否可以从与上述讨论方式不同的核心立场来展开自己的论述?我们认为,社会组织原则、生活方式和技术的演变以及由此衍生的城市生活理想是决定城市文化变化方向的核心要素。基于此一核心立场来展开的城市文化研究可以更好地回答城市文化向何处去的问题,并且更好地回答城市作为人类集群化生活的工具应该具有何种社会功能这一问题,更好地回答一个城市应该为谁服务和怎样保持其固有的文化标识系统等问题。

正是基于不同的社会组织原则,西方古代城市史上以神庙和市民广场(包括体育场)作为城市地标以及以完善的城市公共设施作为其显著特征的城市文化才会与中国以皇权象征物作为城市重心的城市文化形成鲜明的对照。也正是缘于现代社会组织形式和大工业、城市轨道交通、汽车等技术文明,我们才可能拥有巴黎、伦敦、纽约、东京等典型的世界现代都市。

泛泛地谈论城市的宏观结构及其微观组织形态的指向,所有人都会同意这一指向即为市民服务,为"人"服务。但"市民"和"人"在何种意义上是市民和人,却是一个有待澄清的问题。

对今天的城市来说,城市居民中至少有接近一半的人口并非市民——他们,没有取得市民身份和相应的城市福利,却又长期是这个城市不可或缺的居民。城市在规划自己的未来之际,应将这部分人的福利纳入计划。

这还只是问题的一面。问题的另一面是,以汽车文明作为城市规划前提的城市设计思路从又一个角度否定了城市是一个居民社会实体的现代理念。步行者、以自行车作为交通工具的人士不能不忍受汽车带来的安全威胁和环境污染。也就是说，城市里的一部分居民（例如汽车族）的生活方式是建立在另一部分居民的生活受到损害这种外部条件基础之上的。这无疑已与城市作为一个公共空间的本来含义大相径庭。欧洲中世纪末期的谚语说，"城市的空气是自由的"。这其实是在说，自由是城市的一种公共权利。如果这种"公共权利"意味着一部分人可以把自身生活方式的排泄物随意倾倒在旁边的人身上，那么，这种自由或者公共权利就有从根基处飘散的危险。

因此，城市不会在拥有巨大建筑体量和与之匹配的公共交通系统、服务设施之后就自动成为为市民服务的公共空间。城市怎样定义自己的市民，以及怎样来确立公共空间的公共性将会从更实质的层面决定其自身是一座怎样的城市。

处在快速城市化进程中的中国社会如果能够给予每个城市居民以统一的公民身份，在设计城市功能和空间形态的时候确保不会在把一部分居民的生活目标当成城市优先目标的同时，让另一部分居民承受不良的"转移支付"后果，那么，我们将会发展出让世人耳目一新的城市文化。

在今天快速轨道交通技术、互联网技术日益普及的情况下，中国的城市文化理应发展出一百年以前奠定巴黎、伦敦、纽约、东京等世界性城市基本格局的那些原则所不能涵盖的新的路向。这些路向可能意味着我们必须打破城乡二元的居民身份系统，并且在已经具备更优技术条件的情况下避免发达国家基于汽车来定义的城市交通所造成的实质性损害。

这也意味着，我们的城市在选择保留何种文化遗产和怎样保存城市文化遗产的时候，会坚持一种不同的立场。我们可能不仅仅是为了把一座城市与另一座城市区别开来才去保留那些鲜明的城市记忆,而是首先要站在需要什么样的城市这一基点上来打量哪些东西是这座城市所必需的标记,哪些东西已经从城市的生命体上脱落。而只要是立足于一座城市当下的公民社会生活方式的具有原创精神的城市设计,一定也会是这座城市不待区别就自然会与别的城市区别开来的东西。因为,一种独特的城市文化不过是基于本来就独特的自然条件和技术文明对同样独特的社会组织的微观原则和地方生活习尚的回应。

第二节
新城市空间置换战略
——以一次革新废除雾霾、交通拥堵和城市病[①]

在城市病充斥各处引致的城市换代需求中,这将是一个有力的回应。这是全然不同的城市革新思路,让我们走近没有雾霾侵扰、交通拥堵和城市病的新一代城市。

在2013年,"雾霾"第一次成为两会的关键词。这是委员、代表、媒体、公众谈得最多、听得最多的词。李克强总理在政府工作报告中使用了"向雾霾等污染宣战"这种前所未有的措辞。习近平总书记在两会期间五次谈到雾霾和空气污染,并且紧接着

---

① 关于本设计的相关报道,请见《帮成都治堵,川大教授设计"地下城"》,《华西都市报》2011年1月16日第11版。本节原稿作为白郎先生的系列采访记曾发表于《读城》。

在会后部署了对控制空气污染具有重大战略意义的京津冀一体化。2014年3月3日,俞正声主席在全国政协开幕大会报告中指出,加强以雾霾治理为重点的大气污染防治。"向雾霾等污染宣战",毫无疑问已成为决策层的宣言。

面对雾霾等污染的严重危害,如何尽快解决这一难题已不可回避地摆在时代面前。在交通拥堵、车噪、行车和尾气污染所导致的PM2.5等日益成为公众和政府关切焦点的情况下,头痛医头、脚痛医脚的城市空间规划和建设思路已无技可施。本节从城市规划的角度,提出全新而成熟的城市空间兼容性构建策略,以解决雾霾、交通拥堵、车噪、内涝、热岛等大城市病。

一、城市空间的颠覆性规划

没有交通拥堵、车噪、汽车尾气大气污染的新型城市空间项目,所要解决的技术问题是,提供一种没有地面交通拥堵、汽车噪声污染和汽车尾气大气污染的城市空间,同时提供制造这一可普遍复制的城市空间产品的方法。

其所采用的技术方案是:把城市地下空间制作成为与地面街、巷、建筑物、公共活动空间布局一致并上下匹配,专用于机动车行、驻、停的空间,以梯步、电梯、电动护梯实现地面非机动交通与地下机动交通之间的方便连接,实现地面、地下城市功能在空间上的全时段分置。

同时,地面、地下分层的空间结构也是可以集中收集和处理汽车尾气和车噪的空间形式,可以使城市地面空间成为没有汽车噪音和尾气大气污染,能兼容多种城市功能的绿色城市空间。

这种技术思路完美地解决了按原有的城市空间规划和建设思

路无法解决的城市功能之间相互干扰和冲突的一系列根本问题。原有的城市空间规划和建设思路，说到底，是让在空间上不能兼容的各种城市功能集中于同一个空间。例如，在交通拥堵日益严重的时候，以地下挖掘、地上高架的方式增加车行路面供应，而这种应对方式又难免会增加 PM2.5 和车噪污染（高架路面行车），并可能破坏城市天际线和影响高架桥周边居民的生活品质及物业价值。而数千年来承载了丰富多样的城市功能，作为市民生活绝对重心的"街道"，也难免在机动车一车独大的情势下，丧失休闲、节庆、游玩、换气等传统城市街道固有的大部分特性。

这种思路把交通拥堵的症结归结为不断增加的车流与难以为继的路面的矛盾，而忽视了交通拥堵的真正根源——城市的功能拥堵。

城市功能拥堵是交通拥堵的根本原因所在，以地上地下空间全时段分置的方式来分别安排兼容性城市功能与非兼容性城市功能，即可循此一揽子解决交通拥堵、车噪、车行污染、城市绿化、内涝、热岛效应、极端天气困扰交通和城市生活、对街道的需求等一系列对城市居民而言至关重要的问题。面对中国正在经历第二波城市化、城市建成区普遍承受着空前环境压力的现实，我们的新城市空间战略将承载起广阔的商机和历史的使命。

二、国际例证：蒙特利尔地下城和波士顿"大挖掘"

蒙特利尔地下城（Montreal's Underground City）位于加拿大第二大城市蒙特利尔威尔玛丽区地下，长达 17 千米，总面积达 400 万平方米，步行街全长 30 千米，连接着 10 个地铁车站、

2000个商店、200家饭店、40家银行、34家电影院、2所大学、2个火车站和一个长途车站。

蒙特利尔曾被评为世界上三个最适合人类居住的城市之一就归功于它所拥有的这个全世界最大的地下城。

地下城有120多个出口,每日迎送50多万进出人流,是躲避严峻寒冬和繁忙交通的理想去处。由于地下城的原因,蒙特利尔常被称为"二城合一"。

对于蒙特利尔城而言,地下城有助于缓解主要交叉路段汽车与行人的交通冲突,减少了停车需求,也减少了空气污染。多亏了地下城和商业街之间的积极合作关系,商业区的核心一直保留着它的活力。它也成了一个对使用商业街和公共空间的人们和私人项目都有益的繁忙且充满生机的地区。地下城也已经成为蒙特利尔城市旅游观光的最主要地区。

波士顿从20世纪70年代开始策划到2005年竣工,耗资巨大的"大挖掘"项目大大缓解了拥堵,帮车辆节约了一半以上的时间成本,同时还带来了45个公园和大型公共广场,堪称公路项目的一大壮举。

在美国历史文化名城波士顿市中心,曾横贯一条半程高架半程隧道的公路——约翰·菲茨杰拉德高速公路。20世纪20年代,美国汽车制造业兴盛,全美陷入了修建高速公路的热潮。这条被称作"中央干道"(Central Artery)的93号州际公路也正是在这种背景下被提上议程。

这条中央干道是在联邦州际公路标准制定之前建成的,不仅给城市带来了严重的交通问题,还把波士顿的北区及海滨区与市中心隔离开来,限制了这些区域在城市经济发展中的互动作用。

由于其修建线路造成了社区间的隔离，项目第一阶段竣工后，当地居民强烈反对。在时任麻省州长约翰·沃尔普的介入下，项目的最后路段被迫转移至地下隧道。

1959年开始通行的中央干道长1.5英里，总共6条车道应付当时每天7.5万辆的交通流量还算绰绰有余。但到了20世纪90年代，日均20万辆的车流已经将中央干道变成全美最拥挤的公路之一。每天的交通拥堵时间超过10个小时，事故发生率也是全美平均水平的四倍。同样的问题也困扰着波士顿港的两条连接市中心与洛根机场的地下隧道。据估计，每年拥堵造成的交通事故、燃油浪费和时间延误等带来的经济损失接近5亿美元。

假如这种情况持续到2010年，中央干道的交通拥堵最长可能达到16个小时。当地居民因此戏称它为"世界上最大的停车场"。

改变势在必行。20世纪70年代，波士顿的交通规划部门提出了将整条干道迁移至地下的设想。然而，商界人士更关心通往机场的道路，遂敦促修建第三条港底隧道。当时的麻省州长迈克尔·杜卡基斯和运输部长弗雷德·萨尔乌奇决定将这两个项目整合在一起，同时满足商业及市政的需求。

中央干道/隧道工程（Central Artery/Tunnel Project，CA/T）的正式规划于1982年启动，工程对环境影响的相关研究也随即纳入日程。这个被称为"大挖掘"（Big Dig）的工程被公认为美国历史上最大、最复杂和最具技术挑战性的公路项目。

工程的浩大以及技术难度也意味着巨额的投入。28亿美元的预算，无论是波士顿市政府还是麻省州政府都无法承受。在历经多年的广泛游说之后，美国国会于1987年通过了一个公共工程法案，对该工程进行联邦拨款。但当时的里根总统以耗费过于巨大为由否决了这个法案。直到国会再次推翻总统的否决后，大挖掘工程才最终于在1991年破土动工。

工程分两个部分：在现有6车道路面下方，修建一条8～10车道的地下高速公路，公路的北端连接着两座横跨查尔斯河的大桥；将原麻省收费公路（90号州际公路）的南端延长，通过波士顿港下的地下通道，与洛根国际机场相连。地下高速公路建成之后，地面的高架路将被全部拆除。空出来的29英亩土地将被用于建设景观大道和公园等，以增加整个城市的绿色空间。

由于缺乏管理巨大工程的经验，麻省收费管理局（MTA）聘请了贝泰－柏诚（Bechtel/Parsons Brinckerhoff）工程顾问公司提供初步设计，管理设计顾问及建筑承包商，跟踪项目成本与进度，指导MTA项目决定，并在某些情况下代表MTA。为了使管理更有效率，MTA最终安排部分员工与贝泰－柏诚的雇员组成了一个综合项目组，但这反而在一定程度上限制了MTA对贝泰－柏诚的独立监管能力，实际上双方已经变成了项目合作伙伴。

大挖掘施工始于1991年9月，1995年完成了第一个重要的里程碑——泰德·威廉姆斯隧道。2003年，90号及93号州际公路启用。2006年1月总体完工。工程涉及的公路总长为7.8英里，车道总长达161英里。项目共使用了380万立方米混凝土，并挖掘了超过1600万立方米的土壤。

项目施工过程中面临了许多的环境与工程难题。隧道通过的市区主要是填埋形成的，地下有地铁网络，以及无数的管道和公用线路。施工人员遇到了许多意想不到的地质和考古障碍，从冰川泥石流到被埋没的房屋地基和沉船。环保机构还曾担心挖掘会释放毒素,并可能驱赶数以百万计的老鼠到波士顿街头。

为了让旧高架公路在施工期间继续维持安全运行,工程人员必须想方设法在挖掘的同时保证基础的稳定。他们采用了地下连续墙技术,制造出37米深的混凝土墙,既稳固了公路,也防止了施工现场的塌方。新建公路还必须在南站(South Station)的7条轨道下穿过。南站每天有400趟列车进出。为了避免列车线路搬迁,工程人员设计建造了一种独特的千斤顶来支撑地面和铁轨。

不同于其他任何主要公路项目,大挖掘项目的独特挑战在于它的整个实施过程没有使波士顿的交通、商业和居民生活中断。要知道,旧的中央干道建设时,曾经有超过20000名波士顿居民被迫迁居。

新的地下中央干道设计容量为每天24.5万辆车,坡道数量减至原来的一半。泰德·威廉姆斯隧道每天的运量也达到9万辆车,不仅使通往洛根机场的交通变得十分便利,而且缓解了中央干道的交通堵塞。

新公路带来的交通改善效果明显。据统计,1995—2003年间,车辆在新公路上的总行程时间减少了62%,旅客因此节省的时间和成本折算下来接近每年1.68亿美元。波士顿南部和西部的居民在高峰时期前往洛根机场的耗时减少了42%~74%。城市环境也因此受益,全市范围内的一氧化碳含量减少了12%。

三、创新的兼容性城市空间如何可能

新城市空间战略商业模式成功的关键是:置换。以行车效率更高的地下空间置换宝贵的地面空间;以地面空间经营权和地下商用空间（加油站、汽车维保及汽配经营商店、收费停车位、仓储空间等）的经营权置换地下空间开发资金；以能给所有用户带来利益的公共物品的有偿消费置换民营机构投资。

本项目的客户利益可分别定义为投资人的利益和用户的利益。这两部分利益有一个共同来源：新的城市规划和建设模式创造的新增价值。

用户的利益：地下机动车路网和驻停空间直接使用人（大部分市民和所有客人）将会节约大量的交通时间成本和燃油支出；所有市民和客人都将能够呼吸更干净的空气；市民和整个城市的客人都将在有阳光雨露、绿化充分的"街道"获得崭新的、更符合人性的生活方式；公私物业和整个城市物业的货币价值都将会得到极大的提升；城市的知名度、品牌价值、投资和消费吸引力将会以几何级数的量级增长；城市的当期 GDP 将会因项目实施直接带来每年数千亿级的增长，对周边产业的带动和因投资环境质变所带来的投资和消费的快速增长对 GDP 的贡献则不可限量。

投资人的利益：投资人将从新城市战略给各方创造的巨大新增利益里面分享丰厚的回报，通过地方立法授予的地面、地下新增商用空间经营权和车辆有偿使用地下公用设施收费权，以及专项发债权，将会使投资人得到理想的回报。

新型城市空间所需建造和运营技术绝大多数是已在市场上运用多年的成熟技术。

人类大规模建设和使用地下空间及路网的历史已超过 180 年，目前的盾构掘进技术则达到了每公里误差小于 3 毫米的水平。利用成熟的盾构掘进技术和可以配套使用的低成本掘进技术建设地下机动交通城,用以安置机动车的行驻停、服务于机动车行驻停的附属业态(加油、汽车维保等)和高度依赖机动车并与机动交通完全兼容的业态(例如仓储),在技术可行性和技术的经济可行性方面已有大量成熟案例。

由于新型城市空间的建设思路必然牵涉一个城市地下空间的整体规划和建设,本项目可望比普通的城市地下建设项目节约更多建造成本。例如,以投资100亿元人民币购进300台盾构机设备计,每年300个有效工作日即可建造总长达1000公里的地下公路网。如果昼夜兼程,则建造总量可以倍增。项目的经济规模将确保其单位建设和维护费用大大低于普通地下建设项目。

按照通常的施工模式,盾构掘进直径12米的路面,假设施工面在地面10米以下,在完成防水、墙路面铺装、管网和通讯布设的情况下,根据不同的地质状况,每建设一公里地下公路的投入在7000万~8000万元之间。

在通常的施工模式下面,使用非线性掘进机械、人工掘进或定向爆破等地下施工方式建设地下停车、仓储、后勤、环保和车用商服空间,假设施工面在地面10米以下,在该空间平均高度6米,有加固梁柱,完成防水、墙地面铺装、管网和通讯布设等的情况下,每亩地下空间的建设费用约为300万~350万元人民币。

此外,已经成熟的光纤导入日光技术可以节约80%的地下照明能源,加上稀土感光材料和其他节能技术的应用,可望将地下昼夜行车照明所需能耗降到地面行车夜间照明所需能耗以下;通过负压装置收集废气加以环保处置后排放,以及让所有地下、地面垂直通道充当新风进气口的设计,可以用最节能的方式确保地下空间的空气质量，并大幅度提高地面空气质量——这也是以积极方式消除城市雾霾的一种战略选择。

四、核心：把被汽车长期霸占的 20% 城市土地解放出来

新型城市空间将是地下、地面承载的城市功能互不相扰、相须为用，安置在地下空间的诸项城市功能之间具有良好的兼容性，地面承载的多项城市功能之间也能完美兼容的和谐城市空间。

这里将是没有汽车交通拥堵、汽车尾气和行车导致的微尘（车胎、路面的双向研磨制造和传扬的微尘）污染，没有车行噪音和行车对路人生命安全威胁，极端天气带来的浓雾、冰雪路面等也不再能够影响城市快速交通的城市空间。

城市原来用于汽车行驻停的、占整个城市 20% 的土地面积将会被解放出来。如果其中的 40% 投入商用，另外的 60% 用作绿化、消防、人行等城市公共用途，我们将会看到绿化面积的大幅增加、城市热岛效应消失、内涝被减到最小。同时，由于整个城市的地基向下延伸，城市在遭遇地震时将会更加坚固、遭遇战争和各种灾害时会有更安全的避让空间。

最重要的是，"街道"重新回到了"城市"，人们将可以自由地在"街道"上展开需要阳光雨露的一切活动。城市将成为空前宜居、充满人文关切和发展机会的乐土，人们将在这里得到他们在工作、居住和生活中想要得到的由城市提供的一切便利而不必再忍受"上一代城市"一定会带给他们的那些伤害——空气和噪声污染、热岛、内涝，以及时时处处得提防被汽车撞飞（这也是家长一定要去学校接送小孩的基本理由）……

这将是城市生活方式和城市服务业态的一次革命。我们将从这里走进"新一代城市"。

基于上述理由，所有的现有城市，尤其是高楼林立、人居密度很大的东方城市都有紧迫的"换代"需求。中国大城市不但人口密度高，汽车保有量也大，市区每平方公里内行驶的汽车量比发达国家要高几倍甚至几十倍。如果说发展电动汽车、酒精燃料汽车以及需要消耗大量贵金属的汽车尾气净化技术等是缓解车、城矛盾的治标方案，新城市规划则是走出高度依赖汽车的高密度城市困局的治本之策。从中期来看，配合国家的城市发展战略规划（住建部要求城市居住密度达到1平方公里/万人），如果覆盖100个在地理特征上易于操作的100万人口以上大城市，新型城市空间项目的国内市场规模按平均每个城市投入1000亿元人民币来计算，即可达到100万亿之巨。

这对于第二波城市化节约使用土地，消化钢铁、水泥、建材行业巨大的过剩产能，吸纳从房地产和高铁等已饱和建设领域退出的大量劳动力，大幅减少车用化石燃料排放（保守估计，城市机动交通所需化石燃料将会有30%的节约幅度）和从根本上消灭雾霾、降低PM2.5污染，促进汽车工业与城市的可持续发展，加强国家的能源安全，为整个国家经济转型赢取一段较长的战略机遇期等宏观目标，都将产生深远的影响。

五、告别 PM2.5 和大城市病

在按城市功能兼容性原则对城市空间进行合理规划和建设之后，原来因顾虑视线遮挡而不能使用茂密树种的干道绿化隔离带可以有更充分的绿化安排，不适于商业开发的宽度小于12米的全部街巷和社区内部道路在满足消防通路要求的情况下，将会有更充分的园林化，城市原有的高架公路和过街天桥以及新增楼顶等的垂直绿化等，将极大地扩充整个城市的绿化总面积。

城市主干道（含高架路、桥）将成为继承和弘扬传统民居文化和城居文脉，营造传统街道气氛和城市识别特征的重要载体。

非机动车道与人行道共同组成的城市慢行交通系统有良好的兼容性，这为非机动车在紧急状态下避让到人行道、从而也为非机动车道在紧急状态下充当机动车快车道创造了条件——在功能兼容原则导向下，把非机动车道设置为消防应急车道完美地处理了平时使用功能和临时使用功能的关系。

城市雾霾在机动车减排 30% 左右，所有废气得以处理后再向高空排放的情况下，将会从根本上得到治理。

1950 年，美国洛杉矶市环保部门认为自 1943 年以来该市遭遇的雾霾有 85% 来自汽车尾气排放，而北京市环保局认为汽车尾气对该市 PM2.5 的贡献率为 25% 左右。如果综合考虑汽车排放的碳氢化合物与氮氧化合物在紫外线下形成的光化学烟雾二次污染，汽车行驶时轮胎和路面制造的微尘和车流传扬建筑微尘等形成的 PM2.5，汽车在路面行驶导致的雾霾污染率可能会在不同城市分别达到 30%～85%。而世界城市在雾霾形成后的末端治理上优选的办法是增大绿化面积，机动车地下化之后置换出来的地面空间也为这一迄今为止最优的末端治理模式的实施创造了条件。

在这种前后端综合治理模式下，城市雾霾污染将会退出历史舞台。

在汽车尾气、车行微尘污染、汽车噪声污染及汽车导致的安全威胁消失之后，街道将成为市民休闲、购物、社交、运动和儿童社会化的主要公共空间。

由于顾虑车行安全和污染而对河道封闭的街巷路面将重新对河道开放，街道将成为城市路面径流的主要行洪通道而不必像现有的城市排水系统那样，让在街道上迅速形成的径流堵在下水道瓶颈外面导致内涝（增加的绿化土地也会延缓径流形成的速度）。

城市地表将在减少数以百万计的发动机热源的同时，增加路面、天桥、楼顶的绿化面积，夏天的热岛效应将会减弱或消失，城市将会节约大量用于制冷的电能。

因为冰雪、暴雨等极端天气而阻滞城市机动交通的情况将一去不返。

由于地下公路的所有交叉路口都可以下穿方式交叉，红绿灯消失或大幅减少，又由于非机动交通和人流形成的干扰消失，地下行车速度和车行安全度将大幅提高。

城市所有机动车的行车速度和行车方式（例如，在不断刹车和不断加油间转换）将发生革命性转变，所有汽车都将会以经济速度和经济方式行驶，城市将会由此节约 30% 左右的化石燃料消耗并减少 30% 左右的污染排放物。

由于在若干结点设置了高度和体积适宜的负压抽风集尘兼污染处理装置，所有地上、地下通道都将成为地下空间的新风入口，负压抽风装置作为污染处理装置将实现城市机动车零排放。城市地上、地下空间将成为高度节能、环保、人性和具有无限可持续性的城市空间。

由于城市已变得空前宜居、宜业,住到郊区的需求降低,城郊之间的摆渡式交通需求也将大幅度下降,城市将会是更节约土地资源和能源的高效城市。

第三节
新新城市主义
——源自成都的下一代城市构想[①]

2014年6月20日晚上7点到10点,事先研读过新新城市主义规划思想文本的冰焰、彭晓华、白亚仁,与蒋荣昌一起围绕新新城市主义规划思想的种种问题进行了深入讨论,下面是现场讨论和场外专家参与讨论的文字记录。

参与对话人员如下:

冰焰,在成都居住十年的法国文化人类学家,对藏羌碉楼建筑文化有深入研究,也是推动碉楼申遗的主要专家。

Sven Burmester,世界银行前副行长、联合国人口基金会东北亚地区总干事,常来成都居住和工作。

白亚仁(Allan H. Barr),汉学家、翻译家,美国波莫纳大学(Pomona College)东亚语言文学系教授,成都女婿。

彭晓华,成都人,翻译家,独立学者。

蒋荣昌,四川大学哲学系教授,四川大学哲学研究所

---

① 本节最初发表于《读城》2014年第7期。

所长。

冰　焰：你为什么把你的方案命名为新新城市主义？

蒋荣昌：这是为了与20世纪90年代以来由彼得·卡尔索普（Peter Calthorpe）主导的新城市主义设计运动区别开来。他们的城市规划或设计思想实际上太不新了，你只要读一读他们的《新城市主义宪章》（Charter of New Urbanism）和看看基于这些设计思想的案例就会知道这一点。

冰　焰：以钍为原料的新的核能技术可能使电动汽车实现零排放，汽车将不再有尾气污染，在那种情况下，你的地下机动车城还有意义吗？

蒋荣昌：我们先暂时不讨论汽车零排放在技术上是否可能。把机动车行住停放到地下去的设计思想不仅是为了解决机动车尾气分散排放与集中处理的矛盾，它的更高的目标是解决城市功能之间广泛的不兼容性冲突导致的城市功能的"拥堵"，以及大城市在环境约束条件越来越严峻的情况下如何实现可持续发展的问题。解决交通拥堵、尾气污染导致的雾霾、汽车噪声污染等只不过是包含在这个大目标下面的、在今天特别引人注目的项目。

冰　焰：像成都这种城市，如果再面临一次5·12级别的大地震，会是怎样的情形？

蒋荣昌：如果已经修建了完善的地下机动车城，我们会比原来安全得多。同样标准的建筑物，在地下所能抵抗的地震烈度是它们在地面的1.5倍。

白亚仁：但是，地下建筑物会很复杂、很昂贵呀？

蒋荣昌：其实，只要我们仔细看看全世界大城市的现状，就会发现，自机动车诞生以来，城市规划者决定把机动车放到地面上实际上是选择了在当初看起来简单，在今天运行起来实际上最复杂、最昂贵的道路系统。

机动车"占道"经营的结果，"毁掉"了数千年来一直在人类城居生活中占据着核心位置的"街道"。今天的大城市是没有一百年前的城里人所熟知的那种街道的。人们再也不能在街道上溜达、晒太阳、喝咖啡（茶、酒）、打球，小孩再也不能在街上捉迷藏、练习打架或疯跑，家长被迫去学校接送小孩而不能让他们结伴顺着某条街道回家——更不必说在某个特殊时刻市民们想挤到街道上去共度节庆或表达狂欢这类美事。

把机动车的行住停放到地下去，从建设成本计也是一种最廉价的选择。大城市用于机动车行住停的地面平均要占到城市建成面积的20%，而这20%的面积是价值高昂的地面。只要把其中的30%~40%投入商用，地下系统的建设资金困难就会迎刃而解，余下60%~70%的面积就可以为城市绿化和市民休闲提供宝贵的空间。

彭晓华：你的系统会跟现有的地铁有冲突吗？

蒋荣昌：不会。地下开发的优点是有充足的空间可用于分层开发。即使是因为经济或技术原因把汽车与地铁安排在同一开发地层，它们之间也可以通过下穿道口方便地实现各行其道。

彭晓华：按你的设想，地下道路系统与地上道路是上下匹配的，我想开车到哪里就可以通过地下道路系统把车开到想去地方的地下停车场，然后坐电梯或步行上到地面？但是，24小时照明会不会浪费很多能源？

蒋荣昌：是的，用车的情况正如你所说。地下空间的白天照明已有用光纤导入阳光的技术可以完美解决。晚上照明甚至也可以比路面更节约，因为地下封闭空间的光线损失更少并且更方便使用感光材料。成都附近的广汉最近就引进了制造这种光纤设备的工厂。光纤导入阳光不仅可以解决白天的地下照明问题，甚至也可以用于在地下栽种植物。

白亚仁：还有一个严重的问题，地下发生了车祸或火灾怎么办？出口那么远，怎么救援？

蒋荣昌：由于地下道路系统能够方便地建成双向单行、依靠下穿道口交叉和转弯的空间布局形态，不仅可以最大限度地减少甚至消灭红绿灯，也可以最大限度地保障行车安全。即使发生车祸，救援和清理现场的效率肯定会超过无法解决交通拥堵的地面。至于地下空间发生火灾的情况，自伦敦地铁开通以来，人类已经积累了至少170年以上的处理类似灾难的经验和越来越先进的技术装备，总体上说，控制地下火灾要比控制地面高楼火灾容易得多。

彭晓华：我有一个疑问，你的想法看起来就是把机动车从地上转到地下这么简单，为什么那么多的规划专家在受困扰这么多年的情况下，没有想到你的这种解决方案呢？

冰　焰：那需要一定的国家背景。在西方国家，这样大的改变是很难办的。

蒋荣昌：恐怕不完全是国家背景的问题。地下空间的建造技术为所有人所熟知，在城市的居民社区或城市局部采取人车分流方式来规避种种困难的案例也到处都是，例如，冰焰故乡巴黎的德·方斯就是著名的机动车地下化社区。

根本的问题是，那些规划和建设案例的着眼点始终在解决人流与车流的局部性矛盾上面，而没有跳出来看到，人车矛盾实际上是城市大型化后，人自身对城市众多功能的需求必然会有的诸种冲突的表现形式之一。说到底，人车冲突不过是人自身此种需要与彼种需要的冲突，是人所要求的诸种城市功能在一种规划思想框架下不能兼容，必然会表现出来的那些冲突。

在只着眼于人与车的局部性冲突并试图解决这种冲突的规划思想下面，地下空间或高架桥都仅仅意味着更多的路面。我们的新新城市主义则是着眼于让所有城市功能在一个新的思想框架下面和谐共处的下一代城市战略。

所以，新新城市主义与此前规划思想的区别不是在具体的地下空间技术的运用上，而是在运用这些技术去达成何种城市规划目标上。简单来说，新新城市主义把解决城市功能在空间上的不兼容性和追求城市的可持续性发展当成自己的目标。

白亚仁：按照你的设想，我们可能不会是几分钟、十几分钟在地下行车，而是一个小时，会不会非常不舒服？

蒋荣昌：现在像成都这样的城市，地面行车的平均时速不会超过20公里，这一点你只要去采访任何一个出租车司机就会清楚地知道。而我们的地下行车系统由于没有或基本没有红绿灯，所有行车道都可以安排为并列并相互区隔的单行道，用下穿来转弯和交叉，行车速度可以轻易达到每小时60～80公里，如果管理和驾驶习惯跟上，更高的时速也不会有问题。

这就意味着，原来在地面上需要一小时的车程在地下只要20分钟。对于大部分开车或坐车上班、办事的人来说，交通体验只会更好。需要调整工作时间的人群应该是公交车司机和出租车司机，由于上下车定点，出租车司机的上座率会上升，即使按8小时倒班，他们的收入预计也会提高。由于空驶率下降并且所有车辆可以以经济速度运行,整个城市的交通成本将会大幅度下降,能源消耗和废气排放也会降低30%甚至更多。如果结合阳光导入地下的新技术来达成某种程度的地下绿化,整个城市的负压抽排废气和空气处理系统有效运转,地下行车和坐车的体验甚至会比现在的地面更让人赏心悦目。

白亚仁:我觉得最好的解决方法还是像伦敦那样,进市中心收费,大家把车停在远处,这样堵得少啦,污染也少啦。

蒋荣昌:这是不得已的办法,全世界很多城市这样做。中国许多大城市采用的单双号限行和车牌摇号等也是类似的不得已办法。这些办法的共同出发点实质上是在做一种艰难的切换。

我们的新新城市主义的目标,不是通过种种不得已的办法来"忍车"或假装不需要车,而是试图让城市彻底远离顾此失彼的困境。冰焰之前发给我的比利时新鲁汶大学城那个案例(后来的新徒步主义者奉为经典的案例),其实也是顾忌汽车而限制城市规模(2平方公里)的一个方案。

我们不能忽略的关键之处在于,正是因为机动车的发明和大规模使用,我们熟知的今天这种大城市才能够以今天的方式站在我们这里。如果没有机动车,我们能够有的大城市生活形态将不会比唐朝的长安或古代罗马多出太多的东西。因此,新新城市主义从不试图浪漫主义地对汽车说"不",不仅是因为这样子解决不了任何问题,而且因为这种方式明显自相矛盾和不切实际——我们既没有回到前现代生活方式的可能性,也没有回到那儿去的真实愿望,而看起来正在谈论的,又似乎就是这种"可能性"和"愿望"。

冰　焰:那么,现在让我们来看看你的新新城市主义究竟是不是解决了大家关心的那些问题，比如说空气污染、交通拥堵，还有你提到的街道的更舒适状态？

蒋荣昌：先说交通拥堵，由于我们的规划思想是从解决城市的功能拥堵入手来解决由此派生的交通拥堵，拥堵的根源找到了，交通拥堵就会被连根拔掉。在地下空间的多层开发没有技术障碍，也没有资源瓶颈的情况下，主要由机动车带来的交通拥堵将从此成为历史。至于空气污染，像今天谈起来令人色变的雾霾，在整个城市的汽车废气可以在地下行车空间与地面"烟囱"网组成的负压收集处理系统里面得到完全处理的情况下，城市雾霾将与我们挥别——洛杉矶的经验和几年前香港、广东对珠三角雾霾成因的联合研究表明，汽车尾气是导致雾霾的最大单一原因，如果加上车行产生的研磨粉尘及对建筑粉尘等的传扬作用，汽车在城市路面行驶所造成的综合污染已成为城市雾霾频发的最主要成因。

新新城市主义规划思想的核心就是不让机动车带来的交通便利和它随身携带的污染之间形成功能冲突，而解决办法就是把地下行驻停车空间本身设计成为车行污染物的收集和处理装置。有了这种前所未有的战略性设计，汽车分散排放与集中处理的矛盾就会迎刃而解，汽车将只带来便利而不再附带污染。

同样，在汽车把"街道"还给城市之后，机动交通威胁行人安全这种每天困扰人们的场面也将成为历史。

在这种新新城市，原来的街面、天桥、高架桥将成为城市展示文脉和绿化的广阔空间，内涝、热岛效应、冰雪或大雾、大雨封路等我们今天所熟知的城市气候灾难的影响也会减到最小。像内涝，在新新城市可能就涝不起来——更多的绿化土地会阻止街面迅速形成径流，无须再照顾街面行车安全的街道则可以设计成为不必绕道下水系统就可直接向城市河道排洪的高效排洪设施，况且在有需要的情况下，城市完全可以开发理论上有无限收储能力的地下水库。

在这种情况下，郊外将成为度假目的地，而不再是有吸引力的日常住所。城市本身将成为一个巨大的节能装置和环保装置，它将会减少30%以上的能源消耗和相应的污染物排放，同时会把剩下的大部分污染排放物处理干净，让城市自身活动形成的对城市内部和外部的污染降到最低水平。从某种角度说，这是人类城市实现可持续发展的必由之路。

Sven Burmester（电话交谈）：我一年中总会在中国、埃及、美国和丹麦之间飞行和居住，成都是我在中国住得最多的城市，从十几年前到成都，我几乎每年来这儿小住，在这里我看到了中国的巨大进步，如果你们的城市能够运用你的思想来解决问题，这将为全世界树立一个榜样。

蒋荣昌：你的汉语真棒。如果成都成为第一个实现城市换代的城市，这肯定是让我们大家最高兴的事情！如果可能得以实现，我愿意为这个城市做一辈子义工。

像冰焰的家乡巴黎之所以闻名全球，其实是因为那里曾经是人类的一些重要思想萌芽和生长的地方。如果一个城市对出产于本土的创造性想法有足够的判断力和敬意，那么它的命运就是成为某种世界性典范。

对于全球范围的城市换代需求而言，新新城市主义战略可能会激活上百万亿美元的投资需求，而中国本土市场的规模则不会小于一百万亿人民币。当然最重要的还在于，人类的城市化进程将从此走上可持续发展的道路，人类的城市生活方式也将会变得宜天宜人，对环境友好，对人自身友好。

· 场外评论

Bruce Cameron MacDougal（ATKINS 旅游咨询董事）：与这种构想类似的案例在全世界我没有看到第二个。有点相似的是阿布扎比附近的一个小岛，岛上有两个架空层，最底下一层停车，地下第二层是白天的主要活动空间，所有的超市和学校、医院等公共设施都在第二层，直接面向天空的地面在白天没人能待下来，阳光太强烈了。但这个岛规模不大，也没有打算集中处理废气和噪音。这与加拿大的蒙特利尔类似，都是极端天气迫使人类转入地下，不过，它们都是试图把城市生活在地面上的现有布局转入地下，并没有打算质疑和改变现有的布局。而新新城市主义的整个构想则毫无疑问是颠覆性的，这超越了以往熟知的那些教条。

Vesley Brey（Benoy 副总监）：很棒！这将彻底改变人类对城市生活的理解和想象，而看起来又像什么都没有动过！

Yves Cabanes（逸夫·卡班）[伦敦大学学院（UCL）发展规划系教授、主席，Bertlet 发展规划组（DPU）发展规划主席，联合国人居署/UNDP 城市管理项目拉丁美洲及加勒比地区协调人]：向地下发展是未来的城市发展趋势之一，如果仍然使用传统的车，车往地下停，在技术上将为彻底解决尾气问题提供条件。当然，发展小城市，使用新能源汽车和更多使用公共交通也是一个发展方向。

第四节
城市地下交通系统[①]

赵良杰：城市化意味着城市作为一个功能高度集中，能够共享很多公共设施。这种城市化会带来很大的问题，就是基于这种功能的高度集中带来的功能的高度紊乱，比如说像现在的这种堵车、污染等种种问题的产生。随着这种大规模城市的不断涌现，就出现了另外一种城市化的模型。这就是像霍华德所提出的那种"田园城市"之类的构想。他们就想象将这种城市集中的趋势分散化，而这种分散化实际上就导致很多卫星城的建立，比如说很多发达城市就有这种趋势。

蒋荣昌：我们今天的道路拥堵等问题，是把在一个空间之内不能够兼容的一些功能非要放到同一个空间之内来处理，所必然导致的错乱。它不是车辆与路面之间的那种动态关系的不匹配所导致的，而是（源于）把不该拿来做"路"的地面拿来做"路"，因为汽车是和城市（街面上）的所有功能相冲突的。但是为什么我们会去主动消灭和遗弃小城镇而向大城市聚集？这里面蕴含了巨大的需求，就是当我们要用市场的方式真实有效地表达自己的需求的时候，大城市是最有效的工具。但是在这种情况

[①] 本节曾以"破解城市化交通难题：城市地下交通系统"为题发表于《中国道路十日谈》，澳大利亚汉语书局，2016年，选入时有删节。

下它会导致我们经常看到的那种功能紊乱。

这种功能紊乱其实在技术上是可以解决的，就是在城市的设计思想里边可以解决。原来我们觉得把道路放到地面上是一个最经济最方便的选择，因为地面道路不需要钱，我们整理地面和去挖一个地下通道之间的成本，在一百多年前的差距是非常巨大的。但是在今天这（把快车道放到地面上）其实是最昂贵的选择。因为所有的城市都要花20%左右的地面去停车行车，为汽车服务。其实城市里边最大的占道经营者就是汽车。任何古代的城市都有宽阔的街道。在城市中街道是有其非常重要的公共功能的，就是大家要聚集，要节庆，要休闲，甚至是我们之间交流（时需要）的一个公共场所。

在这种情况下，如果我们的城市把那些不能够和所有别的功能兼容的功能单独放到一个不需要考虑兼容的空间里边去，放到另外一个空间里边去，那这个事情实际上就解决了。一旦把所有的机动交通都放到地下去，那么所有的城市都会变成"田园城市"。这也是成本最低的选择，因为现在机动车占据的20%的地面全部是城市的高价土地，就是非常成熟的土地。它只是用途的改变，而不存在征地的问题，权属关系不改变。就是说你用这些土地去修两三层的轻型结构的房子来做茶馆、咖啡吧、网球场、书店，所有的那些市民需要的公用或商用设施，那个是可以赚钱的。

赵良杰：而且可以赚很多钱。

蒋荣昌：那就可以把地下的空间置换出来。我们为什么一定要保留那么贵的城市机动车道——把街道全部占用来作为机动车道，而不选用成本更低的地下机动车道呢？有的人一来就觉得你那个（地下车道）成本高，实际上他没有仔细去看：大规模地占用地面，成本才是最高的。大家看到的只是建造成本的高低，而没有看到土地成本。这是一个非常大的落差。如果决定这么做，它的投资根本不需要支付——只需要授权。

密度越高的城市，未来一定是人类越经济的选择。伦敦现在也开始修高楼了，以前他们是不修高楼的，因为大家想清楚了：如果我在郊区修大量的卫星城，将会导致时间成本与能源成本的巨大浪费，比如说你要开车上下班。美国人后来就从这种生活方式中倒转回来了。远郊并不是一个最好的安排——不是我们去追逐田园风光的最好的安排。最好的安排就是把整个城市当作田园来布置。它（城市与田园）其实是不冲突的。有什么冲突呢？比如高架桥就可以变成非常漂亮的绿色长廊。就是说，我刚才讲的方案是不影响任何现有的公共交通设施原有的财产品质的。比如说成都二环的高架桥，有可能搞成一个巨大的宽窄巷子（成都著名休闲街区）。就是说任何市民从那个梯步上去就可以到达一个休闲空间。那上面有特别漂亮的餐厅，或是其他诸如此类的东西。那些外挂空间全部是绿色长廊，包括过街天桥，都可以这样布置。

王十二：即使像地铁非常密集——

蒋荣昌：那也解决不了问题，因为公共交通和地铁从一个（现代）城市开始生长的时候就有了，但是它从来没有替代小汽车大规模地涌入城市，被城市居民接受和使用这件事情。因为它不能解决点对点的交通。比如如果186路公交车就只有我们这几个人需要，这条线路就不会有。它解决的一定是大规模的、聚集性的需求。但是有大量的人每天都有非聚集性的交通需求。这就是为什么大家都觉得小汽车很方便。但是由于大家都去追逐这种方便，而又没有追逐这种方便的足够的管道，那么就看到了我们今天看到的都不方便。

蒋金池：我还是觉得这个方案最大的问题是动作太大了。如果干这个事情的话，那这几年这个城市（的交通）就直接（瘫痪了）。

蒋荣昌：没有。这个动作不大，因为地下的建设是静悄悄的。

蒋金池：地下建设首先要挖开。

蒋荣昌：他在合适的地方挖开，比如三环路附近就可以。因为只要有一个好的规划，整体推进，那它就不会有问题啊！他不必在城里面挖开。

蒋金池：但是出口呢？

蒋荣昌：它的出口就是三环路与三环路对挖。

蒋金池：但是城里面也要有出口啊？

蒋荣昌：他把所有的道路挖好了以后，（城里面）那些出口一夜之间就可以解决。我说的"一夜之间"不是真的"一夜"之间。我们把它规划好了，下面的管网等所有这些东西都预埋好了，在开口的时候就像封顶一样，就只是一个仪式了。而如果不是在一种整体性的规划下去挖，而是今天想起了，就从这儿挖到那儿，而我的这儿和你的那儿都在城市中间，所以就开膛破肚了。这样大家都很不方便。只要想清楚就会发现：这是一种非常经济的选择，城市的 GDP 也会实现良性的大规模增长。如果说我们还没有找到别的巨大的容器来释放产能过剩的话，在城市里边用这种革命性的方式来组建新的交通和生活秩序，它绝对是一种强劲的、有真实的内需支撑的消化途径。

蒋金池：我只是觉得现在修地铁特别慢，而且他一上来就先把每个地方的口子打开。

蒋荣昌：这个就是我刚才所说的问题。如果想清楚相互之间的逻辑关系，把这些逻辑关系以应该有的方式去处理，那么全部开口都在三环路外面。首先就是和那些从城外进入的高速公路形成一个很好的连接，在那个地方附近开口。就是说城外的车进来就会进入一个地下交通系统。因为你要把整个开敞的高速公路系统纳入这个（地下交通系统）不现实，也没有经济性，而且它们的环境容量也允许它们去散发污染物。但是在城市这种密度很高的地方用这种方式去处理，我觉得是最经济的。

由于大家每天都携带着烟囱在城里边跑，城市雾霾30%以上的原因是这个。从这个角度来说，它也可以改善空气。它是一个综合性的整体治理工程，而不仅仅是解决拥堵。它其实（是）解决城市功能的拥堵，而不仅仅是解决城市交通拥堵的一个方案。

严　媛：你说的构建地下交通网络，那首先的一个问题就是：投入怎么办？那投入肯定不会很低。

蒋荣昌：投入就是置换，就是让地面的权益置换地下的资金。就是说我们置换出多少地面，就有一个比例，比如说（把其中的）50%拿来绿化，那么城市就增加了占城市总面积10%的绿化面积。这个是很"吓人"的，而且就是在每家每户的窗子下完成的。它的分布非常合理，因为街道的自然分布就很合理。但是由于道路交通原来天然的与每个社区的那种亲近性、相邻性，这种以绿化了的道路作为公园的开放式的布置，会极大地改善整个状况。另外一部分土地就拿来商用。① 这个商用就是置换，就是以地下的资金置换开发者的商用权益。

严　媛：就是说我先投入，然后后期再收回那部分。

蒋荣昌：就是说街道腾出来之后，你就拿到了这块土地的投资开发权。同时还可以进行大规模的地下车位的开发。售价其实远远超过开发的成本，所以实际上它是有商用收益的。包括仓储空间的开发，封闭式加油站的开发，都是有现金流进来的。它不是一个单纯的消耗性的投资。

严　媛：你刚才说现在的小汽车多是因为公共交通没有点对点。如果要实现点对点，那地上得开多少口才行啊！

蒋荣昌：这个很好布置。现在每个小区的地下室就已经是天然的开口了。你在地下室是要上几道坡才能到地上去。现在就只需把你所在的地方的地下室与道路接通就可以了。所以这种点对点的需求可以通过地下车库来解决。然后没有地下车库的人会觉得自己受到了亏待，那就像他原来没有地下车库时，他的车也是停在地面的远处的，那我们就在那个地方给他布置一个公共车库，他一样是不吃亏的。所以这个是没问题的。它和现在的地铁或公共交通的地下线路一点也不冲突，就是各解决各的问题。我们的地下也会给公共汽车提供相应的停车空间。然后所有的开口其实都变成了一个新鲜空气的入口。我们通过一个烟囱式的废气处理工厂、一个负压装置，就自动地换风了，而不需要能源。然后那些换风时收集起来的废气就可以集中处理。这个也解决了原

---

① 关于置换出来的城市地面的绿化和商用比例，可参阅本书"新城市空间置换战略"中的相关测算。

来的汽车分散排放无法集中处理的那个矛盾。然后地下结构自然地就把所有的噪音屏蔽掉了。

周清云：如果下面发生车祸怎么办呢？

蒋荣昌：和地面一样处理，同时它比地面还好处理。如果现在地面燃起来，比如说两个车真的撞爆了，燃起来，那么主要是把它拖走。在地下交通系统里边可以布置一个能够牵出来的，像我们现在的大楼里边布置的那种消防管网，是内置于其中的。一旦发生火灾，就可以把它牵出来扫射。这个在地下是最好布置的，就是自动喷淋系统。它可以当场就把火给灭了，而不用等到119呼啸而来。

另一个问题是盾构机的成本现在也不高。如果大规模地生产、订购——就相当于团购，那么可以再把这个价格降低一半还多。盾构机每天推进的速度是11米，设想一下，上百台盾构机日夜不停地运转，这是什么概念？所以它并不像我们想象的那样困难。只要把思路理顺了，我觉得没什么问题是解决不了的。当我们提出有些问题的时候，是现成的事情遇到的问题。而如果我们采用的是把现成事情打散来重新思考的方式，我们来一个不现成的事情，它就没有这些问题了。如果你基于现成的事情不可消灭的思路去思考，那现成的事情始终在那儿堵上的东西你是消灭不了的；但是如果把现成的事情更好的合法性根基挖掘出来，那么我觉得这个事情的这些通道都是通的，没有那么艰难。

后　记

中国和西方在文明层面的现代交流已经逼近 200 年，其时长已差不多与美国的立国史相伴。

这种交流迭次失败，并在今天再次走到了深渊之侧，而这已不再是过往的战乱和饥饿所带给我们的那些……

互信渐次流失。某种深刻的战略性猜忌在某种倾力对决的趋势中把人类推向不可知的未来。

西方政府、舆论、学界和民众似乎总是确信自己站在正义的位置上，并且那个位置就是帮助全人类免除黑暗和播撒希望的阵地。

问题是，中国政府的观点真的只是一小部分人的观点吗？它难道没有强大到让全世界耳目一新的民意的支撑？这些众达数亿或十数亿的人（士）的观点可以不算数吗？

我想借此重述 2007 年的一篇短文中所表达的忧虑：当西方基于文明逻辑的内部演化进程，一步步放弃从肤色、种族、宗教、性别等处的区分来界定"人"的诸项原则（这是奴隶制、法西斯主义种族灭绝行为和阶级差别待遇的道义基石），以价值观来区分"文明人"与"野蛮人"的意识形态正在替代前此的种种区分并聚集前所未有的负性动能！

西方思想界需要高度警惕"法西斯主义意识形态",即便这种意识形态表层的观念被叫作"自由""民主"和"人权",当然,中国思想界也需要反观自身所在文明的历史逻辑,进而求得这种逻辑在当代处境下面的转进之道。中西思想界应该立即行动起来,以无畏的精神直面实践领域"转轴"所带来的巨大困扰。

人类如果不能迅速行动起来,迎接第二轴心时代所特有的种种挑战,在新的政治哲学和历史哲学视野下寻求共识和合作,则覆巢之危近在眉睫!

这本小书也许可以为新政治哲学和历史哲学(这种哲学必须对某种历史道路所展现的广泛价值在逻辑和历史上的普遍有效性作出严格的区分。只有在这种区分的基础之上,人类才可能在各不相同的历史处境之中寻获共同的观点并以此为起点来理解分歧、建立共识和谋求合作)的建设提供一片砖头,诚如是,则本人幸莫大焉!

今年是我尘土半生中最特别的年份,有好些事情足可撼动一切。愿人类同胞来日得蒙眷顾,永享无可动摇的命运!

蒋荣昌

2019 年 11 月 23 日于成都科华北路